高等院校金融学专业主干课系列教材

投资学

（第二版）

Investments

郭　敏　肖欣荣　余　湄　编著

对外经济贸易大学出版社
中国・北京

图书在版编目（CIP）数据

投资学 / 郭敏，肖欣荣，余湄编著. —2 版. —北京：对外经济贸易大学出版社，2024.2
高等院校金融学专业主干课系列教材
ISBN 978-7-5663-2547-1

Ⅰ. ①投… Ⅱ. ①郭… ②肖… ③余… Ⅲ. ①投资学–高等学校–教材 Ⅳ. ①F830.59

中国国家版本馆 CIP 数据核字（2023）第 194305 号

投资学（第二版）
TOUZIXUE

郭 敏 肖欣荣 余 湄 **编著**
责任编辑：汪 洋

出版发行：对外经济贸易大学出版社
社 址：北京市朝阳区惠新东街 10 号
网 址：www.uibep.com
资源网址：www.uiberesources.com
邮政编码：100029
邮购电话：010－64492338
发行部电话：010－64492342
E-mail：uibep@126.com

成品尺寸：185mm×260mm
印 张：13
字 数：292 千字
ISBN 978-7-5663-2547-1
印 刷：北京市泰锐印刷有限责任公司
版 次：2024 年 2 月北京第 2 版
印 次：2024 年 2 月第 1 次印刷
定 价：48.00 元

内 容 简 介

“投资学”是金融学、投资学等金融相关专业的重要专业基础必修课，在投资学专业课程体系中，起着微观金融方向知识基础构建的作用。投资学教学团队的“投资学”慕课在中国大学慕课网、智慧树等平台上线，并持续开课多个学期。本书《投资学》是和投资学慕课配合使用的新形态教材。本教材各章节和慕课视频对应，讲授现代金融投资的基本理论、逻辑和方法。主要介绍自 1952 年马科维茨提出投资组合理论以来的现代金融投资理论，包括资本资产定价模型、套利定价模型、有效市场假说等一系列经典理论。

本教材教授基本金融投资理论的同时，通过案例、思考、专栏等让学生了解金融市场运行机制。本教材还注重每个经典理论模型之间的逻辑关系，让读者在学习理论的同时，在头脑中建立高阶知识体系，站在历史的、数理的、实践的角度去理解和运用金融投资理论。

本书可作为金融、投资等专业“投资学”课程的教材，也可供金融证券市场从业人员、资产管理行业从业人员、理财投资者、对金融投资理论和实践感兴趣的研究者使用。

引　言

学术界通常认为金融投资理论始于20世纪投资组合选择理论的提出，而现实中自有不确定的未来现金流开始，金融投资实践就已出现。在健康运行的经济系统中，金融投资根植于金融资产所基于的实体经济的基本面和未来现金流。党的二十大报告指出，“坚持把发展经济的着力点放在实体经济上”，2023年召开的中央金融工作会议强调，“坚持以人民为中心的价值取向，坚持把金融服务实体经济作为根本宗旨”。金融投资理论是对投资实践的指导，掌握了理性投资理论，能促进资源的优化配置，让金融资产流向最需要的实体经济，实现经济的高质量发展。

自芝加哥大学博士生马科维茨（Markowitz）在1952年提出现代投资组合理论（MPT）后，该领域的理论创新层出不穷。M－M定理、CAPM（资本资产定价模型）、APT（套利定价理论）、EMH（有效市场假说）、B－S（期权定价公式）、BF（行为金融理论）等一系列理论，分别在1990年、1997年、2013年和2017年获得诺贝尔经济学奖。

“投资学”正是学习这些伟大的、既实用又优美的经典理论的第一课。“投资学”研究理性的投资者如何最优地将有限的资源跨期配置到金融资产上，其核心是以效用或期望效用最大化为原则，得到投资者资产配置的最优解。推及整个市场，在市场均衡且每个投资者都达到最优资产配置时，就得到了金融资产的价格规律，从而可以为任意金融资产定价。

“投资学”属于微观金融课程，其思想来源于微观经济学，是金融专业最重要的基础必修课。掌握投资学，将为金融专业其他课程打下坚实的基础。

请大家享受这激动人心的学习之旅！

投资学不仅介绍经典的投资定价理论，还将介绍这些理论在金融市场中的运用。注重理论分析和理论之间的逻辑联系，且结合中国资本市场的发展，在案例中学习理论，有助于读者真正理解理论背后的经济含义。

学习本课程需要具备一定的基础知识，相关先修课程包括高等数学、线性代数、概率论与数理统计、经济学、金融市场学、计量经济学等。这些先修课程中的数学类课程不需要特别深入掌握，能把握其中与投资学相关联的内容，并学会在投资学中如何应用即可。

同时，我们也会在课程中加入对于经典投资定价模型推导的内容。通过模型的推导，帮助大家进一步理解理论之间的逻辑联系。模型背后的理论逻辑联系有利于模型在现实中的进一步运用，并指导投资实践。

投资学课程的主要内容：

第1章　导论。介绍投资和投资学的概念、实物投资和金融投资的区别、现代金融投资理论的发展简史以及金融市场和金融机构的作用。

第 2 章　不确定性环境下的决策。这一章是后面各章的理论基础，以下各章都是在不确定性环境下，假设投资者追求期望效用最大化的前提下来讨论的，同时探讨风险厌恶的投资者的投资行为。

接下来的几章，除了套利定价理论，都是获得了诺贝尔经济学奖的经典金融投资理论，包括投资组合选择理论、资本资产定价模型、套利定价理论和有效市场假说。

第 3 章　投资组合选择理论。利用资产未来收益率的均值和方差，也是期望收益率和风险之间的权衡，来求出方差最小的组合。这一理论是讲理性的单个投资者面对不确定性，如何进行最优资产选择，即单个投资者的投资行为优化过程。投资者权衡和选择的结果直接能够指导投资者在资本市场上构建最优组合，进行实际投资。因此，当马科维茨第一次提出这一理论的时候，掀起了“第一次华尔街革命”。

第 4 章　资本资产定价模型。在上一章投资组合选择理论的所有假设基础上，分析当市场达到均衡时，如何形成均衡的资产价格。这一章将导出资本资产定价模型，是资产均衡收益率与其所承担的系统风险之间的线性关系。

第 5 章　因素模型。因素模型是下一章套利定价理论的前提，是一种关于资产收益线性生成模式的假设条件。

第 6 章　套利定价理论。这一章同样也是分析当市场达到均衡时，在市场不存在套利机会、达到无套利均衡时，基于因素模型的均衡定价模型，是直接建立在无套利假设下的线性定价理论。

第 7 章　有效市场假说。虽然这个假说是以上均衡定价理论成立的前提，但是我们放在本书最后一章来介绍。这是因为只有学习了之前的投资理论及定价方法后，才能更深刻地理解有效市场假说的内在含义。有效市场假说与其说是一种假说或理论，不如说是一种信仰，根据对有效市场的不同理解（是否相信市场有效），会形成不同的投资理念和相应的投资策略。各种投资流派虽然并不是产生于有效市场假说的提出，但有效市场假说的提出却能帮助我们更深刻地理解各种投资风格和投资流派。

除此之外，期权定价理论也是经典的金融投资定价理论，期权定价公式非常重要，但在“金融工程学”将有详细的介绍，本课程不做讲解。

本书既是介绍经典投资定价理论的教科书，也是慕课“投资学”的配套使用教材，读者可扫描各章节的二维码获取对应的慕课视频和更多的学习资料。

对外经济贸易大学金融学院的投资学专业于 2006 年重新开设，在投资学主讲教师郭敏老师的带领下，“投资学”已在对外经济贸易大学开课十七年。本书是“投资学”教学团队多年教学经验的积累。本书基于课件的框架和内容来源于郭敏和余湄老师精心制作的课程资料，并在投资学团队十多年的教学中不断充实和发展。由于金融学院专业课设置较为细致，因此本书授课内容集中于经典投资理论。春华秋实十七载，投资学专业和投资学团队在教学和育人中不断提升，“投资学”已入选“第二批国家级一流本科课程”。相信本书能为大家带来既理性又实用的投资思想。

目　　录

第1章
导　论

本章学习目标

● 价值目标——通过投资学导论的教学，使学生从历史的、辩证的、全局的角度了解投资思想及其发展的逻辑，培养学生理解金融理论和实践在发展中的相互促进、相互解释，促进学生形成辩证唯物主义历史观。

● 知识目标——通过对投资、投资学、金融投资等概念的导入，让学生了解二十世纪五十年代前后的主要金融投资理论的发展脉络，并初步掌握各理论出现的时间以及相互联系。把握金融资产定价的主要方法，了解投资学的研究对象是金融资产的定价问题。使学生能初步运用金融理论分析方法理解金融市场和金融机构的作用，知晓金融资产定价的两个基本方法：供需均衡法和无套利均衡法。

● 能力目标——通过按照时间顺序对金融投资理论的介绍，让学生站在历史和全局的高度看待金融投资，让学生了解本课程知识在金融投资理论和实践中的位置，既见树木又见森林，提升学生在进一步学术研究和金融投资实践中对本课程知识的运用能力。

本章学习内容

- 投资
- 什么是投资学
- 实物投资与金融投资的区别
- 现代金融投资理论的发展简史
- 金融市场与金融机构的作用
- 均衡与套利

扫码观看　课程视频

扫码观看　课程视频

Robert Merton 教授说：优美的科学不一定实用，实用的科学也未必给人以美感，而现代金融却兼备了优美和实用。

Merton 教授是哈佛商学院教授，20 世纪 70 年代与 Black 和 Scholes 共同提出了期权定价公式。于 1997 年，和 Scholes 共同获得诺贝尔经济学奖。

优美的科学：很多自然科学，如数学、物理、化学，在定理提出之前，会有严格的假设、定义、推论，最后得出结论，形式非常优美。实用的科学：如一些社会科学，通过对现实中产生的大量数据进行数据分析，总结出结论，很实用。但如果想知道其背后的原因，可能不像数学等自然科学一样，能给出一个严密的逻辑。

但我们这门投资理论课程将讲述的金融经典投资理论，兼备了优美和实用。大家随着学习会逐步体会到，每一个投资定价理论都有自己的假设条件。由于初始条件过于局限，又逐渐地放松条件，使其与现实越来越符合，新的理论也随之提出。最后又可以用实际金融体系运行产生的数据，实证检验理论模型，并运用理论模型来进行实证分析和检验。

投资学理论的发展也体现了当代金融学发展所呈现出的两个特征：

- **金融科学的数量化**
- **金融科学的工程化**

金融科学数量化是指金融学理论和应用的研究越来越趋向于引用数学的方法进行逻辑推理和演绎，用建立模型等定量研究的方法促进金融理论在实践中的应用。

金融科学工程化主要是指近几十年逐渐发展出的“金融工程”。“金融工程”一词最早是由美国金融学家约翰·芬尼迪（John D.Finnerty）（1988）提出，他将金融工程的概念界定为：“金融工程就是资本市场参与者运用现代金融经济理论和现代数学分析原理、工具和方法，在现有的金融产品、金融工具和金融方法的基础上，不断地创造及发展新的金融产品、金融工具和金融方法，为金融市场参与者发现金融资本价格和规避风险，发掘新的金融机会，以实现投资者预期经济目的、增进金融市场效率和保持金融秩序稳定的一项应用性的技术工程。”目前纷繁复杂、令人眼花缭乱的各种金融衍生品就是金融投资和金融产品等金融工程化的最好体现。

但只有掌握了最基本的经典金融投资定价理论，我们才能进一步理解更多的金融产品和金融衍生品，并利用金融工具构建实用的投资策略。

每个理论的提出都有其假设和对应的条件，有数学模型，并且可以用计算机程序来求解。“金融衍生工具”“衍生品定价”“金融工程学”等课程的学习不仅需要懂得金融知识，还需要懂得模型、软件编程的知识。要学习好后面更加实用的课程，首先要学好最基础的投资学。

什么是投资学

图 1－1 显示的是投资学在经济学科中的位置：投资学属于经济学之下金融学中微观金融学的分支。

通常认为金融是资金的融通或者资本的借贷，但这种传统的说法并没有揭示金融不确定性的本质。

金融最主要的两个维度是时间和风险，时间意味着跨期，有了跨期才会有不确定性和风险。金融其实是在不确定的情况下，对资源进行跨期的最优配置，以达到投资者跨期的效用最大化。读者可能看过电影《荒岛余生》或者小说《鲁滨逊漂流记》，可以对应看下面这个例子：

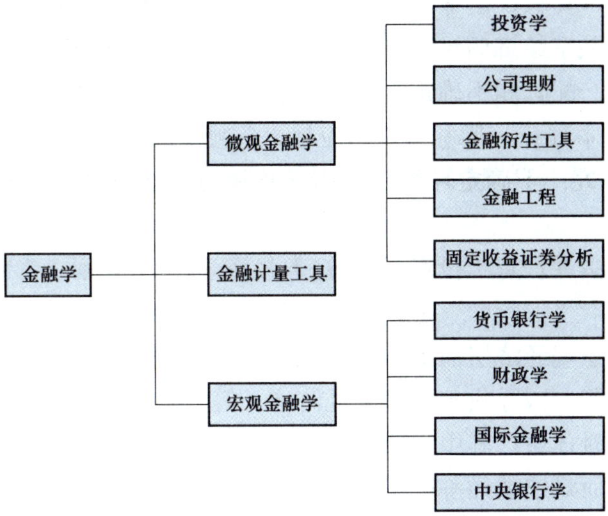

图 1-1　投资学在金融学课程体系中的位置

鲁滨逊在沉船中找到了一些植物的种子，于是开始种植粮食。在开垦的一块土地耕种一段时间后，这块土地每年有一个固定的收成，他对这块收成固定但不太多的土地并不满意。于是他又到岛上各地巡视，发现了一块冲积平原，这块冲积平原看上去很肥沃，但是作为一块新的土地，是有风险的。作为消费者的鲁滨逊必须决定如何跨期地在不确定的环境下，把他的种子（他的资源）最优地配置给同时又是生产者的鲁滨逊。他要决定今天吃多少，在固定收益的土地上播种多少，在具有风险的冲积平原上播种多少。原来的土地相当于银行存款、无风险资产，而冲积平原相当于风险资产。鲁滨逊将通过跨期决策来实现自己一生效用的最大化。

金融的本质是在不确定的情况下，对有限的资源做出最优跨期配置，使得投资者达到终身的效用最大化。

上面的定义一是考虑了金融研究不确定性问题的本质，二是考虑了时间上跨期最优的配置。而不确定性和跨期选择正是金融的题中应有之义。

在投资思想的演进中，最初的金融投资是游离于经济学之外的。太阳黑子、看图说话、图表分析是最初人们进行金融投资的工具。图表法、技术分析法，将投资视为一种心理博弈，通过研究其他参与者的当前行为在股票价格上的表现获得信息，从而了解全体参与者将来的行动方向。技术分析的基本信仰建立在“历史会不断重演”，并试图借助大量的统计资料来预测行情走势。

在数理语言开始分析和诠释金融投资之前，金融市场上的投资是道琼斯式的基础数据采集和统计分析[①]。后来借力于巴氏里耶、萨缪尔森、马科维茨、阿罗、德布鲁、托宾、夏谱、布莱克、肖尔斯、莫顿、达菲、罗斯等数理经济学家们的工作，金融投资逐渐与正统的经济学融合相承，共享经济假设和定理推论，也推进着经济学在不确定性和动态方向上突破和发展。跨期资产配置和不确定下的决策是金融理论和投资理论。

既然和经济学基本理论一脉相承，相应地，金融学也分为宏观金融学和微观金融学。其中微观金融学是研究：**不确定环境下，市场均衡时，使资源最优配置的价格体系如何形成。**

微观金融学的相关课程有“投资学”“证券投资学”“公司财务”“金融经济学”“金融市场学”“金融中介学”“保险学”等。

宏观金融学是在宏观经济层面上，研究以货币为媒介的经济中如何解决宏观经济中的如高就业、低通货膨胀、国际收支平衡和经济增长等问题。具体而言，研究货币的本质、流通、货币制度和金融体系。其中重要的货币银行学，就是研究货币的供给和需求，如何决定利率、汇率，进而对宏观经济产出的影响。

虽然直到1936年凯恩斯的著作《就业、利息与货币通论》催生了宏观经济学，但其中关于货币在经济中的作用的论述，更是宏观金融学的内容。宏观金融学相关课程有“货币银行学”“国际金融学”“中央银行学”“财政学”等。

在大学的金融学专业学科中，所有的课程都可以分成宏观金融和微观金融学的课程，以及进行经济分析所要掌握的工具方法类课程，如“计量经济学”“随机过程”“时间序列分析”等。如果想掌握金融学专业的完整知识体系，就看是否完整地学习了这些课程。投资学知识图谱见图1－2。

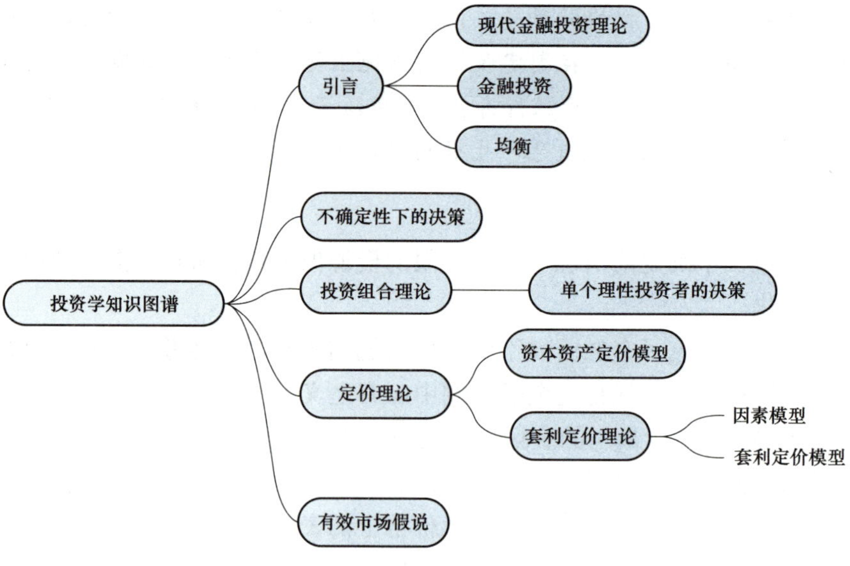

图1－2　投资学知识图谱

① 两位年轻的记者查尔斯·道（Charles Dow）和爱德华·琼斯（Edward Jones）于1882年创立了道琼斯公司。1889年《华尔街日报》问世，提供道琼斯新闻服务。1884年道琼斯平均指数首度出现。最初的技术分析理论——道氏理论，就是道琼斯公司创始人查尔斯·道和《华尔街日报》资深编辑威廉·皮特·汉密尔顿提出的。

1.1　投资与金融资产

问题导入

A. 建筑厂房
B. 购买生产设备
C. 购买彩票
D. 购买房产
E. 支付大学学费
F. 捐赠
G. 买股票
H. 创办企业

扫码观看　课程视频

请判断以上行为哪些是投资。其中，哪些属于实物投资，哪些属于金融投资。

可以先了解下面对投资的定义。

投资的定义

与金融的两个重要维度一致，投资的两个重要属性是**时间和风险**。时间带来了跨期和未来的不确定性（风险）。

经济学将投资定义为对未来回报的预期而承受瞬时成本的行为。从上面的定义可知，“未来回报”已经考虑了时间上的跨期，现在买入资产的行为就是承担了瞬时成本的行为。而对未来回报的预期，之所以是“预期”，是因为未来是不确定的，是有风险的。从现在的时间点看来，未来的回报是不确定的，或者说，不同的未来状态下是有不同回报的。所以如果在“现在”时点决策的话，一定是对未来不确定性回报的一个预测或者说是预期。当然，从这种观点来看，可以说投资是无处不在的。

威廉·夏普对投资的定义更为明确：投资就是投入现在确定的价值去谋取未来不确定的价值。这个定义明确了“现在”和“未来”，以及现在投入时的“确定”和未来价值的“不确定”。

所以从投资定义出发，上面的几个选择中，除了捐赠，其他都属于投资，只是现在投入金钱购买的资本形式有所区别。比如买彩票，最初投入的金钱是用于买彩票的，未来获得的是不确定的彩票奖金；购买生产设备，最初投入的金钱用于购买了实物资本，获取的是机器设备未来生产出来的产品带来的收入。

实物资产和金融资产

本课程所讲授的投资指的是金融资产投资，最初投入的金钱购买的是金融资产，而不是实物资产，因此上面的购买机器设备这样的实物投资并不是本课程讨论的内容。所谓实物投资，是能够进入生产函数，能够产生国内生产总值（GDP）的投资。而金融投资，比如购买股票、债券，并不能产生GDP，也不能进入生产函数。金融投资买卖的是基于实物资产产生的未来现金流的所有权，比如股票就是基于上市公司所产生未来现金流的所有权凭证。

具体而言，实物资产与人力资产包括了整个社会的产出和消费的内容。上面选择中的购买房产、支付大学学费、购买生产设备等都属于实物资产投资或人力资产投资。

思考：实物资产和金融资产的关系如何，是互相竞争的关系，还是互相促进和影响的关系？

这些金融资产并不会直接增加社会财富，通常我们说股票并不比印制股票的纸张更有价值，它们只是人们对实物资产所有权的证明或一纸合同，它们对社会生产的价值并没有直接的贡献，它们只是通过所有权的证明带来了公司所有权和经营权的分离。通过转让和出售公司的部分所有权或全部所有权的若干份之一，使得拥有一家公司的未来现金流变得十分便捷，从而为人们提供可以向各种不同公司投资的便利机会，同时公司也因此获得了更多融资并可用于扩大生产。对实体经济的间接投资便有了对金融资产的投资。由于金融资产对实物资产所创造的未来现金流有要求权，因此金融资产能够为持有它们的公司或个人带来财富。

与实物资产相对应的是实物投资，如购买土地、购买机器设备、修建厂房、发放工资等。实物投资是为了生产出产品，通过卖出产品来获得利润。这是实体经济运行中的投资。

金融投资对应着购买金融资产，而金融资产通常表现为合同关系，比如投资股票，投资者购买了股票后，就相当于得到了一份对上市公司的所有权，是一份对上市公司未来现金流的索取合同。购买债券和其他类型的金融衍生品，都是获得一份对这些金融资产未来带来的现金流的索取权合同。

在原始经济中，大多数投资是实物性的，而在现代经济中，大部分投资都是金融投资，投资机构在提供高度发达的金融投资服务的同时大大促进了实物投资，为实物投资提供融资服务。

总之，这两种投资形式是相互补充的，而不是相互竞争的。

定价模型的作用

那么研究金融投资最直接的意义是什么呢？当然是定价。那么**定的是什么价格呢**？是资产现在的价格还是资产未来的价格呢？

参考威廉·夏普对投资学的定义，投资理论实际上是确定现在投入多少确定的价值，即进行资产定价，使得投资者在时间跨度上达到效用最大化。根据收益率的计算公式：$E(\tilde{r})=\dfrac{E(\tilde{p}_1)-p_0}{p_0}$（其中，$\tilde{p}_1$为未来的不确定的价格，因此为随机变量，$p_0$为现在的价格）。如果投资者有了对未来不确定价格的一致性预期（已知未来不同状态下的不同未来价格，求出未来预期价格，即已知$E(\tilde{p}_1)$），根据投资学中的定价模型，能够求出理论的均衡的p_0^e，再和现实中的现在价格p_0进行对比，就可以知道如何投资（现在买还是卖这个金融资产）了。

投资、投机和游戏

可以根据投资期限、承担风险大小、收益来源、信息依据和个人风险态度来区分投资、投机和游戏。

表 1–1 投资、投机和游戏的区别

	投资	投机	游戏
投资期限	长	短	最短
风险大小	小	大	很大
收益来源	长期的投资收益	短期的资本利得	瞬时大利
依据信息	多、长、系统	少、短、非系统	侥幸的、极小的概率
风险态度	风险厌恶	较小的风险厌恶或风险喜好	风险喜好

从表 1–1 可以看出：

投资一般期限较长，承担风险较小，获取长期的投资收益，依据的是较多、较长期和系统的信息，投资者一般是风险厌恶的。

投机一般投资期限较短，承担风险较大，获取短期的资本利得，依据的是较少、较短期、非系统的信息，投资者一般具有较低程度的风险厌恶或者是风险喜好的。

游戏一般期限最短，承担风险很大，获取瞬时大利，相信侥幸的、极小的概率机会，投资者是风险喜好的。

然而，随着金融衍生品和量化投资交易的发展，以上并不能完全对投资、投机和游戏做出精确的分类。比如，随着计算机技术在金融投资中的运用，高频交易成为一种算法交易方式。一般，人们无法利用极为短暂的市场变化，但是计算机通过快速运算能在极短暂的价格变化中获取套利空间。高频交易的速度非常之快，毫秒之间就能完成交易，交易服务器甚至选在了离交易所更近的地方，以缩短交易指令完成的时间。那么能说高频交易就是瞬时的投机吗？高频交易背后也是计算机技术的运用，更是编制交易算法的成果。当然对高频交易的看法和公平性众说不一，这也是在现实中投资、投机和游戏的界限并不清晰的原因之一。

投资和投机

各种投资思想和方法，可能会因为赚钱的动机，不可避免地和道德操守挂上钩。因此，在一般意义上，投机是不好的方法。主动投资中，基本面（Fundamental）价值分析与非基本面投机，是投资方法的一种分法。这是投资中为抢占道德制高点，展开的长达百年的论战。

对于传统上的这两大派，马尔基尔教授在其五十年来的畅销书《漫步华尔街》（A Random Walk Down Wall Street）中，把“众说纷纭”的股票投资分成两个流派：一派是稳固基础的基本面（内在价值）投资。源头是格雷汉姆（Graham）1934 年的奠基之作《证券分析》（Security Analysis），当代代言人是其得意弟子、著名的富豪巴菲特。另一派是空中楼阁（Castle in the Air）投机。源头是凯恩斯 1936 年的经典著作《就业、利息与货币通论》第 12 章，凯恩斯在书中传神地把投资活动称为“斗智”“叫停”“传物”“占位”和“择美”。

广受尊敬的投资大师马克斯（Howard Marks）在其名著《投资最重要的事》中是这样划分的：

> “所有投资方法均可被划分为两种基本类型：基于公司特性即‘基本面’分析的，以及基于证券自身价格研究的。换言之，投资者有两种基本选择：判断证券的内在价值并在价格偏离时买卖；或者将决策建立在对价格的未来走势预期上。”

投资大师巴菲特也有异曲同工之妙的说法，即在巴菲特看来，投资就两点：一是估值；二是波动。

> “如果我开一家商学院，我只会讲两门课，第一门课显然是‘如何**评估一门生意**’。第二门课是‘如何看待股票市场和**如何处理波动**’。”

在中国 A 股，2000 年后，说得最多的是价值投资，其实指的是基本面投资，是相对于 2000 年前投机来说的。事实上，A 股所谓的价值投资或者价值发现，内核是基本面投资中的成长投资，并不是传统意义上的价值投资。当然也有人说，价值投资有了发展，发展成为成长投资。

1.2 现代金融投资理论的发展简史——1952 年之前

金融投资思想的整体框架——经典金融投资理论的位置

在学习某一知识和知识体系的时候，要既见树木又见森林。那么在真实的世界中，经典金融投资理论处于什么样的位置呢？在整个金融投资思想的发展中，我们将要学习的知识又属于什么“流派”或者“分支”呢？

“投资学”中将要介绍的是经典投资定价模型，是金融投资中的“学院派”理论。从投资思想史的角度，这只是一个分支，这里需要站在一个更高的视角，给出一个关于金融投资的全景图。

扫码观看　课程视频

对于金融投资理论，对于投资，其实是对外认识世界、对内认识自身的过程。认识有多深刻，投资就会有多成功。历史上各路投资大师、各派投资手法，无疑都围绕着对外探索和对内认知而形成。

对于世界的认识，包括对宏观、行业、企业、未来和历史的认识。对自身包括对内心自我的认识，为了克服自我的认知或心理偏差，需要计划你的交易，并交易你的计划，而不受股价波动对内心的干扰。这些认识最终都会通过投资者交易行为体现在金融投资方法的发展上。

金融投资，可以说是将有限的金融资产在时间维度、状态维度最优地配置。根据配置资产的过程，可以有不同的分法。其中一种分法是：自下而上（Bottom Up）和自上而下（Top Down）。

自下而上，指从企业角度出发分析投资（Stock Selection），用此方法的大师云集，有巴菲特、芒格、林奇等。自下而上又分为主动（Active）和被动（Passive）。在主动中又有技术分析、价值投资、组合投资、资本资产定价、量化投资、人工智能等。

而被动投资始于指数投资的出现，包括目前的各种指数产品、ETF（Exchange Traded Fund，交易型开放式指数基金）等。被动投资推出的 Smart β，让被动产品有更多的风险暴露从而获得更高的收益。除了规则透明、复制简单之外，越来越像主动阵营中的因子投资。

自上而下，指从宏观经济角度分析投资（Macro Strategy），用此方法的大师有凯恩斯、索罗斯、保尔森、达里奥等。

经典金融投资理论在金融投资方法图（1）中的位置（见图 1-3），应该更体现于最左边“主动”投资中的方法。当然因素模型和套利定价理论又是理解被动投资的基本知识。即使是右边自上而下的分支，如果没有对经典投资的理解，也无法完成这种投资理念和方法。

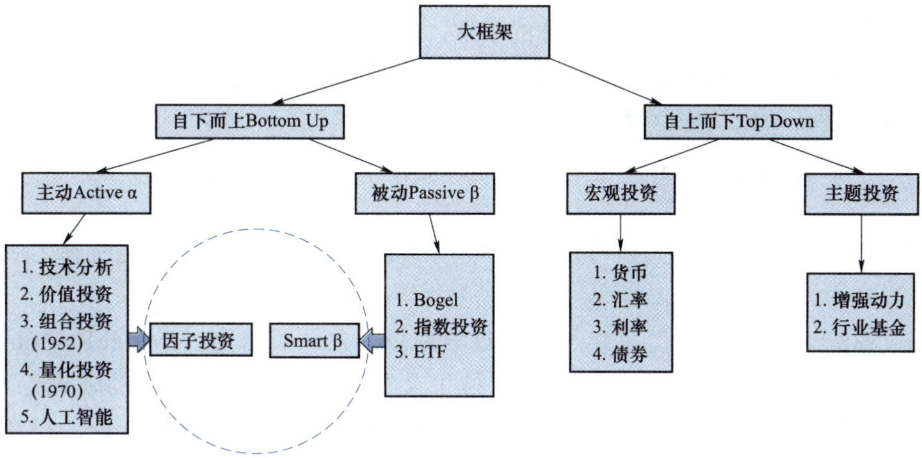

图 1-3 金融投资方法图（1）

当然如图 1-4 金融投资方法图（2）所示，还可以直接将投资方法分为主动投资（AI，Active Investment）和被动投资（PI，Passive Investment）。

主动投资中又有自上而下和自下而上之分。

主动投资中基本面（Fundamental）价值分析与非基本面价格分析是一种分法。基本面价值分析是基于公司特性即“基本面”分析的，非基本面价格分析是基于证券自身价格研究的。换言之，投资者有两种基本选择：判断证券的内在价值并在价格偏离时买卖，或者将决策建立在对价格的未来走势预期上。

其实大师们也在不断融合转变：凯恩斯早期是宏观对冲投资者，晚期奉行价值投资策略。巴菲特早期是技术分析投机，1949 年后是原价值投资，再后是为品质付溢价的成长投资，最后巴菲特和芒格都是基本面投资者，不是价值投资者。比如巴菲特和芒格投资比亚迪，不是格雷汉姆意义上的价值投资。欧尼尔不是动量投资者（Momentum），是融合（Fusion）基本面和技术分析的投资者。在 A 股，现在说得最多的价值投资或价值发现，其实指的是基本面投资，本质上是成长投资。

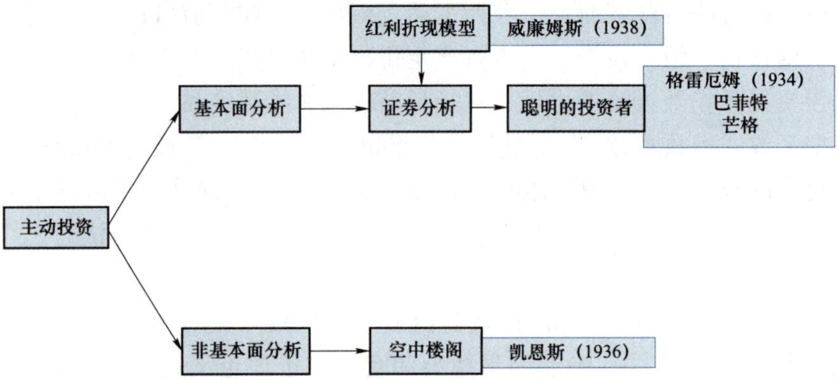

图 1-4　金融投资方法图（2）

无论是基本面分析还是非基本面分析，经典的金融投资理论都是最为基础的分析工具。

有了这些对投资思想的流派和大师的了解，加上对最基本的金融投资理论的掌握，会发现投资各有门道、各有方法。学习投资理论不仅是对知识的掌握、认知的拓展、能力的提升，更是打开了一扇认识世界的窗户。

金融投资理论的发展

金融投资理论的发展，大致可以分成两个阶段：20 世纪 50 年代之前和之后的金融理论。

早在 1738 年，“贝努力”家族杰出的数学家丹尼尔·贝努力（Daniel Bernoulli），这位流体力学家、数学家和物理学家，就用拉丁文写了《关于风险衡量的新理论》。他的理论在经济学和金融理论中的地位非常关键。他首次提出了期望效用理论，在当时看来这是不确定下进行决策的新方法。在此之前人们认为，在面对不确定性时，是根据期望收益来进行决策的。然而，随着“圣彼得堡悖论”（St.Petersburg Paradox）的提出（丹尼尔·贝努力的叔叔尼古拉斯·贝努力（Nicolaus Bernoulli）提出）和解决，丹尼尔·贝努力发现决定是否投资的不是期望收益而是期望效用。这篇论文最初以拉丁文发表，并于 1896 年翻译成德文，在数学、逻辑和后来发展的经济学领域得到了广泛的运用，但直到 20 世纪 50 年代才以英文发表。丹尼尔·贝努力解决了一系列问题，这些问题是现代金融经济学的核心，包括这篇文章提出的边际效用递减概念，成为经济学的核心概念之一。直到 1954 年，文章才翻译成英文在《计量经济学》杂志上发表。然而这时期望效用函数命名为冯·诺依曼—摩根斯坦期望效用函数（冯·诺依曼和摩根斯坦（1944，1947）和萨维奇（1954））。

接下来介绍法国数学家巴施里耶。巴施里耶在 1900 年的博士论文《投机的理论》（The

Theory of Speculation）中首次构建了随机过程的模型，也就是现在众所周知的布朗运动。巴施里耶被认为是金融数学和随机过程的先驱，他的论文为未来 65 年左右的概率论和随机分析提供了重要的研究基础。巴施里耶的工作在经济方面的影响在当时被完全忽视，直到 20 世纪 60 年代保罗·萨缪尔森（Paul Samuelson）才在此基础上继续研究。到那时，数学在经济学中的应用已经完美地解决了萨缪尔森所研究的问题，并迅速催生了期权定价公式（Black-Scholes 公式）。

巴施里耶的论文研究了布朗运动在期权定价中的应用，是历史上第一篇运用数学来研究金融问题的论文。他提出价格变化是一个随机过程，比爱因斯坦 1905 年给出布朗运动方程还要早。他认为股价服从鞅过程（根据目前信息，对某个股价的最佳预测是其当前的价格，股票的波动和时间的平方根成正比）。然而，巴施里耶的理论五十年后才被芝加哥大学的学者发现，经过萨缪尔森等学者的努力，1959 年人们才认识到股价的变化符合随机过程。

1930 年，欧文·费雪（Irving Fisher）的《利率理论》推导跨期交换和生产条件下的均衡经济模型，证明生产目的就是现值最大化，提出了无差异曲线和定量货币理论等。现值理论原则是费雪在 1909 年、1930 年都提出过的，后来威廉姆斯把费雪的思想形式化、数学化。

费雪在经济学理论上的贡献非常大，不过他真正出名是在 1929 年。大家知道 1929 年到 1933 年美国股市大萧条，但在 1929 年耶鲁大学教授费雪说:“股市没有问题，不会下跌。”后来股市跌了 90%，所以他在股市的评论名声一下掩盖了他在经济学领域的贡献。费雪也非常有趣，他在 1929 年到 1933 年间亏了很多钱，他把他的房子卖给了耶鲁大学，同时让耶鲁大学把房子租给他住。著名的华人经济学家张五常（Steven N.S.Cheung），在他一千两百页的巨著《经济解释》中也认为，费雪教授是利率理论的创始人。

另一个对金融投资理论产生巨大影响的理论是 1938 年威廉姆斯的股利折现模型。据投资思想史考证，现值的概念出现在 1202 年。到了 1907 年，耶鲁大学的欧文·费雪也提出了跟股利贴现模型类似的观点。到了 1938 年，哈佛大学的博士生威廉姆斯在他的博士论文《投资价值理论》中定义了股利贴现模型，首次利用现值方法对股票定价。在此之前，人们认为有价值的公司是那些利润丰厚的公司，但威廉姆斯提出：

> “牛之所以有价值，是因为其在以后各期能产牛奶，最后能提供牛肉；鸡之所以有价值，是因为其在以后各期能提供鸡蛋，最后能提供鸡肉。”

那么股票等金融资产之所以有价值，是因为其在以后各期能提供现金流，最后还有残值。只要把未来各期提供的现金流折现到现在加起来，就是金融资产的价值。威廉姆斯第一次提出了我们现在经常使用的股利折现模型。

在威廉姆斯看来，要对资产进行定价，对将来的支付进行估计是必要的。每年度支付应该按货币资金价值的变化来调整，投资者会要求用净利率来对其折现。公司的价值是公司未来存续期的现金、净现金流，也就是所有者收益之和根据合理的利息率折算成现值。用一个数学公式来表达，就是股票价格=Σ（股利/无风险折现率）。

1.3 现代金融投资理论的发展简史——1952年之后（一）（投资组合理论、CAPM、MM定律）

扫码观看 课程视频

接下来介绍现代金融理论，为什么说是现代金融理论？那是因为20世纪50年代后金融理论向着定量化、微观化和金融工程化的方向发展了。

现代金融理论通常被认为有七十多年的历史，这七十年也是金融学成为可以用数学公理化方法架构的历史。从瓦尔拉斯—阿罗—得布鲁的一般经济均衡体系的观点看，现代金融学的第一篇文献是阿罗于1953年发表的论文《证券在风险承担的最优配置中的作用》。在这篇论文中，阿罗把证券理解为在不确定的不同状态下有不同价值的商品，也就是状态依存商品。

学过微观经济学的同学都了解，一般经济均衡理论的创始人是瓦尔拉斯，其发表的论文《交换的数学理论原理》首次公开了他对于一般经济均衡理论的主要观点。

一般经济均衡理论要点：

在一个经济体中有许多经济活动者，其中一部分是消费者，一部分是生产者。消费者追求消费的最大效用，生产者追求生产的最大利润，他们的经济活动分别形成市场上对商品的需求和供给。市场的价格体系会对需求和供给进行调节，最终使市场达到一个理想的一般均衡价格体系。

在这个体系下，需求与供给达到均衡，而每个消费者和每个生产者也都实现了他们的最大化要求。

一般经济均衡理论的数学问题

假设市场有n种商品，每一种商品的供给和需求都是n种商品价格的函数。n种商品的供需均衡得到n个方程。

价格需要有一个一般等价物，这个一般等价物会用来表示其他商品的价格，于是消掉一个未知数，只有$n-1$个未知数。然后加入了财务均衡的关系，所有商品供给的总价值等于所有商品需求的总价值。这一关系就称为“瓦尔拉斯法则”，消去一个方程，最后得到了$n-1$种商品价格的$n-1$个方程所组成的方程组。这个方程组有解，方程组的解就是一般均衡价格体系。

瓦尔拉斯认为市场中的各种商品的价格变动是互相依赖的，或者说是联动的，当价格达到某种均衡价格体系时，市场会达到均衡状态。但瓦尔拉斯并没有严格证明这种均衡的存在性。

八十年后，瓦尔拉斯的思想由德布鲁（Debreu）、阿罗（Arrow）等经济学家发展，体现于他们在1951年和1954年发表的一系列学术文章。他们认为市场是完全的，有多少商品就有多少市场，并基于此分析一般经济均衡。他们把商品根据各自的物理特征、所在位置、使用日期、所处的自然环境状态的不同，看成不同的商品。也就是把原来的一般经济均衡模型通过拓广商品空间的维数来解决金融市场中的不确定性，其中金融产品是状态依存商品，也就是在不同状态下变成不同的商品。比如把晴天的雨伞和雨天的雨伞看成两种商品，将雨伞这一种商品根据其所处的状态不同视为两种商品，商品空间的维度得到了扩展。

这种把未来不确定性（明天晴天或是阴天）下的商品看成依赖状态而取不同价格的多种商品（晴天的雨伞和阴天的雨伞）的做法，相当于为不确定性下的每个状态买了个保险，每种情况都有一个价格。相当于把金融资产这种不确定性的商品看成了不同场合下取不同价格的普通商品，但是并没有从根本上改变理论。这个理论背后蕴含的假设是，在最初的时间起点，存在一个对任何商品的市场出清价格体系，在任何一个时间点、任何一个状态，商品都能够被区分，这显然并没有抓住金融资产不确定性的本质。

那么一般经济均衡理论仍然能够运用于金融资产的定价吗？大家可以思考一下。

在金融经济学的教材中，有关于从一般经济均衡体系拓展商品空间来解决不确定商品定价问题的相关证明，感兴趣的同学可以做延伸阅读和学习。

如果一般经济均衡框架解决金融资产定价出现了困难，那么在金融投资的实践中，甚至在投资者的直觉中，从金融资产未来不确定性收益和风险的最直接的视角能否直接解决问题呢？下面我们介绍现代金融理论的开创者——哈里・马科维茨（Harry Markowitz）。

马科维茨是现代金融理论的开创者。马科维茨于 1990 年和威廉・夏普一起获得了诺贝尔经济学奖，当然还有下面要介绍的提出 MM 定理的两位学者之一的默顿・米勒（Merton M.Miller）。

马科维茨 1952 年发表在 Journal of Finance 上的一篇论文《证券组合选择》（Portfolio Selection），一共 14 页，其中 10 页都是数学证明，尽管这些数学方法在现在看来并不复杂，但是当时的金融学研究几乎都是纯文字探讨，所以这篇充满了数学、统计学等方法的论文让人觉得十分难懂。但正是文中的投资组合理论，也叫均值方差理论，掀起了第一次华尔街革命。

思考：能把投资组合理论理解成“不能把鸡蛋放到同一个篮子里”吗？

马科维茨第一次量化了金融资产的收益和风险，他把金融资产的未来收益看作一个随机变量，资产的未来期望收益用这个随机变量的均值来表示，风险用这个随机变量的方差或者标准差来表示。投资者在选择资产的时候，需要进行收益和风险之间的权衡（Trade-off Between Risk and Return），不能同时达到收益的最大和风险的最小，需要在收益一定的时候追求风险最小，或者风险一定的时候追求收益最大。这就是资产的随机收益率的期望值和方差之间的权衡，所以这个理论也称为均值 – 方差分析方法（Mean-Variance Analysis，MV 方法，均方理论）。

马科维茨提出的分散组合风险的方法认为，降低组合风险仅靠增加组合中的证券数量还不行，要加入与原来资产协方差小于 1 的资产。

马科维茨的博士论文在答辩时也碰到了问题，被答辩老师质疑是否是一篇经济学的论文，因为论文缺乏经济学背景，没有效用函数，没有需求供给分析，论文中充满了数学、统计学，满是公式和推导。

尽管如此，马科维茨的博士论文在 Journal of Finance 上发表了，第一次用数学、统计学的方法将投资过程和资产选择过程以求最优解的方式，提出了投资者最优的资产配置方式。也就是说，通过马科维茨的投资组合理论中的均值方差分析方法，竟然能得到实际中每个资产分别应该投入多少权重，真实地能够按这种最优比例来进行投资了。要知道在此之前，金融投资在各种股票上配置资产还是以图表分析为主，看着股票的历史走势分析规律，貌似是一种很玄的分析。而马科维茨的投资组合理论横空出世，让投资者能够明确地知晓在各个风险资产上的投资比例，这是非常令人兴奋的。因此马科维茨毫无意外地掀起了第一次华尔街革命。

如果从另一个视角看投资组合理论，甚至可以说整个理论也是最初的量化投资方法。我们说量化投资分两种，一种是模型驱动的，一种是数据驱动的。模型驱动的量化投资的基础是学院派金融，也正是我们金融投资课程所教授的理论。1952 年的马科维茨还是一个经济学的博士研究生，他在去跟导师讨论论文题目的时候，在走廊上碰到的一个证券经纪商（Broker）朋友建议他关注股票市场，马科维茨对这一提议感到非常兴奋，并开始在股票市场领域进行研读。他在自己的回忆录中写道："有一天我在图书馆阅读了威廉姆斯的《投资价值理论》，投资组合理论的基本概念就突然出现在我脑海里①。"

哈尔·范里安（1993）的文章《马科维茨、米勒和夏普的诺贝尔经济学奖组合》中提到②：

"马科维茨最先阅读的一本书便是约翰·伯尔·威廉姆斯于 1938 年所著的《投资价值理论》，威廉姆斯认为股票价值应相当于其股利的现值和，这在当时还是新颖的理论。马科维茨迅速认识到了这一理论存在的问题，即未来的股利在当下是不确定的——是随机变量。这一发现使马科维茨对威廉姆斯的理论进行了自然的延伸：股票价值应当等于股利的预期现值之和。

但若是如此，当投资者想最大化所持有股票组合的预期价值时，那么很明显，投资者应当仅购买期望收益最高的那一只股票。对于马科维茨来说，这显然是不现实的。因此，他很清楚投资者不仅关心财富的期望收益，同时也关心风险。受这一想法的引导，自然而然地，马科维茨之后开始研究'给定风险水平下寻找最大化期望收益的股票组合'的问题。

如今，投资者应同时关心风险与收益这一事实早已是老生常谈，很难相信直到 1952 年，人们才理解了这一观点，甚至凯恩斯都曾说：'如果说安全至上的投资主要是在众多不同的公司中下少量的赌注……真是令人震惊的投资怪癖'。幸运的是，在那时凯恩斯还未在芝加哥负有盛名，马科维茨的研究也未受到阻挠。"

① 马科维茨（1991），《投资组合理论的基础》，1990 年诺贝尔奖演讲，诺贝尔基金会，第 292 页。

② Hal R. Varian. A Portfolio of Nobel Laureates: Markowitz, Miller and Sharpe [J]. Journal of Economic Perspectives, 1993, 7(1):159–169.

接下来，在马科维茨投资组合理论的基础上，托宾（Tobin）在只有风险资产的基础上，加入了无风险借贷和货币因素，改进了资产组合理论。托宾也在1981年获得了诺贝尔经济学奖。

1958年，莫迪利亚尼和米勒两位教授，提出了在公司理财中非常著名的MM定理。两位教授分别于1985年和1990年获得了诺贝尔经济学奖。在公司融资方式上，有债券融资和股权融资，而这两种融资方式各有缺点：债券融资会增加公司的成本，而股权融资会稀释股东权益。当时有很多研究都希望指出公司应该在何时采取债券融资方式，何时采取股权融资方式，才能增加公司的价值，米勒也不例外。但是当他开始研究这个问题时，却惊讶地发现，公司价值和采取何种公司融资方式是没有某种特别的联系的，或者说公司负债率是不影响公司价值的。

同样，哈尔·范里安（1993）的文章《马科维茨、米勒和夏普的诺贝尔经济学奖组合》也提到①：

> “令米勒惊讶的是，他发现公司融资结构与公司价值之间没有特殊的关系。有些公司有大量债务，有些公司有大量股权，但公司负债率和公司价值之间没有某种特殊的关系。我们已经认真地建议，应该有一本《不显著结果期刊》(Journal of Negative Results)，可以发表那些实证结果不显著的论文，包括回归系数不显著、R方不够大的论文。如果有这样的杂志，米勒很可能会在那里发表他的发现。但没有这样的期刊，所以米勒不得不思考为什么资本结构和企业价值之间可能没有关系。
>
> 莫迪利亚尼(Franco Modigliani)教授的办公室在米勒教授的旁边，他一直在研究一些相似的问题。他致力于为凯恩斯的投资理论提供微观经济基础。在Durand(1952)的工作基础上，莫迪利亚尼研究出了一些关于公司融资结构的模型，但这些模型似乎没有指出公司有比较偏好的融资结构。当米勒和莫迪利亚尼两位教授开始联手，公司金融理论从此开始不同。”

这个理论颠覆了人们的两个直觉：

一是资本结构相同的公司，价值一样，之前人们认为负债多的公司价值较低。

二是股利政策与市场价值无关，之前人们认为经常发放股利的公司价值更高。

虽然这个理论在公司金融中的地位极其重要，但是在这个理论中提出的无套利思想，对金融资产定价的意义更为重大。

米勒和莫迪利亚尼教授认为一个简单的世界没有税收和交易成本，一家公司的价值将独立于其资本结构（融资结构）。他们的观点是对无套利原则或一价定律的创新应用。这一对无套利均衡的创新应用，直接促使了后来的期权定价公式和套利定价理论的出现。

无套利原则使得在进行资产定价时不必再在瓦尔拉斯一般经济均衡框架下进行供需分析，而是可以从一般经济均衡推出无套利均衡，直接在无套利均衡下，利用相对定价法，

① Hal R. Varian. A Portfolio of Nobel Laureates: Markowitz, Miller and Sharpe [J]. Journal of Economic Perspectives, 1993, 7(1):159–169.

来对成千上万的金融衍生品进行定价。

到了 20 世纪 60 年代，马科维茨的思想被人们广泛接受，其他学者进一步发展投资组合理论。金融投资业界也开始应用这些发展的理论进行资产组合选择和套期保值等金融投资活动，甚至发展出定量化的工程思想（金融工程）运用于金融产品创新和金融投资实践中。

当然，马科维茨投资组合理论掀起了第一次华尔街革命的同时，也存在着缺陷。

第一个缺陷是，由于总风险可以被分散，也就是说，总是可以通过加入新的资产的方式来降低总风险，那么总风险是无法用来定价的，那么如何来定价呢？特瑞纳（Jack Treynor）在《关于风险资产市场价值的理论》一文中提出了解决办法。风险可以分为系统风险和非系统风险，他指出可以分散的非系统风险对资本成本的影响可以忽略不计。“股票的风险溢价与该股票与市场上所有投资的协方差成正比”，也就是说可以为资产定价的是系统风险，而不是非系统风险。在后面章节的讲授中将为大家讲解系统风险和协方差的关系。

第二个缺陷是，在当时计算机技术还没有快速发展的条件下，要求出多个风险资产的最优配置比例，其计算是非常复杂的。对于计算复杂的问题，1963 年，威廉·夏普（Willam Sharp）提出的资本资产定价模型（CAPM）解决了这个问题。

威廉·夏普指出，“通过证券多元化，资产的部分风险是可以避免的，这样，很明显总风险不是决定价格的因素，但是尚无理论证明决定资产价格的具体风险是什么”。

因此威廉·夏普提出了资本资产定价模型。他在马科维茨投资组合理论的基础上，加入了市场和供需均衡的分析，提出了市场均衡时，适用于单个证券和资产组合的定价模型。这是一个单因素的线性模型的形式，非常简洁和实用。给出了资产的均衡收益率后，可以与资产的实际收益率进行比较，如果两者不相同，就有了套利机会，指导投资者的投资。因此威廉夏普和马科维茨一起获得了 1990 年的诺贝尔经济学奖。

实际上，林特纳（John Lintner，1965a，b）、莫森（Jan Mossin，1966）、夏普（William Sharpe，1964）和特瑞纳（Jack Treynor，1962）都独立地得出过资本资产定价模型。但是遗憾的是，林特纳和莫森在 1990 年之前去世而无缘诺贝尔经济学奖。虽然特瑞纳最早写下了这一理论的手稿，但当时并未发表，从而也错过了诺贝尔经济学奖①。但当我们提起资本资产定价模型的时候，都会说是以上几位学者的贡献②。

20 世纪 70 年代的主要理论比如税收下的 CAPM、不存在无风险借贷情况下的 CAPM、跨期的 CAPM 等，这些理论的推进和补充，使得资本资产定价模型更加符合实际情况，更能解决实际问题。

① A Brief History of the Capital Asset Pricing Model. Edward J. Sullivan, Lebanon Valley, College, http://www.nabet.us/Archives/2006/f%2006/223.pdf.

② Perold, André F. The Capital Asset Pricing Model [J]. The Journal of Economic Perspectives, 2004, 18(13): 3–24.

1.4 现代金融投资理论的发展简史——1952 年之后（二）（EMH 和 APT）

1965 年，尤金•法玛（Eugene Fama）在前人的基础上提出了有效市场假说（Efficient Market Hypothesis）。法玛教授于 2013 年和研究行为金融理论的罗伯特•席勒（Robert Shiller）教授一起获得了诺贝尔经济学奖。这一年的诺贝尔经济学奖的颁发，令人们津津乐道。因为两位观点截然不同甚至相反的学者同时获奖。

扫码观看 课程视频

有效市场假说的成立，是投资学课程中介绍的几种资产定价模型成立的前提。

如果相信市场有效，那么就不会做主动的投资，正如马尔基尔（Burton G.Malkiel）教授在《漫步华尔街》中提到的，大猩猩蒙着眼睛朝《华尔街日报》投飞镖所选出的证券组合和专家选出的一样好，与其投入大量精力做无法打败市场的主动投资，不如购买指数产品。

而 2013 年和法玛教授一起获诺贝尔经济学奖的席勒教授则发现并研究了现实的资本市场中存在的各种异象，以及造成资产价格经常不等于资产价值的原因，而这些异象正是证明有效市场假说不成立的例子。投资者可以利用这些现实中的异象，利用市场的非有效性，来构造相应的投资策略，获得超过市场平均水平的收益。

当然，这里还包括 1977 年罗尔对资本资产定价模型的批判，主要针对现实中“市场组合”的存在性问题。资本资产定价模型得以成立的市场组合不应该仅仅只限于股票指数，还应包括经济体中的债券、房地产、人力资本等全部有形或无形的金融资产。但是如此广泛的包括全部风险资产的市场组合，在现实中几乎不可能找到，那么资本资产定价模型赖以成立的前提就受到了质疑。

在 MM 定律加以运用的无套利均衡思想的启发下，1976 年，罗斯教授（Stephen Ross）提出了套利定价理论（APT，Arbitrage Pricing Theory）。

套利定价模型源于一个非常朴素的思想，那就是在完善的金融市场上，金融产品的价格应该使得在这个市场体系中不存在任何套利机会。否则，当套利机会存在的时候，市场就不均衡，套利者对套利机会的追寻将推动那些失衡的金融产品的价格恢复到无套利机会的状态。根据这一思想决定金融产品价格的方法就是无套利定价模型法。

在马科维茨 1952 年提出投资组合理论之后，人们对于风险虽然有了可以量化的认识和衡量，但是对于风险是可以分散的以及分散的是什么风险还没有具体的认识。后来在特瑞纳和夏普等学者的努力下，将风险分为了系统风险和非系统风险，而组合投资分散的风险是非系统风险。既然非系统风险可以通过分散投资几乎全部消除，那么定价的时候就不必对总风险进行定价，而仅对于系统风险进行定价。这在资本资产定价模型中有非常清晰的体现，CAPM 中的贝塔值就是系统风险的体现和衡量。

在套利定价理论所基于的因素模型中，资产所承受的系统风险被进一步细分。夏普提出系统风险不仅仅来自大盘的波动（市场风险），还来自一些普遍影响资产价格的宏观因素，如通货膨胀率、利率、石油价格、GDP 增长率等，和公司特征因素，如公司的规模、资产的前期涨幅、公司的账面市值比等。夏普基于此提出了因素模型，包括指数模型、市场模型等。

而罗斯教授在因素模型基础上，加入了金融市场一般经济均衡推出的无套利均衡，推出了当市场不存在套利机会的时候，金融资产的均衡收益率所遵循的线性定价模型。

直接从无套利均衡假设推出的不仅有套利定价模型，还有接下来的布莱克（Fischer Black）和肖尔斯（Myron Scholes）提出的为期权等金融衍生产品定价的期权定价公式。这个运用频率非常高的公式，也是在无套利均衡的假设下推出来的，用的也是无套利均衡时的复制思想。

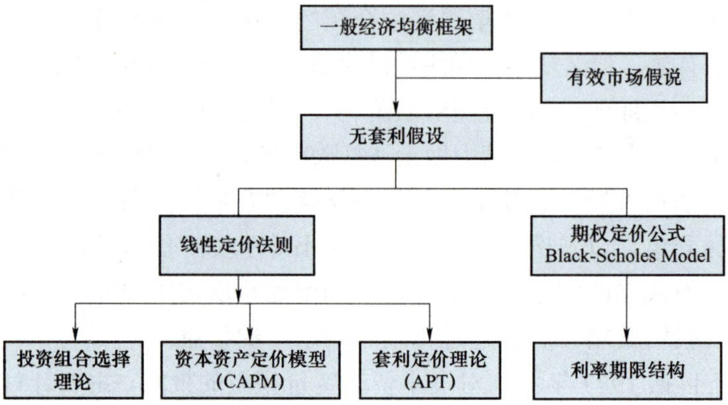

图 1-5　经典金融投资理论

期权定价公式的基本思路是，投资者总是可以构造一个由标的股票和无风险债券的适当组合，使得这个组合的收益与期权在到期日的收益完全相同。因此可以用基础资产去复制成千上万的金融衍生品的未来现金流，从而为众多的金融衍生品进行定价。

图 1-5 是金融投资定价理论的框架图，在一般经济均衡框架下，市场是有效的，直接导出市场无套利，在这些均衡机制下，从线性定价法则出发，是投资组合理论、资本资产定价模型以及套利定价理论的推出。非线性定价下是期权定价理论等。

本课程将介绍前三个理论，对于期权定价理论，将会由金融工程等相关课程来具体介绍。

除了以上经典的、传统的金融投资定价理论，随着行为、决策科学结合金融理论的不断发展，经济学家们开始关注市场非有效时和市场参与者非理性时出现的市场异象（Anomalies），比如日历效应（Calendar Effect）中的一月效应（January Effect），为什么资本市场普遍存在一月的收益率高于其他月份的收益率呢？以及规模效应（Size Effect），为什么小规模公司的收益率平均会高于大规模公司的收益率呢？

这些都是和有效市场假说相违背的现象，我们称之为异象。

我们将通过对传统投资理论的学习，慢慢理解现实中为什么会出现这些和经典金融投资理论相矛盾的异象，以及如何通过这些异象来构造投资策略，获取套利收益。

1.5 金融市场与金融机构的作用

本节将介绍金融市场与金融机构的作用。我们知道，投资中影响投资决策最重要的两个维度因素是：时间和风险。如果没有时间，就没有了未来的不确定性，就没有了风险。正因为有了时间，有了现在和未来，才有了未来的不确定性和风险。

扫码观看 课程视频

这两个维度的存在，使得金融市场和金融机构有了存在的意义。

在远古时期，食物保存期很短，人们打到猎物的数量也不稳定，是一种获得食物非常不稳定或者风险非常大的状态。那么聪明的人们如何规避风险而存活下来呢？

这里的风险同样是和时间分不开的。因为如果所有的食物今天都吃掉，那么明天可能会挨饿，如果明天运气不好打不到猎物还是会挨饿。所以希望有一种机制能让人们无论在今天还是明天，无论明天运气好还是坏，都不会挨饿。这时，一个金融市场和金融市场上的金融中介机构就非常有用了。

如果某一天 A 猎户打的猎物非常多，而 B 猎户没打着任何猎物，于是 B 猎户找 A 猎户借一些食物，并承诺未来在自己收获多的时候还给 A 猎户。但 A 猎户为什么相信 B 猎户呢？于是 B 猎户在向 A 猎户借食物的同时给了 A 一些刻了自己名字的贝壳，并承诺日后 A 猎户可以凭着这些刻了 B 名字的贝壳来找 B 换食物。

但是 A 和 B 之间的约定可能并不能克服所有的风险，因为可能存在较长的一段时间内 A 和 B 都没有收获的情况。但如果有更多的猎户加入约定，那么每天当一些人没有收获时，总有另外一些人有所收获，于是就出现了大家都认可的有兑换食物作用的贝壳（比如刻了族长名字的贝壳）和进行食物和贝壳交易的市场。人们就不用通过储存食物来抵抗风险，而是通过储存更为方便的贝壳来抵抗风险了。

于是产生了货币（贝壳）和用于交换的市场。可见，最简单的货币和市场就已经能实现对资源的跨期配置，并能够在一定程度上降低风险。

而现代社会如此多类型的金融市场和如此多的金融中介机构，它们的作用又是什么呢？其实仍然是帮助人们在面对不确定性时做不同时间和不同自然状态间的资源配置。

一个金融体系由一系列的机构和市场组成，它们提供交换金融合约的平台并提供相应服务，其目的是使得投资者的收入流和消费流不同步。

这里所谓的金融合约往往就是投资者所交易的金融产品，是带有不确定性未来现金流的金融产品。这些金融合约的作用之一就是对投资者的收入流和消费流进行跨期和跨状态的平滑配置。

假设投资者在 t=0 和 t=1 的两个时期中消费一种消费品。

令 c_0 和 c_1 分别表示今天和明天的消费，u 表示投资者在消费（c_0，c_1）中获得的效用水平。

对平稳消费的偏好相当于：

$u(c_0, c_1)=u(10, 10)>u(c_0, c_1)=(5, 15)$

为什么要做跨期资源配置呢？如果只有今天和明天两个时期，不希望两个时期的消费（食物）有太大波动，不希望我们的消费（食物）因为今天没有打到猎物降低太多，也不希望因明天丰收而吃得太多，所以要在时间上做到每天的消费流不至于受不稳定的收入流（每天打到的猎物）影响太大。现实中，我们可以考虑滑雪场的教练，他们的收入基本是冬季的三个到四个月取得，如果没有银行、基金公司等提供金融产品的金融机构提供收入保值增值的服务，可能滑雪教练在夏季没有收入的时候就不能过上和冬季同样水平的生活。

可以发现，只有一阶导数大于零、二阶导数小于零的效用函数能够表示投资者对平稳消费流的偏好。

图 1－6 中的坐标系是效用函数和消费的坐标系，横轴表示消费，其中，C_0=5，C_1=15，它们的平均数是 10，是横轴中间的 $0.5C_0+0.5C_1$。

纵轴表示效用，横轴的这三个消费水平对应了 $u(C_0)$，$u(C_1)$和 $u(0.5C_0+0.5C_1)$，其中 $u(0.5C_0+0.5C_1)$为不等式的左边，对应的是 B 点，而 C_0 和 C_1 对应效用的平均为 $0.5u(C_0)+0.5u(C_1)$，也就是不等式的右边，对应图中的 A 点。只有当效用函数的一阶导数大于零、二阶导数小于零时，B 点才在 A 点上面，不等式才成立，即投资者更偏好 B 点对应的平稳消费流。

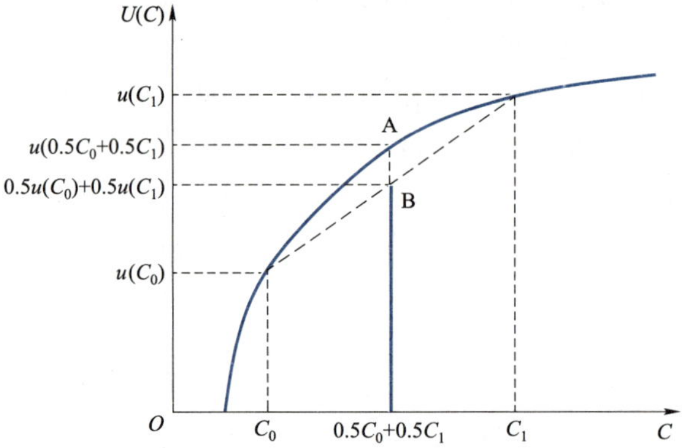

图 1－6　资源的时间跨期配置

在金融市场中，通过金融机构将暂时用不着的收入存入银行、购买基金，或者购买股票等金融资产，将来各期得到连续的收入以满足连续消费的需求。这些都是金融机构和金融中介提供的各种金融产品能够实现的。

金融机构和金融中介提供的金融产品不仅能实现时间上平稳分配收入，还能实现在未来各种不确定的状态之间平均分配收入。

正是因为存在现在和未来，而未来又是不确定的，所以时间和风险是不可分割的。风险是金融中的第二个维度。大部分人都希望无论明天发生什么事情都能保障各个状态下的生活水平不变。比如发生火灾时不希望生活崩溃，希望能和不发生火灾时有大致差不多的生活水平。人们不喜欢未来因为状态不同，收益也随之有巨大变化，希望在无论是好的还是坏的未来自然状态下保持平稳的消费水平。

金融机构和金融中介提供的诸如火灾保险合同、期权、基金等金融产品能平稳将来各个状态下的收入。

如果投资者购买了火灾合同，虽然平时需要为这个火灾合同支付固定但不算太高的保费，看起来不发生火灾时我们的收入有一点点下降，但是一个固定但不算太高的保费能保证在发生火灾时，我们得到的赔付足以让我们的收入或者财富状态和没发生火灾时差不多。金融机构之一的保险公司就能提供有这种功能的火灾保险产品，让人们的收入能够在不同的未来不确定的状态下平均且平稳。

可见，金融机构和金融中介提供的金融产品和金融服务能让人们在不同时期和不同状态下平滑和稳定收入。那么稳定且平滑的跨期收入和跨状态的收入意味着什么呢？意味着平稳，意味着比较小的波动，意味着更小的风险。

因为现实中的人们，无论作为消费者还是投资者甚至生产者，都不喜欢未来收入在各个状态下、各个时间点上有太大的波动，都是风险厌恶的，所以金融市场中的金融机构和金融中介能够满足人们在收入总体没有太大下降甚至还能增值的条件下，提供规避风险的金融产品，实现收入在时间和自然状态中的平稳。

如果消费水平是“未来”两种等可能性的自然状态（s1，state1；s2，state2）下获得的，未来两种状态下的消费流分别是 C_{S1} 和 C_{S2}。

那么一个风险厌恶的投资者对未来两种状态下不同消费的平均效用不如未来两个状态下同样的消费带来的平均效用。我们仍然可以用这个不等式来表示投资者的风险厌恶。那么风险厌恶投资者的效用函数的形状仍然具有一阶导数大于零、二阶导数小于零的特性。我们将在第二章进行详细的讲授。

1.6　均衡与套利

扫码观看　课程视频

这节将简单地介绍本课程的定价模型中所运用的两种定价方法：**供需均衡法和套利法**。

> 传统的**均衡法**主要是对决定现金流（金融资产）供给和需求的因素进行分析。
> **套利法**则试图以构成现金流的各种元素为基础来对其定价。

我们来举个例子：比如我们要确定自行车的价格，为自行车进行定价。

供需均衡法下，我们需要分析自行车的供给——厂商、替代品，自行车的需求购买者，需求函数如何，以及市场结构。供需均衡法是个复杂的方法，在经济学界具有长久的传统，在 19 世纪 50 年代开始被应用于金融市场。当市场均衡的时候，需求一定是等于供给的，根据供需均衡，我们是能够为自行车进行定价的。

而**套利法**是说，把自行车看成是一些部件的组合。如果知道所有必须部件的价格，包括车架、车把、车轱辘、轮胎、坐垫、刹车和换挡装置，就能相对容易地决定这辆车的市场价格。整车的价格就是零部件价格的总和。

套利法是一种比均衡法更为直接的方法。如果自行车的价格和部件总和价格的无套利关系不成立，任何发现套利机会的人都可能成为一个自行车组装商而套利。但是，如果许多人有这样的想法，部件价格和自行车价格就会调整至一致。

比如说，现在整车的价格高于各个零部件价格之和，那么就有很多人买来零部件，组装成自行车后去卖钱，这样就可以套利挣钱了。但是，如果大家都去买零部件，那么零部件的价格会上升，如果大家都买整车，整车的价格会下降，直到整车的价格等于零部件价格之和，才没有套利机会。所以，当市场达到均衡没有套利机会的时候，零部件价格之和就是整车的价格。如果我们知道了均衡时零部件的价格，我们就能为自行车定价了。

但是**套利法定价**也有它的局限性，如果不通过供需均衡法我们怎么能够得到各个部件的价格呢？所以它不能构成一个定价的一般理论，只是均衡法的一个补充。我们通过零部件价格给自行车定价时，首先需要用供需均衡法为零部件来定价。

就像我们如果要用基础证券来复制衍生证券的未来现金流，用基础证券为衍生证券进行定价的时候，我们还是需要用均衡定价法先定出基础证券的价格。

无套利分析方法是定价理论的核心思想，正是有了套利定价法，人们才不用背着供需均衡这副沉重的十字架，来为纷繁复杂的金融产品进行定价。

套利定价理论的基本思路是“一价法则”，即在运作良好的金融市场中，两种具有相同风险和收益率水平的证券其价格是必须相同的。

在以后的**套利定价理论**中，我们会进一步学习如何构造套利组合，如何利用市场的无套利均衡来为金融资产进行定价。

本章在线测试

思考和练习题

1. 为什么说近代金融投资理论始于 1952 年马科维茨提出的投资组合理论？
2. 供需均衡和套利均衡有什么区别与联系？
3. MM 定理的内容是什么？MM 定理的提出对金融资产定价理论的发展有什么意义？

第2章 不确定性环境下的决策

本章学习目标

● 价值目标——通过本章的教学，让学生了解不确定性和风险的含义，认识金融市场不确定性的本质，从而理解金融投资理论虽来源于经济学，但和经济学的本质区别是时间与不确定性。理解解决不确定性下的资产定价问题是金融投资的核心问题，让学生能沿着金融投资的思想方法继续探索金融投资技术和方法创新，培养学生的创新意识和创新思维。

● 知识目标——通过本章的教学，使学生了解风险和不确定性的区别；知晓个人投资者面对不确定时的不同决策原则；掌握期望效用理论及期望效用函数的计算方法；学会判断投资者对待风险的主观态度，并能使用不同方法衡量风险厌恶程度。

● 能力目标——通过学习本章知识，让学生掌握不确定性下决策方法，并能通过效用函数判断并衡量投资者风险主观态度。在此基础上能在投资实践中，判断自身和他人的风险主观态度，选择适合自身风险承受能力的金融资产，并能在资产管理行业中，根据不同投资者的风险厌恶态度提供不同金融资产。

本章学习内容

- 风险和不确定性
- 确定性下的决策
- 期望效用理论
- 期望效用决策准则的矛盾
- 对风险的主观态度和衡量

本章思维导图

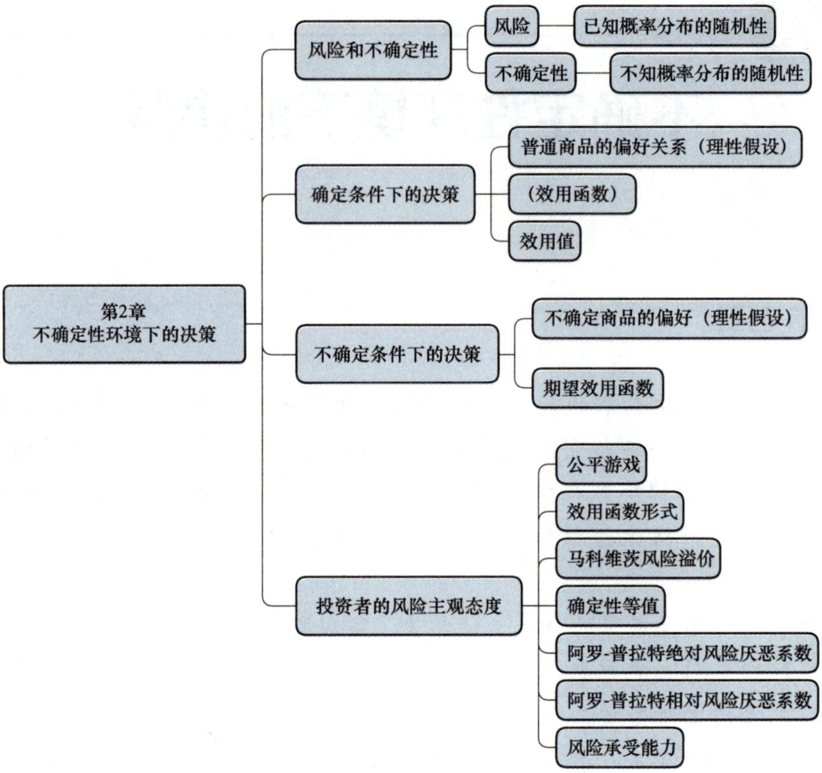

2.1　风险和不确定性

这一节将介绍风险、不确定性与确定性的定义，在选择与偏好中介绍效用函数以及效用最大化，还要介绍期望效用理论，以及投资者对风险的主观态度。

扫码观看　课程视频

风险、不确定性与确定性

在 1921 年奈特（Frank Knight）的著作《风险、不确定性与利润》中，奈特并不承认风险等价于不确定性，而在此之前人们觉得风险和不确定性并没有什么区别。

奈特提出风险具有概率分布的随机性，而不确定性是不知道概率分布随机性的。奈特的这种观点被学者们普遍接受。

比如，掷硬币猜正反面，这个随机实验的结果就是风险，因为我们知道正反面两个结果的概率都是 50%，是已知客观概率分布的，所以是属于风险的随机问题。

又比如骰子的每一面朝上的概率都是六分之一，有六趟车的公共车站每辆车出现的概率为六分之一，这些都属于已知概率分布的风险。

而不确定性，是指那些每个结果的发生概率都无法知晓的随机事件，如下一年是否发生地震、一周后是否下雨。

现实中，相对于不确定性来说，人们已知各种状态概率分布的情形，也就是风险的情形是很少的，大部分都是不确定性的情况。

关于风险和不确定性的关系，由于有些事件的客观概率难以得到，人们在实际中常常根据主观概率推断或者设定一个概率分布，来推测未来结果发生的可能性。因此学术界常常把具有主观概率或设定概率分布的事件，和具有客观概率的事件同时视为风险。

也就是说，风险与不确定性有区别，但在操作上，我们引入主观概率或设定概率分布后，二者的界线就模糊了，几乎成为一个等同的概念。

未知不可知状态

当然，随着金融市场中越来越多的黑天鹅事件的出现，还有一种状态也不可忽视，那就是未知不可知状态（Unknown and Unknowable）：不仅不知道各个状态的分布，甚至连有什么状态都不知道。比如，世界知名汽车公司奔驰公司在华投资建厂时并没有料到，自己选择了一块“风水宝地”。工地内两次发现墓葬和文物，但北京奔驰公司却怎么也高兴不起来。因为按照法律规定，一旦发现文物，须由文物部门介入勘探和发掘，所需经费应由建设单位买单。这就是我们经常说的“天知道”！

大卫·李嘉图在滑铁卢战役前四天购买了英国政府债券大挣了一笔。他不是军事分析家，即便是，他也对计算拿破仑胜败的可能性毫无概念，难以洞察扑朔迷离的结果，因此，他是投资于未知且不可知的事物。

全球变暖、未来的恐怖活动或者最有前途的未来科技对金融市场的影响，其结果在今天是不可知的。就如 1997 年 7 月亚洲金融危机爆发、2001 年 9 月 11 日美国纽约遭受恐怖袭击或 20 世纪末纳斯达克股市的涨跌，在它们发生之前不久也是不可知的。

第一个积极的结论是，不可知的情形一直而且必将伴随着极高的投资收益。第二个积极的结论是，思考不可知的情形，有系统性的方法。

虽然确定性具有很大的诱惑，但是世界太复杂且太不稳定了，甚至还经常会有惊喜。我们根本无法预判巨变何时到来，但这些变化又不可避免地会发生。绝对的正确是真正把投资做好的敌人。我们鼓励在存在些许疑虑的基础上，尽量去发掘那些可能成为黑天鹅事件（指巨大的变化、新技术的奇点等）受益者的公司和投资机会。

对风险的理解也是见仁见智的，比如巴菲特认为价格波动不是风险，本金的真实损失才是风险。不卖就不是风险，总有一天会回来。在巴菲特看来，控制风险的最好办法是深入思考，而不是投资组合、数学模型和数学公式。还有的学者认为应该关注向下的风险，关注向下波动的半方差。

2.2 确定性下的选择

这一节的内容，我们可以当作对微观经济学中关于偏好和效用知识的复习。

扫码观看 课程视频

偏好和效用函数

在确定性环境中，人们在做选择的时候，是建立在对不同选择的偏好关系上的，而偏好（Preference）是建立在消费者可以观察到的选择行为之上的。比如，相对于苹果来说，现在你更偏好吃一块巧克力。说明在苹果和巧克力之间，你更偏好巧克力。或者说，如果让你在心里对苹果和巧克力排序的话，你会把苹果排在巧克力的前面。可见偏好关系是对各种选择的一种排序。

但当人们真正做决策的时候，如果只有两三个选择还好，如果有成百上千个选择，显然对每个选择进行偏好排序就非常不方便了。但如果存在一种函数把商品（选择）集合通过某种规则映射到实数集就十分方便了，我们可以把商品（选择）间的偏好排序关系转化成实数之间的比较大小关系，这实在是太方便了！那么，这种映射或者说这种函数存在吗？这种函数的形式有什么特点，才能把人们对于商品（选择）的偏好关系转化成实数比较大小的关系？

可能大家已经想到，这个函数就是经济学中提到的**效用函数**（Utility Function），用效用来表示人们对不同商品的偏好。当函数值较大，说明这种商品或选择给我们带来的效用更高，我们越偏好这种商品或选择。效用函数将商品集合中商品之间的“偏好关系”（$\succcurlyeq$）转化成实数比较大小关系（$\geqslant$），那么商品集合的各个商品之间的偏好排序或者偏好关系有什么特点呢？这就是一种二元关系。

商品集中的偏好关系可以用一种二元关系表述出来。

令 C 为商品集合或者消费集合，C 中有 M 种可供选择的商品。它是 M 维实数空间 R^M 中的一个非负的子集，且为闭集和凸集。x、y、z……是它的子集，称之为商品束或者消费束。每一个消费束可以看成一个 M 维的向量，向量中的 M 个元素分别代表对 M 种商品的消费。可以在消费束的集合上建立偏好关系。

这里需要说明的是，偏好关系是一种二元关系。

二元关系用通俗的话来解释，就是集合中任意两个元素，都可以进行比较。

二元关系：设 S 是一个非空集合，R 是关于 S 的元素的一个条件。如果对 S 中任意一个有序元素对(a, b)，我们总能确定 a 与 b 是否满足条件 R，就称 R 是 S 的一个关系（Relation）。如果 a 与 b 满足条件 R，则称 a 与 b 有关系 R，记做 $a\,R\,b$；否则，称 a 与 b 无关系 R。关系 R 称为二元关系。

偏好关系就是这样的二元关系，对于商品集合中的任意两个商品束，都满足偏好关系。对于偏好关系，我们可以做下面的定义：

（1）如果消费者在商品束 x、y 中“弱偏好”于 x，即消费者认为 x 至少与 y 一样好，那么可以用这个式子来表达：$x \succcurlyeq y$；

（2）如果消费者“严格偏好”于 x，也就是说在任何情况下，消费者都认为 x 比 y 好，则可以用式子 $x \succ y$ 来表达；

（3）如果消费者对商品 x、y“无差异”，也就是说消费者认为两样东西同样好，则可以用这个式子来表达：$x \sim y$。

也就是说偏好关系“$\succcurlyeq$”是用来描述投资者或者消费者对处于各种约束状态下的商品、服务和货币等资产进行比较的能力。

在经济分析中，为了确保消费者偏好表达的逻辑一致性，通常要求消费者的这种偏好顺序满足几个基本的公理。

假设理性的消费者有能力建立不产生矛盾的、一致性的偏好衡量标准或者排序准则，那么这样的假设就是消费者或者投资者的理性假设，他们都是理性人。这些公理包括：

完备性：对于两个消费束，总是存在着可比较的关系。

自返性：一个消费束，至少和它自己一样好。

传递性：如果认为 x 优于 y，y 优于 z，那么 x 一定优于 z。

具体而言，

完备性：每个投资者都具有一个偏好关系，且是完备的。这个投资者能确定 x 是否优于 y，y 是否优于 x，或者两者同时成立，即他认为 x 和 y 是无差异的。对于任意两个消费束 x 和 y，要么 $x \succcurlyeq y$ 或 $y \succcurlyeq x$，要么 $x \sim y$（两者同时成立），没有除此之外的任何情况出现，上面的几种情况已经是最完备的情形。

对于传递性需要注意的是，这个公理意味着这两种关系能被传递，体现理性人的逻辑自洽性，前后选择保持连贯性。传递性可以保证在一系列的两两之间的选择中，不会出现矛盾的循环，保持了偏好的一致性和逻辑性。

比如，苹果和香蕉之间你更偏好苹果；香蕉和梨子之间你更偏好香蕉；那么在苹果和梨子之间，你只能更偏好苹果，你才是一个理性的人。看起来好像是理所当然的偏好传递，和现实中人们的选择相比，其实这已经是一个非常强的理性假设了。现实中确实有很多人如果在苹果和梨子之间选择，偏偏更喜欢梨子，但这并不妨碍经济学家们把此当作一个重要的理性公理。

如果偏好关系满足上述三种性质，即是理性的，它们也被称为理性人的假设。

除此之外，为了能让偏好关系转化成比较实数大小关系的效用函数存在，还需要偏好关系满足连续性公理，其实质是指偏好关系不会发生突然的逆转。

连续性公理：如果消费集合 C（C 中有 M 种可供选择的商品，因此每个消费束 C 都是 M 维向量）中有若干的消费束 C_i，i=1，2，……，所有 C_i 都不比消费集合中的某个消费束 C 差，即 $C_i \succcurlyeq C$，i=1，2，……；而 C_i，i=1，2，……收敛于（无限逼近于）一个消费束 $\bar{C}$，则一定有 $\bar{C} \succcurlyeq C$。

满足了上面的这些公理，就能证明效用函数的存在性。

定义： 效用函数是一个实数 $u(\cdot)$，对于偏好关系 $\succcurlyeq$ 来说，消费集合中的两个消费束 C 和 C'，如果 $C \succcurlyeq C'$，则一定有 $u(C) \geqslant u(C')$，反之亦然。

定理（Debreu）： 如果 $\succcurlyeq$ 是消费集上的一个偏好关系，满足理性公理，就存在一个连续实数 $u(\cdot)$，使得：

$$C \succ C' \Leftrightarrow u(C) > u(C')$$

可见，一个效用函数可以为一个数值，数值的大小同消费者的偏好顺序一致。

用比较通俗易懂的语言来说，函数本质上是一个映射，是从一个集合到另一个集合的映射。而效用函数是从 M 维空间的商品集合到实数集合的一个映射。通过效用函数，把商品集的偏好关系转换成了实数集的实数大小关系。

有了效用函数的这种映射变换，对商品的比较就变成了实数大小的比较，在数学分析上将更为便利。效用函数值越大，人们对某商品就越偏好。

效用函数可以为每个商品束指定一个实数，数值上较大的表示它更为消费者所偏好。

这样获得的效用函数只是用来排列偏好的次序的，因此效用函数的特点是序数性。我们通常称之为**序数效用函数**。

序数性意味着：任意两个消费束之间的效用数值上的绝对差额是无关紧要的，那么就可能存在许多用来描述同一偏好顺序的函数，但三种效用函数反映了同样的偏好顺序。

如表 2－1 所示，这三种效用函数的具体形式虽然不同，但是对三种商品的效用值的排序都是一样的。具体效用函数值改变了，但是函数值之间的排序是不变的。

表 2－1

效用函数	$u=2x+3$	$u=3\sqrt{x}$	$u=5x^2+3$
$x=1$	5	3	8
$x=3$	9	5.20	48
$x=4$	11	6	83

这个结论可以一般化为以下定理：

一个效用函数通过正单调变换（Positive Monotonic Transform）而获得的另一效用函数与原来的函数表达同样的偏好顺序。

也就是说，如果 $\tilde{U}(x) \equiv f[U(x)]$，且 $f(\cdot)$ 是单调递增函数，则有：

$$\tilde{U}(x) \geqslant \tilde{U}(y) \Rightarrow U(x) \geqslant U(y)$$

关于效用函数存在性的证明可以在中级或高级微观经济学的教材中找到，有兴趣的同学可以进一步学习和理解。

有了效用函数，在进行消费者决策行为分析的时候，我们就可以直接对效用函数求极值，得到消费者的最优选择。

无差异曲线

对于两种选择，经济学家们也通常用无差异曲线来说明人们的偏好。

消费者的效用在同一条无差异曲线上是一样的。如果面对三种选择，那就是无差异曲面，三种以上商品的选择是无差异超平面。

关于无差异曲线，将在第 3 章有更为详细的介绍。

2.3　期望效用理论 1

这一节将介绍人们面对不确定性情况下的决策原则，即期望效用理论。

扫码观看　课程视频

期望效用函数是消费者或投资者的一种投资决策准则。首先需要了解有哪些常见的投资决策准则。

收益最大准则：收益最大准则广泛应用于确定性的情况，按照这一法则，只需选取收益率最高的投资机会即可。经济学中的生产者理论和价值理论广泛使用这一准则。

在不确定性情况下，投资者的决策准则有：

第一，数学期望最大化原则（期望收益最大化），就是求出未来各种状态下的加权平均收益，权重是各个状态发生的概率。

第二，期望效用最大原则，求出未来各种状态下的加权平均效用，权重是各个状态发生的概率。本节将介绍期望效用理论。

第三，基于前景理论的价值最大化原则，这是在修正的效用函数——前景理论中的 S 型价值函数，以及在主观概率的基础上，根据计算出的加权平均价值来进行决策的准则。在行为经济学和行为金融学的课程中会有详细的介绍。

来看这样一个例子，见表 2-2：

表 2-2　　几种投资方案收益

投资方案 A		投资方案 B		投资方案 C		投资方案 D	
x	$P(x)$	x	$P(x)$	x	$P(x)$	x	$P(x)$
6	1	7	1	-6	0.25	-11	0.2
				0	0.5	11	0.2
				50	0.25	25	0.4
						35	0.2

有 A、B、C、D 四种投资方案，显然 A 和 B 具有确定性，概率 p 均为 1，所以只用比较它们的收益谁更大一些。

对于 C 和 D，是不确定性情况下的选择。可以用求均值的方法，求出 C 和 D 的均值分别为 11 和 17，按照数学期望最大化原则，我们会选择方案 D。

在还没有出现效用函数和期望效用之前，人们面对不确定情况时，直觉上大都是根据期望收益最大准则来做决策的。但这就是现实中人们面对不确定性时做决策的原则吗？先来了解一下著名的圣彼得堡悖论（The St.Petersburg Paradox）。

在 18 世纪，有这样一场掷硬币的游戏：如果硬币的正面朝上则赢得游戏。具体规定是：第一次翻到正面赢得 2 元，第一次输第二次赢得 4 元，前两次输第三次赢得 8 元……依此类推。一般情形为前 $n-1$ 次输，第 n 次赢得 2 的 n 次方元。

很显然，这是一个在任何情况下的期望收益都为正的游戏，作为组织游戏的老板，是需要要求参与人先缴纳参加游戏的入门费才能参加这个游戏的。当时的人们都愿意支付多少入门费呢？

下面我们来看一看这个神奇的游戏。

表 2－3　圣彼得堡悖论的收益

第几次出现正面	结果	结果的概率	奖励
1	H（head）	1/2	2
2	（Tail）TH	1/4	4
3	TTH	1/8	8
4	TTTH	1/16	16
……	……	……	……
……	……	……	……
……	……	……	……
n	[($n-1$)个 T]H	（½）n	2^n

表 2－3 是这个游戏各个状态下的收益情况，先算一算这个游戏的期望收益是多少。

第一列和第二列表示这个游戏的 n 种状态，就是第几次出现正面；第三列是各个状态或者说各种结果的概率；第四列是每个状态下的奖励，也就是收益。

既然这个游戏的期望收益是大于零的，所以老板不会免费让人来参加这个游戏，需要参与人事先支付一定金额的入场费。

下面的式子算出了这个游戏在 n 种状态下的加权平均收益，权重就是各个状态发生的概率。当 n 趋于无穷大的时候，这个游戏的平均收益也趋于无穷大。

$$2\times\frac{1}{2}+2^2\times\frac{1}{2^2}+2^3\times\frac{1}{2^3}+\ldots+2^n\times\frac{1}{2^n}+\ldots=\infty$$

通过上面对游戏期望收益的计算，入门费似乎也应该趋于无穷大。也就是说参与者无论交多少钱，游戏都会给他一个正的期望收益，花无穷多的钱都应该来参加游戏！

但在当时人们平均愿意支付的入门费却只有 1～2 元钱！为什么一场理论上无论花多少钱都有利可图的游戏，实际上人们只愿出如此低的入门费呢？

可见，期望收益最大原则并不能解决所有的不确定性问题，这一矛盾就是圣彼得堡悖论。

这个悖论的提出是对期望收益最大准则的质疑，是由瑞士数学家尼古拉斯·贝努利（Nicolaus Bernoulli）于 1713 年提出的。最终这个问题由尼古拉斯·贝努利的堂弟、当时圣彼得堡科学院院士丹尼尔·贝努利解决，其发表的论文刊登于 18 世纪的期刊——彼得堡科学院期刊（*Papers of the Imperial Academy of Sciences in Petersburg*，“Exposition of a New Theory on the Measurement of Risk”，1738）。这个问题后来也以“圣彼得堡悖论”而著称。

丹尼尔·贝努利的论文提出了解决“圣彼得堡悖论”的“风险度量新理论”，指出人们并不是用期望收益——“钱的数学期望”作为决策函数，而是用期望效用——“钱的函数的数学期望”来做决策的。

那么如何来解决圣彼得堡悖论呢？

丹尼尔·贝努利提出了期望效用准则决策方法。假设投资者关心的是收益的效用，用求期望效用作为最大化目标的方法，成功解决了圣彼得堡悖论。

我们如果把人们的效用函数假设成对数形式，然后求出各个状态下收益带给人们的效用，再把各个状态下的效用加权平均值计算出来（权重是各个状态发生的概率），就可以得到这个游戏的期望效用了。当效用函数中的参数 a 取 1 的时候，期望效用大约是 1.39。这和现实中人们只愿意出 1～2 元来参加这个游戏的结果是非常吻合的！

$$\frac{1}{2}a\ln 2+\frac{1}{2^2}a\ln 2^2+\frac{1}{2^3}a\ln 2^3+\cdots+\frac{1}{2^n}a\ln 2^n+\cdots=a\ln 2\sum_{i=1}^{\infty}\frac{i}{2^i}$$
$$=2a\ln 2\approx 1.39a$$

圣彼得堡悖论说明了人们在面对不确定情况时，并不是用期望收益最大化原则来做决策。人们通过构造资产组合分散投资的方法，也说明了人们并非用期望收益最大化原则来做决策。因为如果投资者只关心期望收益，那么投资者会把他的全部资金投资于收益最大的证券。但现实中，人们为了规避风险，通常进行多元化投资，通过分散化来降低风险。这说明除了期望收益，投资者还关心组合的风险，所以在投资者的效用函数里，除了期望收益还有风险。

虽然丹尼尔·贝努利早在 1738 年就提出了期望效用的决策原则，但是因为论文是用拉丁文撰写的，当时并没有很多人了解。所以，当 1944 年冯·诺依曼和摩根斯坦在《博弈论与经济行为》一文提出了期望效用函数理论后，期望效用函数就以这两位学者的名字命名了。

2.4　期望效用理论 2

本节通过把普通商品替换为彩票商品（Lottery），来介绍期望效用函数。

在不确定情况下，一个商品在不同状态 s 下取不同的值，犹如金融资产未来有不确定的收益率。因此金融资产可以看成是彩票商品 L。

$$L=(P_1,\cdots,P_s;C_1,\cdots,C_s),\ C_s\in C,\ P_s\geqslant 0,\ \sum_{s=1}^{S}P_i=1$$

扫码观看　课程视频

这个式子包括各个状态的结果 C_s（各个状态下所得到的商品还是普通商品 C，来自普通消费集合）和各个状态发生的概率 P_s，各个状态概率之和为 1。

可以看出，彩票商品 L 和普通商品 C 最主要的区别就是不确定性，彩票商品在不同的状态下获得不同的结果。

而不同的彩票商品之间，也应当存在着与普通商品之间类似的偏好顺序和关系。

如果彩票商品空间中的偏好关系同样满足理性公理，并满足连续性假设，那么就存在一个序数效用函数，这里用 $\tilde{u}(\bullet)$ 来表示。这个效用函数使得，对于在彩票商品 L 和 L' 中更偏好 L 的投资者来说，$\tilde{u}(L) \geqslant \tilde{u}(L')$。

而 $\tilde{u}(\bullet)$ 函数并不是普通的效用函数 $u(\bullet)$，而是彩票商品 L 的期望效用函数。对不确定的彩票商品 L 的效用可以表示为对抽奖结果的普通效用函数的期望的形式：

$$\tilde{u}(L) = \sum_{s=1}^{S} P_s u(C_s)$$

其中 $u: C \to R$（从普通商品的消费集合到实数集合的映射），是前面讲述的普通序数效用函数，而 $\tilde{u}: L \to R$（从彩票商品的消费集合到实数集合的映射）称为冯・诺依曼—摩根斯坦效用函数（Von Neumann—Morgenstern Utility Function）。

具体计算期望效用函数的方法是，先计算出各个状态下收益的普通效用函数 u，然后对这些普通效用函数加权平均，权重是各个状态发生的概率，计算出期望效用函数。这样的期望效用函数是对各个状态下的普通效用函数按照各个状态发生的概率进行加权平均，所以是期望值（按概率加权的平均值）。

普通效用函数是从普通商品集到实数集的映射，期望效用函数仍然是一个映射，是从彩票商品集合到实数集合的映射，把投资者对彩票商品的偏好关系转变成比较实数大小的关系。

如果说彩票商品的不确定的结果形式是一定数量的以货币表示的收益，那么这个不确定的收益就是一个随机变量。此时的期望效用函数就是定义在一个随机变量集合上的函数，期望效用函数在一个随机变量上的取值等于各个状态下的普通效用函数的期望值。

例如，$\tilde{u}(x, y, p) = pu(x) + (1-p)u(y)$，是具有两种状态的彩票商品的期望效用函数的求法。先把两种状态的 x 和 y 的普通效用函数求出来，然后再以每个状态的概率为权重，算出加权平均的期望效用函数值。

由于期望效用函数 $\tilde{u}(\bullet)$ 的求法是各个状态的普通效用函数的加权平均，所以期望效用函数也可以表示为 $Eu(\bullet)$。

效用函数的性质

首先，期望效用函数具有时间可加性与分离性。下面三个式子是递进的关系，C_0 和 C_1 分别是两个时期的消费，两个时期消费的效用可以在时间上分离，然后加起来。

$$u(c_0, c_1) = u_0(c_0) + Eu_1(c_1)$$

$$u(c) = u_0(c_0) + \sum_{w \in \Omega} p_w u_1(c_{1w})$$

$$u(c) = u_0(c_0) + \rho \sum_{w \in \Omega} p_w u_1(c_{1w})$$

$u(C_0, C_1) = u_0(C_0) + Eu_1(C_1)$，因为 1 时期是未来，是不确定的，所以 C_1 是一个随机变

量，可以看成是一个彩票商品，所以需要求 C_1 的期望效用函数 $Eu(\cdot)$。

第二个式子，是求期望效用函数，是对每个状态的普通效用函数求期望。第三个式子，由于未来的效用和现在效用时间不同，所以不能直接相加，需要把未来的期望效用乘以一个折现率 ρ 后，折现到 0 时期，才能加起来。

下面是根据现实情况，对期望效用函数的扩展。

可以利用期望效用函数来刻画消费者的心理特征。

比如人们在消费的时候，是有一定消费习惯的，不希望消费水平在下一期有所下降，所以在 1 时期的效用函数中会考虑上一期的消费水平 C_0，如果下一期的消费低于上一期消费，那么尽管下一期消费为正，也可能产生负的效用。比如某天你吃了 1 块巧克力，但是你平时都是吃 2 块巧克力，那么这天的 1 块巧克力让你觉得少吃了 1 块，所以给你的效用值可能就是负值。

又比如人们在消费时会有攀比心理，每一期的效用不仅取决于当期的消费，还取决于同一期其他人的消费，所以进入效用函数中的不仅有当期消费，还有同期的人均消费。即使当期消费是正数，但是如果不如当期的人均消费，其效用水平仍有可能是负的。例如，当你每天吃 2 个苹果的时候，忽然发现你的同学平均每天吃 3 个苹果，这时你可能会因为“比较”而觉得少吃了一个，因此觉得若有所失。2 个苹果减去其他人的消费水平后，就成了负的效用。

大家还可以考虑现实中人们的其他消费心理特征，来构造更加符合现实的效用函数。

2.5　期望效用准则矛盾——阿莱悖论

反对期望效用准则的相关论证

扫码观看　课程视频

尽管期望效用理论解释了圣彼得堡悖论，说明人们在面对不确定时是根据期望效用来做决策的。但是现实中也存在着和期望效用理论不相符的现象。下面这些例子都是参与者深思熟虑后的想法，但却不符合期望效用理论。

阿莱悖论（Allais Paradox）I

方案 A：确定得到 1 000 000 元

方案 B：得到 5 000 000 元的概率是 0.10

得到 1 000 000 元的概率是 0.89

得到 0 元的概率是 0.01

在 A 和 B 中，受试者偏好于 A。

根据期望效用的计算，可以推出：

$$u(1\,000\,000) > 0.1u(5\,000\,000)+0.89u(1\,000\,000)$$

$$\Rightarrow 0.11u(1\,000\,000) > 0.1u(5\,000\,000)$$

当 A 和 B 作为备选方案时大多数参选者选 A，当 C 和 D 作为备选方案时大多数参选者选 D，这就违背了期望效用原则。

进一步要求参与者考虑以下情形：

方案 C：以 0.11 的概率得到 1 000 000 元
以 0.89 的概率得到 0 元

方案 D：以 0.10 的概率得到 5 000 000 元
以 0.90 的概率得到 0 元

发现参与者偏好 D 方案。

$0.11u(1\,000\,000)+0.89u(0)<0.10u(5\,000\,000)+0.90u(0)$

假设 $u(0)=0$

$\Rightarrow 0.11u(1\,000\,000)<0.1u(5\,000\,000)$

于是和在方案 A 和 B 中做选择的结论发生了矛盾。

通过计算表明，如果遵从期望效用原则的投资者在 A 和 B 之间偏好 A，那么他必须在 C 和 D 之间偏好 C。这是一个矛盾。

人们在 A 和 B 中选择 A，可能是因为人们更喜欢确定性的收益，比收益增加 500 万元但须要承担风险要更合算（人们更喜欢确定性的正的收益）。

在 C 和 D 中选择 D，可能是因为 D 在有利状态下的正收益比 C 中的要大得多，而 D 的概率只稍微减少了一点点。

除了上面关于确定性偏好的分析，矛盾的结果还可能和后悔厌恶有关。如果选择 B，一旦碰到了什么也得不到的情况，就会后悔为什么不选确定的 A。

阿莱悖论 II

方案 A：确定得到 1 000 000 元

方案 B：以 0.98 的概率得到 5 000 000 元
以 0.02 的概率得到 0 元

方案 C：以 0.01 的概率得到 1 000 000 元
以 0.99 的概率得到 1 分

方案 D：以 0.009 8 的概率得到 5 000 000 元
以 0.000 2 的概率得到 0 元
以 0.99 的概率得到 1 分

阿莱发现理性人在 A 和 B 之间偏好 A，在 C 和 D 之间偏好 D。

由 A 和 B 之间大多数选 A，可以推出：

$u(1\,000\,000)>0.98u(5\,000\,000)+0.02u(0)$

$\Rightarrow u(1\,000\,000) > 0.98u(5\,000\,000)$

由 C 和 D 之间大多数选 D，可以推出：

$0.01u(1\,000\,000)+0.99u(0.01) < 0.009\,8u(5\,000\,000)+0.000\,2u(0)+0.99u(0.01)$

$\Rightarrow u(1\,000\,000) < 0.98u(5\,000\,000)$

于是与 A 和 B 之间的选择发生了矛盾。

同样，上面的例子也通过期望效用函数的计算，推出了相互矛盾的结果。

阿莱悖论仅仅是与期望效用理论不一致的众多现象中的一个，还有很多其他不一致的情形，在行为经济学的课程中会有更多介绍。

2.6 对风险的主观态度

这节将介绍如何判断投资者对风险的主观态度。

所谓主观态度，就是喜欢或者不喜欢。也就是当面对风险时，人们是风险喜好的还是风险厌恶的。那么如何判断投资者对风险的主观态度呢？

首先需要引入“公平游戏”的概念，我们会根据投资者是接受还是拒绝公平游戏，来判断投资者是风险喜好的还是风险厌恶的。

扫码观看 课程视频

公平游戏的定义

公平游戏的定义可以有两种表达。

第一，**公平游戏**是指不改变投资者当前期望收益的游戏。比如一个游戏，有 50%的概率得到 10 元，有 50%的概率失去 10 元，那么这个游戏的期望收益是 0 元。也就是说投资者参加游戏前如果初始财富是 w，那么，由于这个游戏的期望收益是 0，所以参加这个游戏是不改变投资者的初始财富的。

如果一个游戏的随机收益为 $\tilde{\varepsilon}$，其变化均值 $E(\tilde{\varepsilon})=0$ 的游戏就是公平游戏。

第二，**公平游戏**是指一个游戏的期望收益只应当和入门费相等的游戏。也就是说，当一个游戏的期望收益是大于零的正数的时候，为了使这个游戏成为一个公平游戏，投资者就需要在参加这个游戏之前，先交出和游戏期望收益相等数额的入门费。只有这样，投资者的初始财富是不变的。否则投资者参加这个游戏，他的财富就变多了。

比如有一个游戏，50%的概率得到 20 元，50%的概率失去 10 元，则这个游戏的期望收益为 5 元。作为游戏老板，是不愿意让人免费参加这个游戏的，而是让投资者先出一定数量的入门费，才可以参加这个期望收益为正的游戏。那么入门费是多少的时候，这个游戏才是一个公平游戏呢？显然入门费应该等于游戏的期望收益，也就是 5 元，只有这样才不改变投资者的初始财富。

如果一个游戏只有两种收益状态，它以概率 p 有一个正的回报 h_1，以概率（$1-p$）有负收益 h_2，我们称之为一个公平的游戏是指 ph_1+（$1-p$）$h_2=0$。

由于 p 和 $1-p$ 是大于零的，要保证是公平游戏，h_1 和 h_2 必然符号相反。

上面这个例子其实是期望收益为零的游戏，是不需要入门费的。大家不妨思考一下，如果上式 $ph_1+(1-p)h_2>0$，入门费如果是 m 的话，公平游戏的式子需要怎么改写呢？

$ph_1+(1-p)h_2-m=0$。

提问：为什么拒绝公平游戏意味着拒绝的是风险？

对公平游戏进一步的理解：

大家还记得概率论中所学的数学期望的概念吗？所谓的期望，就是一个事前的预期，所以也叫预期值。那么公平游戏不改变投资者初始财富的这个性质，也是从事前来看的、期望的、概率平均意义上的不输不赢。

如果从事后来看，一个游戏事后的结果只可能有一种，要么赢要么输。可见，公平游戏虽然事前看是不输不赢，但事后看，它却是一个有风险的游戏，有亏钱或者赢钱结果出现。

提问：抛硬币，正面为上你能得到 200 元，否则你什么都得不到。如果参加的入门费分别为 100 元、50 元、0 元，判断分别是否为公平游戏？

如果某个投资者的初始财富为零，不参加公平游戏的“零”是实实在在的“零”，是没有任何风险的“零”；而参加公平游戏的“零”，是从事前来看概率意义上平均的“零”，是具有风险的“零”。如果投资者拒绝公平游戏，那么他拒绝的一定不是财富数量上的变化，他拒绝的是**风险**！因此**拒绝公平游戏**的投资者，称为**“风险厌恶的投资者”**。

风险厌恶

风险厌恶具体定义为：当一个个体不愿意接受或者对任何公平的游戏都无所谓的时候，他通常被认为是**风险厌恶**的。**严格风险厌恶**是指这个个体不愿意接受任何公平的游戏（不存在无所谓的状态）。

如果一个投资者的初始财富为 w_0，财富以概率 p 变为 w_0+h_1，以概率 $1-p$ 变成 w_0+h_2，根据公平游戏的定义，如果这个游戏是公平的，则必然有：$ph_1+(1-p)h_2=0$。风险厌恶的投资者是厌恶风险的，是不愿意参加公平游戏的。

$$u(W_0)(>)\geqslant pu(W_0+h_1)+(1-p)u(W_0+h_2)$$

式子的左边是投资者不参加公平游戏时，其确定的初始财富 w_0 带来的效用，右边是参加这个公平游戏带来的期望效用。如果投资者是风险厌恶的，那么左边（不参加公平游戏）

带来的效用会大于右边参加公平游戏带来的期望效用。所以，风险厌恶的投资者会拒绝参加公平游戏。

为了进一步推出风险厌恶投资者的效用函数的形状和特点，我们将风险厌恶投资者拒绝风险的表达式改写如下：

$$u[p(W_0+h_1)+(1-p)(W_0+h_2)](>)\geqslant pu(W_0+h_1)+(1-p)u(W_0+h_2)$$

其中左边函数 u 中的财富值为 w_0［因为 $w_0=p(w_0+h_1)+(1-p)(w_0+h_2)$］。根据公平游戏的定义，参加公平游戏的期望收益不改变初始财富。

从这个表达式可以看出，满足这个不等式的效用函数形式应该是一个一阶导数大于零的函数，即投资者对于财富是非满足的，同时其二阶导数小于零，即效用函数是凹向横轴的。

具备这样数学性质的效用函数就是风险厌恶者的效用函数。如果不允许取等号，那么就是**严格的风险厌恶投资者**。

图 2－1 中，横轴代表投资者的财富水平，纵轴表示投资者的效用。

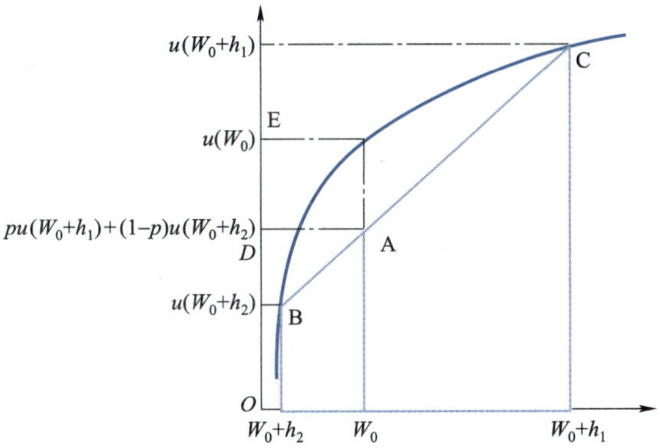

图 2－1　风险厌恶投资者的效用函数图

先看横轴：w_0 是投资者的初始财富，公平游戏的两种状态是初始财富以 p 概率变为 w_0+h_1，以概率 $1-p$ 变成 w_0+h_2（由于是公平游戏，w_0+h_1 和 w_0+h_2 分别位于 w_0 的两侧，且 h_1 和 h_2 符号相反）。

如果投资者不参加公平游戏，得到的效用是由 w_0 这个确定的财富水平带来的效用高度 $u(w_0)$。

如果投资者参加公平游戏，得到的期望收益是 $pu(w_0+h_1)+(1-p)u(w_0+h_2)$ 的高度。

我们来看图中粗线的梯形：横轴上的 w_0 是两个端点的线性凸组合（所谓线性凸组合，是 $w_0=p(w_0+h_1)+(1-p)(w_0+h_2)$，即以 p 和 $1-p$ 为系数乘以两个端点，且 p 和 $1-p$ 的和为 1）。

那么由于三根竖直的粗线是平行的，可以得到 w_0 所对应的 A 点是它的两个端点 B 和 C 的线性凸组合，同样以 p 和 $1-p$ 乘以 B 和 C 对应的纵坐标，因此 A 点所对应的高度就是 $pu(w_0+h_1)+(1-p)u(w_0+h_2)$，即纵轴上 D 点的高度。

那么当投资者是风险厌恶的投资者的时候，如果想让投资者愿意参加公平游戏，那么

E 点的高度要高于 D 点的高度，E 点对应着不参加公平游戏的确定性的收益 w_0 带来的效用水平，而 D 点对应的是参加公平游戏带来的期望效用水平。

所以如果投资者是风险厌恶的，必有下面这个表达式成立：

$$u[p(W_0+h_1)+(1-p)(W_0+h_2)](>)\geqslant pu(W_0+h_1)+(1-p)u(W_0+h_2)$$

参加游戏期望收益是 w_0，但存在风险，不参加游戏确定的 w_0 带来的效用更高一些，所以不参加游戏。

可见，风险厌恶投资者的效用函数是一阶导数大于零（投资者对于财富是非满足的，财富多多益善），且二阶导数小于零的凹向横轴的函数（财富的边际效用递减）。

表 2－4 还总结了风险喜好和风险中性两种情况。

表 2－4　　三种风险态度和效用函数

风险态度	函数特征	效用关系
风险厌恶	凹向横轴	$u[p(W_0+h_1)+(1-p)(W_0+h_2)]>pu(W_0+h_1)+(1-p)u(W_0+h_2)$
风险中性	线性函数	$u[p(W_0+h_1)+(1-p)(W_0+h_2)]=pu(W_0+h_1)+(1-p)u(W_0+h_2)$
风险爱好	凸向横轴	$u[p(W_0+h_1)+(1-p)(W_0+h_2)]<pu(W_0+h_1)+(1-p)u(W_0+h_2)$

如果投资者是风险喜好的，那么他会接受公平游戏，不等式的符号正好相反，不参加公平游戏带来的确定性效用小于参加公平游戏带来的期望效用，所以风险喜好的投资者会选择参加公平游戏。如果两者相等的话，说明投资者对风险持无所谓的态度，投资者的效用函数是一个线性的效用函数。

进一步的思考

在现实中我们发现，随着投资者财富水平的提高，人们会变得越来越不厌恶风险，甚至当很富有的时候，变成了风险喜好的投资者。

因此，我们会看到如图 2－2 所示的效用函数：当投资者财富水平较低的时候，是风险厌恶的投资者，其效用函数是凹向横轴的，即二阶导数小于零；随着财富水平的提高，投资者变得对风险持无所谓的态度，变成了线性的效用函数，即风险中性的投资者；随着财富水平的进一步提高，变成了风险喜好的投资者，二阶导数大于零。

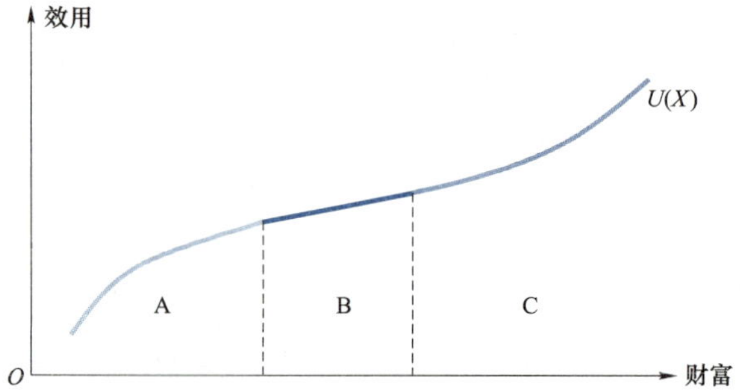

图 2－2　不同财富水平的效用函数

思考一下：这样的效用函数形式和现实相符吗？

提问：如何解释有的人在同一财富水平下又买彩票又买保险呢？

如何解释在现实中，投资者买保险的同时也会买彩票呢？买彩票是风险喜好者的行为，而买保险是风险厌恶者的行为。比如，有的投资者在某天的上午刚买了车险，下午路过销售彩票的小店时又买了几张体育彩票，这又如何解释呢？

2.7　风险厌恶程度衡量

判断出投资者的风险主观态度后，如果投资者是风险厌恶的，怎么来衡量投资者风险厌恶的程度呢？

扫码观看　课程视频

本节将介绍衡量投资者风险厌恶程度的几种指标：

- 确定性等值
- 马科维茨风险溢价
- 风险厌恶系数（包括绝对风险厌恶系数和相对风险厌恶系数）

确定性等值和马科维茨风险溢价

一个风险厌恶的投资者是不会参加一场期望收益等于入门费的公平游戏的，但游戏老板将入门费设置得足够低，总能吸引投资者参加游戏。

例如，一个期望收益为 15 元的游戏，如果入门费由 15 元降为 12 元，就会有人愿意参加这场游戏。这入门费由 15 元降到 12 元的差值 3 元，就可以看成是“引诱”风险厌恶者参与游戏的“风险溢价”，或者说是对投资者因参加公平游戏而承担风险的风险补偿。而这个事先确定付出 12 元的效用，和投资者参加一个期望收益为 15 元的游戏带来的期望效用是相等的。所以，12 元就是这个游戏的确定性等值。

确定性等值是一个确定性的收入，这个收入给投资者带来的效用，和一个游戏给投资者带来的期望效用是一样的。

上面的例子中，12 元是确定性等值，3 元是马科维茨风险溢价，是为了吸引投资者参加游戏而降低入门费的差额，可以看成对投资者参加游戏并承担风险的补偿，所以称之为“马科维茨风险溢价”（这里的“风险溢价”为“马科维茨风险溢价”，下一章中“风险溢价”指的是资产的收益减去无风险利率的部分）。

确定性等值的计算公式为：

$$Eu(w_0+\tilde{h})=u(CE)$$

式子的左边是参加游戏的期望效用，等于右边一个确定性财富带来的效用水平，这个确定性的财富水平就是确定性等值（Certainty Equivalence）。

不同角度理解：

1. 对投资者来讲，公平游戏虽然期望收益为 0，但是投资者是不愿意接受的，觉得有风险的零相当于一个负的确定性的收益，所以他宁愿放弃一定的确定性财富来避免一个有风险的公平游戏。

2. 对于游戏老板来说，一个正期望收益的公平游戏，需要投资者交一个正的入门费。但是投资者是风险厌恶的，觉得这个正的期望收益不值一个等额事先确定交出的正的入门费，只值一个较少的确定性的付出。所以这个较少的确定性的付出就是和有风险的期望效用水平一样等值，而降低的入门费是游戏老板为了让风险厌恶投资者参加游戏的风险补偿，是风险溢价。

通过图 2 – 3 可以看出，A 点是参加游戏的期望收益水平，A 点高度对应效用函数上的 B 点，而 B 点所对应的财富水平 *CE* 就是确定性等值。

游戏的期望收益 w_0 和确定性等值的差值π，就是投资者为了避免一个公平游戏而愿意放弃的一部分财富，我们称之为“**马科维茨风险溢价**”。

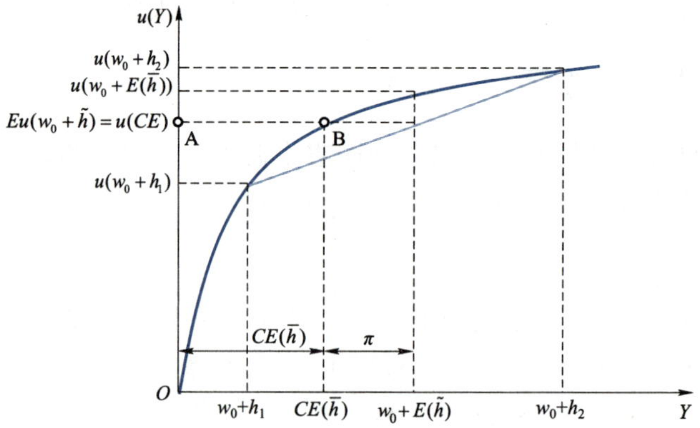

图 2 – 3　效用函数和确定性等值

可以得到这样的结论：马科维茨风险溢价越大，确定性等值越小，投资者的风险厌恶程度就越大。

比如上面的例子中，入门费降低到 12 元时，如果投资者还是不愿意参加游戏，直到降低到 10 元才愿意参加，那么这个投资者就有更高水平的风险厌恶程度，他的确定性等值更低，需要的风险补偿更高（15 元 – 10 元=5 元）。

这里需要说明的是，马科维茨风险溢价和确定性等值这两个指标是全局的指标（给出了某个效用函数的形式，就能求出确定性等值和马科维茨风险溢价，而不论具体的财富水平如何），代表具有某种形状的效用函数的投资者整体的风险厌恶程度，它们是有单位的。

下面再介绍一个不受量纲影响的衡量投资者风险厌恶程度的局部指标。

绝对风险厌恶系数和相对风险厌恶系数

对图 2 – 3 的观察使我们可能产生一种直觉，即如果效用函数越是凹向横轴，也就是弯曲程度越大，投资者的风险厌恶程度就越大。

假设随机收益是在初始财富附近变化的一个微小的量，其均值为零，方差为σ平方，$E\tilde{x}=0$，$\mathrm{var}(\tilde{x})=\sigma^2$，并满足公平游戏的定义：

$$E[u(w_0+\tilde{x})]=u(w_0-\pi)$$

将确定性等值的式子两边，在初始财富附近做二阶泰勒级数展开：

$$E[u(w_0)+xu'(w_0)+\frac{u''(w_0)}{2}x^2+\mathrm{Re}]=u(w_0)-\pi u'(w_0)+\mathrm{Re}$$

其中 Re 为高阶余项，通过化简整理得：

$$\frac{u''(w_0)}{2}\sigma^2\approx-\pi u'(w_0)$$

$$\pi\approx-\frac{1}{2}\sigma^2\frac{u''(w_0)}{u'(w_0)}$$

其中σ为x的标准差，可以将如下式子作为风险厌恶度量的测量指标，而且它不受量纲影响。

$$-\frac{u''(w_0)}{u'(w_0)}$$

于是阿罗 – 普拉特绝对风险厌恶系数（Arrow-Pratt Measures of Absolute Risk-Aversion）定义为：

$$R_a(w_0)=-\frac{u''(w_0)}{u'(w_0)}$$

可以看出这是一个没有量纲的表示效用函数弯曲程度的指标。由于二分之一和微小随机变化的方差都是和效用函数无关的，所以只取出其中负二阶导数除以一阶导数的值作为衡量投资者风险厌恶程度的指标，并把这个指标称为阿罗 – 普拉特绝对风险厌恶系数。对于风险厌恶的投资者来说，效用函数的二阶导数是小于零的，所以这个指标是大于零的，值越大，说明投资者风险厌恶程度就越高。

关于这个指标，需要说明的是：

第一，绝对风险厌恶系数是一个局部概念，依赖于初始财富水平，因此只适用于初始财富附近微小的随机变化量。

第二，这个系数依赖于效用函数的形式，如果初始财富一样，效用函数不一样，则有不同的风险厌恶程度。面临相同的公平游戏，会要求不同的风险补偿，因此可以衡量不同的决策者在特定的财富水平下的风险厌恶程度。

第三，这个系数对效用函数的正仿射变换具有不变性。因为正仿射变换并没有改变所描述的偏好顺序，具有一致性。

提问：绝对风险厌恶系数和马科维茨风险溢价的区别是什么？

求出的阿罗－普拉特绝对风险厌恶系数是一个关于初始财富 w_0 的函数，可以把这个函数继续对初始财富进行求导。

如果这个导数小于零，$\forall w,$ 有 $\frac{\mathrm{d}R_a(w)}{\mathrm{d}w}<0$，说明随着投资者财富水平的提高，投资者的风险厌恶程度是递减的，这与现实情况是比较相符的。当人们变得越来越富有的时候，他们的风险厌恶程度是下降的。

如果这个导数大于零，$\forall w,$ 有 $\frac{\mathrm{d}R_a(w)}{\mathrm{d}w}>0$，则正好相反，当人们变得越来越富有的时候，他们的风险厌恶程度是增加的。这似乎和我们的日常生活经验有些不同。

如果这个导数等于零，$\forall w,$ 有 $\frac{\mathrm{d}R_a(w)}{\mathrm{d}w}=0$，说明这是一个风险厌恶程度不随财富水平变化的投资者。

相对于财富而言，其中递减绝对风险厌恶意味着风险投资是一种正常品，随着财富的增长对风险投资的需求也是递增的，而递增绝对风险厌恶隐含着风险投资是一种劣等商品（Inferior Goods）。

如果将绝对风险厌恶系数乘以财富水平，就是一个受初始财富水平影响的**相对风险厌恶系数**（Measure of Relative Risk-Aversion）。

$$R_r(w)=R_a(w)w$$

如果将绝对风险厌恶系数倒过来，就是风险承受指标，可见当投资者风险厌恶程度越高时，他的风险承受能力是越差的，所以两者成倒数关系。

$$\tilde{R}(w)=\frac{1}{R_a(w)}$$

有几种常见的风险厌恶特征的效用函数形式，属于双曲绝对风险厌恶或者线性风险承受函数，它们通常采取这种形式：

$$u(x)=\frac{1-\gamma}{\gamma}\left(\frac{\beta x}{1-\gamma}+\eta\right)^{\gamma},\beta>0,\gamma<1,\gamma\neq 1$$

随着其中参数的设定不同，它们会变化成不同形式的效用函数。

不妨求出它们的各种风险厌恶程度衡量指标，就知道为什么这类函数叫双曲绝对风险厌恶函数，或者是线性风险承受函数。

下面是金融研究者广泛使用的一个函数，资产组合的期望收益为 $E(r)$，其收益方差为 σ^2，其效用值为：

$$u=E(r)-0.005A\sigma^2$$

其中 A 为投资者的风险厌恶系数。方差减少效用的程度取决于 A，投资者越厌恶风险，对风险投资的回避程度越大。

本章在线测试

思考和练习题

1. 请说出风险、不确定性的区别。

2. 什么是圣彼得堡悖论？这个悖论是如何解决的？

3. 什么是期望效用函数？有什么违背期望效用理论的现象？

4. 什么是确定性等值、马科维茨风险溢价？什么是阿罗－普拉特绝对和相对风险厌恶系数？

5. 请用效用函数说明什么是风险厌恶、风险喜好与风险中性。

6. 请说出什么是公平游戏，如何根据公平游戏判断投资者的风险主观态度。

7. 有一期望收益率为 20%、标准差为 20%的资产组合，国库券可以提供 7%的确定的收益率，投资者的效用函数为：$u=E(r)-0.005A\sigma^2$，风险厌恶程度 $A=4$，他会做出什么样的选择？如果 $A=8$ 呢？（期望收益和标准差请带入百分号前的数值）

8. 假设投资者面临如下一个游戏：（5 元，30 元；0.8，0.2），其中 0.8 和 0.2 分别为 5 元和 30 元收益的发生概率。假设他的初始财富为 10 元（0.8 的概率初始财富由 10 元变成 5 元，0.2 的概率初始财富由 10 元变成 30 元），其效用函数为对数函数 $u(x)=\ln x$。计算这个投资者的风险厌恶量（风险溢价）以及他的确定性等价财富。

9. 考虑对数效用函数 $u(w)=\ln w$，一个投资者面对下面的游戏：初始财富为 20 000 元，0.5 的概率变成 19 990 元，0.5 的概率变成 20 010 元。

（1）计算马科维茨风险溢价和确定性等值。

（2）请计算这位投资者在财富为 20 000 元时的阿罗－普拉特局部风险厌恶度量：绝对风险厌恶系数和相对风险厌恶系数以及风险承受指标。

10. 假设一个投资者的效用函数为 $u(w)=aw-bw^2$，求这位投资者的绝对风险厌恶系数和相对风险厌恶系数。根据绝对风险厌恶系数，这位投资者会随着财富的增加更加规避风险吗？为什么？

第3章

投资组合选择理论

本章学习目标

● 价值目标——通过本章的教学，让学生在认识金融资产风险-收益特征和掌握个人投资者最优风险-收益权衡方法的基础上，了解中外资本市场的运行规律，尤其是中国资本市场中如“融资融券”制度等中国的交易制度，培养学生思辨性思维，增强对中国金融市场发展的自信心和认同感。

● 知识目标——通过本章的学习，使学生了解马科维茨的投资组合理论，理解投资是风险与收益的权衡；通过对可行集、前沿边界和有效集等投资组合概念的认知，掌握求解最优风险投资组合的方法；把握前沿边界性质，并将其运用于投资决策中。

● 能力目标——通过讲解马科维茨投资组合理论的来源和方法，让学生理解该理论在投资理论和实践中的地位和投资理论发展历史中的意义；学生掌握风险—收益权衡方法后，能对现实资本市场中金融资产进行风险—收益特征分析；了解中国资本市场“融资融券”制度的由来，让学生理解该制度的作用，以及如何实际操作，在理论联系实际中，培养学生金融实操技能；通过集中投资和分散投资的案例学习，让学生知道真实投资并非都可以用经典模型所解释，同时了解投资实践中有各种流派、各种理论和各种投资方式，形成独特的投资理念并选择适合的投资方法。

本章学习内容

● 相关数学知识准备
● 组合分散风险的作用
● 不同资产形成投资组合的特性
● 无差异曲线
● 均值—方差模型的假设条件
● 可行集和有效集
● 投资组合选择理论的缺憾
● 投资组合选择理论的应用

本章思维导图

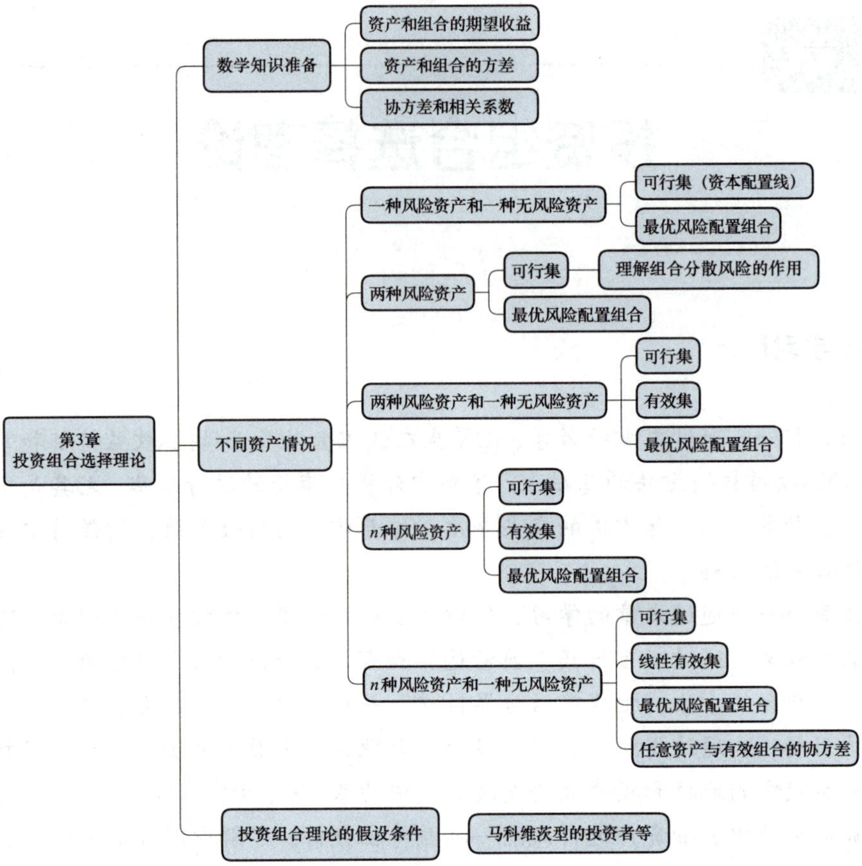

3.1　投资组合选择理论引言

本章介绍的投资组合理论的核心问题是：不确定条件下（风险）收益与风险的权衡（Tradeoff between Risk and Return）。而投资组合作用就是通过分散化的投资来对冲掉一部分风险，就是人们常说的“不要把鸡蛋放到同一个篮子里（Do not put all eggs into one basket.）”。

扫码观看　课程视频

在“黑天鹅”频发的世界，不能用游戏的心态去投资，即使最精明的投资家也有超过 40%的失误率。而组合投资可以让投资者不会因为一次意外事件而一蹶不振。

组合投资背后的逻辑是资产配置。

谈到资产配置，首先是在资产类别上的配置。在我们看来，投资之前，投资者必须做出资产配置。资产配置其实是在最高层面上，对每个投资者的财富规划做出了风险控制。投资组合理论或者叫分散投资理论，就一句话：不要把鸡蛋放到一个篮子里。因为事情总有万一，

哈里 · 马科维茨

万事留有余地。

多少钱投在房产上、多少钱投在股票上、多少钱投在基金上、多少钱是现金，如此做出资产配置的大概比例。其实对于资产配置早有论述：

犹太人传承的经典《塔木德》大概在上千年前就说了：所有人要将他的资金分成三份，1/3 投资于土地，1/3 投资于商业，还有 1/3 留下备用。

投资组合理论其实是为很多已有的分散资产配置的思想提出更为“数学”的解释，为已有的投资方法森林提供一个看似更为“科学”的打法。

组合投资的第二个层次是在某一个资产类别中不同证券之间的配置，比如挑选股票。尽量去投资伟大的企业，伟大的企业将带来伟大的收益。虽然这和投资组合理论有些违背，但是正如在第 1 章介绍的那样，在投资方法森林中，总有一套方法适合自己。

投资组合理论的思想

投资组合选择理论于 1952 年由马科维茨提出，当时二十五岁的马科维茨将他对投资组合选择的想法写在了博士论文中。虽然论文里充满数学、统计学的语言，但最终通过答辩，后来还发表在了金融学期刊（Journal of Finance）上。该理论首次量化了投资中的收益与风险，并在金融投资的收益与风险权衡中给出了最优风险投资组合的权重。之前还比较“玄幻”的图表分析式的金融投资从此变得“科学”而“理性”，并能“准确”给出能真正指导人们投资的最优权重。毫不夸张地说，投资组合理论的横空出世掀起了第一次“华尔街革命”。

让我们看看马科维茨投资组合理论的思想发展。

专栏：哈里·马科维茨的思想发展

哈里·马科维茨 1927 年出生于芝加哥，在芝加哥大学上学期间主修经济学。由于他对这门学科产生了浓厚的兴趣，于是继续攻读研究生，直到最终写论文的阶段，发生了一件有意思的事情。有一天马科维茨在等着见经济学家雅各布·马歇克的时候，偶然与一位股票经纪人聊了起来，这位经纪人建议他写一篇关于股市的论文。听到这个想法马科维茨十分兴奋，开始在这个领域广泛阅读。

马科维茨最早阅读的书目之一有约翰·伯尔·威廉姆斯的《投资价值理论》（1938 年）。威廉姆斯认为股票的价值应该是股息的现值，这在当时是一个十分新颖的理论。马科维茨很快意识到这个理论存在的问题：未来的股息是不确定的——它们是随机变量。这一观察结果促使马科维茨对威廉姆斯的理论进行了自然的扩展：股票的价值应该是其股息流的预期现值。

但是，如果一个投资者想要最大化他所持有的股票投资组合的预期价值，那么很明显，他应该只买期望收益最高的那一种股票。在马科维茨看来，这显然是不现实的。他很清楚，投资者不仅要关心财富的期望回报，还要关心风险。然后，他自然而然地去研究在给定风险水平下寻找具有最大期望回报的投资组合的问题。

投资者既要考虑投资的风险，又要考虑投资的回报，这一事实在今天是如此普遍，以至于很难相信这种观点在 1952 年没有得到重视。甚至凯恩斯（1939）也说过："假定安全第一就是在大量不同的'公司'中进行小的游戏……我认为这是对投资政策的曲解。"幸运的是，凯恩斯在芝加哥并没有很高的声望，即使在那个时候，马科维茨也没有从他的研究中退缩。

马科维茨提出了将投资组合的方差最小化作为所需期望回报的约束条件的问题。这种提出问题的方式包含两个重要的见解。首先，马科维茨认识到，数学计算并不能选出一个最优的投资组合，而只能确定一组有效的投资组合——对于每种可能的期望回报，这组投资组合的风险也许最低。其次，马科维茨认识到，投资者面临的适当风险是投资组合风险，即整个风险资产组合的波动幅度。

我们把投资组合选择问题作为一个二次方程规划问题。选择变量是投资于每种可用风险资产的财富的比例，二次目标函数是投资组合的收益方差，线性约束是投资组合的期望收益达到一定的目标值。根据卖空是否可行，变量可能会受到非负性约束。

这个二次方程规划问题的一阶条件要求在给定资产上增加一点投资所带来的方差边际增量应与该资产的期望收益成比例。从这个一阶条件中得出的关键结论是，方差的边际增长取决于给定资产回报的方差，加上资产回报与投资组合中所有其他资产回报的协方差。

马科维茨的投资组合优化公式很快引出了一个基本观点，即股票的风险不应该仅仅用股票的方差来衡量，还应该用协方差来衡量。事实上，如果一个投资组合多样化程度高，投资于任何给定的资产量是"小"的，股票收益率是高度相关的，那么增加投资组合中某一特定资产的比例所产生的大部分边际风险都是由于这种协方差效应带来的。

这也许是马科维茨对金融贡献的核心观点。但这远不是故事的结局。大家都知道，一阶条件只是解决最优化问题的第一步。1952 年，线性规划还处于起步阶段，二次方程规划还不被广泛了解。尽管如此，马科维茨还是成功地研究出了实用的方法来确定描述均值—方差有效投资组合的"临界线"。他论文中的最初工作在他的两篇论文中有提到（马科维茨，1952 年、1956 年），并在他的经典著作中达到顶峰（马科维茨，1959 年）。

当马科维茨在芝加哥大学参加毕业论文答辩时，米尔顿·弗里德曼给了他一段煎熬的时光，他辩驳投资组合理论不是经济学的一部分，因此不应该让马科维茨获得经济学博士学位。马科维茨（1991）说："……在这一点上，我现在愿意承认：在我参加答辩时，投资组合理论并不是经济学的一部分，但现在是了。"

资料来源：Hal R. Varian. A Portfolio of Noble Laureates: Markowitz, Miller and Sharpe [J]. Journal of Economic Perspectives, 1993, 7(1): 159 – 169.

研究不确定性下决策问题的三种数学方法

1. 效用函数分析法

效用分析法就是在第 2 章中讨论的根据投资者期望效用函数做决策的方法。但现实中，刻画一个人在所有状态下的效用函数是几乎不可能的，即无法准确知道每位投资者的效用函数的具体形式，因此效用分析法缺乏实际的可操作性。

2. 均值—方差分析法

这一章要学习的投资组合理论中的均值—方差分析法，能在仅知道投资者效用函数的部分特征后就做出决策，从而避免讨论具体的效用函数，方法灵活且操作性强。

3. 套利分析法

套利分析法将在第 6 章“套利定价理论”（APT）中学习，在 APT 中，甚至不用知道投资者的效用函数特征，就能通过无套利均衡为金融资产均衡定价，这种方法更为实用。

均值—方差分析的实现方法

所谓均值，就是金融资产（证券或者组合）收益率的数学期望值，通常也称为期望收益、期望报酬。

而风险用金融资产的不确定的、随机变化的收益率的方差表示。

投资者总希望能在承担一定风险的情况下，达到最高的期望收益率；或者在获得一定期望收益率的情况下，承担的风险最小。均值—方差分析法就是在风险和期望收益之间做权衡，即求解二次规划的方法。

3.2　投资组合理论的数学知识准备

资产组合中的数学

扫码观看　课程视频

- 价格与收益率
- 期望收益率与标准差
- 协方差与相关系数

知识回顾：1.1 中介绍的“**定价模型的作用**”——金融定价模型定的是什么价格？

对于单期投资而言，假设你在时间 0（现在）以价格 P_0 购买一种资产，在时间 1（未来）卖出这种资产，得到收益 P_1。那么，投资收益率为：$\tilde{r} = (\tilde{P}_1 - P_0)/P_0 = \dfrac{\tilde{P}_1}{P_0} - 1$

投资收益率 $\tilde{r}$ 之所以为随机变量，是因为未来的价格 $\tilde{P}_1$ 是不确定的随机变量。

价格与收益率

准备 1 金融资产的平均或期望收益是其未来随机收益的概率加权平均值。

$$E(\tilde{r})=\sum_{s} Pr_s \times \tilde{r}_s$$

其中，s 为状态（State），Pr_s 为状态 s 发生的概率，r_s 是金融资产在状态 s 时的收益率。

这里列出了离散随机变量的情形，连续的情形请参考概率论与数理统计的知识。

准备 2 金融资产随机收益的方差（Variance）是期望收益的平方差的期望值。

$$\sigma^2=\sum_{s} Pr_s \times [r_s - E(\tilde{r})]^2$$

准备 3 **协方差**是两个随机变量相互关系的一种统计测度，即它测度两个随机变量，如证券 A 和 B 的收益率之间的互动性。

$$\sigma_{AB}=\operatorname{cov}(\tilde{r}_A,\tilde{r}_B)=E[(\tilde{r}_A-E(\tilde{r}_A))][(\tilde{r}_B-E(\tilde{r}_B))]$$

协方差为正值表明证券的收益率倾向于向同一方向变动。

协方差为负值则表明两种证券相背变动的倾向。

协方差较小或者为零则表明两种证券之间只有很小的互动关系或彼此变化没有任何关系。

准备 4 **相关系数**。两个随机变量间的协方差等于这两个随机变量之间的相关系数乘以它们各自的标准差的积。

证券 A 与 B 的相关系数为

$$\rho_{AB}=\frac{\sigma_{AB}}{\sigma_A\sigma_B}$$

相关系数总落在 -1 与 $+1$ 之间，-1 值表明完全负相关，$+1$ 值表明完全正相关，多数情况是介于这两个极端值之间。

准备 5 **投资组合的收益**。由 n 种资产构成的组合的收益率是构成资产组合的每个资产的收益率的加权平均值，资产组合的构成比例为权重。

假设有 n 种资产，其中第 i 种资产的随机收益率为 $\tilde{r}_i$，第 i 种资产在组合中所占的权重为 w_i，则由这 n 种资产构成的组合的随机收益率为：

$$\tilde{r}_{portfolio}=\sum_{i=1}^{n} w_i\tilde{r}_i = w_1\tilde{r}_1 + w_2\tilde{r}_2+\ldots+w_n\tilde{r}_n$$

其中的权重 w_i 为第 i 个资产的价值占整个组合价值的比例：

$$w_i=\frac{p_i\theta_i}{p_1\theta_1+p_2\theta_2+\cdots+p_n\theta_n}$$

其中，p_i,θ_i 分别为资产 i 的价格和股数，所以 w_i 是价值权重。

同理，可以对组合的随机收益 $\tilde{r}_{portfolio}=\sum_{i=1}^{n}w_i\tilde{r}_i=w_1\tilde{r}_1+w_2\tilde{r}_2+\cdots+w_n\tilde{r}_n$ 的两边取期望，得到组合的期望收益为：

$$E(\tilde{r}_{portfolio})=\sum_{i=1}^{n}w_iE(\tilde{r}_i)=w_1E(\tilde{r}_1)+w_2E(\tilde{r}_2)+\cdots+w_nE(\tilde{r}_n)$$

准备 6　投资组合的方差。方差分别为 σ_1 与 σ_2 的两个资产以 w_1 与 w_2 的权重构成的一个资产组合 p（Portfolio）的方差 σ_p^2 为：

$$\sigma_{portfolio}^2=w_1^2\sigma_1^2+w_2^2\sigma_2^2+2w_1w_2\operatorname{cov}(\tilde{r}_1,\tilde{r}_2)$$

推导过程：

$$\begin{aligned}
\sigma_{portfolio}^2&=\operatorname{cov}(\tilde{r}_p,\tilde{r}_p)=\operatorname{cov}(w_1\tilde{r}_1+w_2\tilde{r}_2,\tilde{w}_1\tilde{r}_1+w_2\tilde{r}_2)\\
&=\operatorname{cov}(w_1\tilde{r}_1,w_1\tilde{r}_1)+\operatorname{cov}(w_1\tilde{r}_1,w_2\tilde{r}_2)+\operatorname{cov}(w_2\tilde{r}_2,w_1\tilde{r}_1)+\operatorname{cov}(w_2\tilde{r}_2,w_2\tilde{r}_2)\\
&=w_1^2\operatorname{cov}(\tilde{r}_1,\tilde{r}_1)+2w_1w_2\operatorname{cov}(\tilde{r}_1,\tilde{r}_2)+w_2^2\operatorname{cov}(\tilde{r}_2,\tilde{r}_2)\\
&=w_1^2\sigma_1^2+w_2^2\sigma_2^2+2w_1w_2\sigma_{12}
\end{aligned}$$

***n* 种风险资产构成的组合的方差的算法：**

$$\begin{aligned}
\sigma_{portfolio}^2&=\operatorname{cov}(\tilde{r}_p,\tilde{r}_p)\\
&=\operatorname{cov}(w_1\tilde{r}_1+\ldots+w_n\tilde{r}_n,w_1\tilde{r}_1+\ldots+w_n\tilde{r}_n)\\
&=\operatorname{cov}(w_1\tilde{r}_1,w_1\tilde{r}_1)+\operatorname{cov}(w_1\tilde{r}_1,w_2\tilde{r}_2)+\operatorname{cov}(w_1\tilde{r}_1,w_3\tilde{r}_3)+\ldots+\operatorname{cov}(w_1\tilde{r}_1,w_n\tilde{r}_n)\\
&\quad+\operatorname{cov}(w_2\tilde{r}_2,w_1\tilde{r}_1)+\operatorname{cov}(w_2\tilde{r}_2,w_2\tilde{r}_2)+\operatorname{cov}(w_2\tilde{r}_2,w_3\tilde{r}_3)+\ldots+\operatorname{cov}(w_2\tilde{r}_2,w_n\tilde{r}_n)\\
&\quad+\operatorname{cov}(w_3\tilde{r}_3,w_1\tilde{r}_1)+\operatorname{cov}(w_3\tilde{r}_3,w_2\tilde{r}_2)+\operatorname{cov}(w_3\tilde{r}_3,w_3\tilde{r}_3)+\ldots+\operatorname{cov}(w_3\tilde{r}_3,w_n\tilde{r}_n)\\
&\quad+\ldots\ldots\\
&\quad+\operatorname{cov}(w_n\tilde{r}_n,w_1\tilde{r}_1)+\operatorname{cov}(w_n\tilde{r}_n,w_2\tilde{r}_2)+\operatorname{cov}(w_n\tilde{r}_n,w_3\tilde{r}_3)+\ldots+\operatorname{cov}(w_n\tilde{r}_n,w_n\tilde{r}_n)\\
&=w_1^2\sigma_1^2+w_1w_2\sigma_{12}+w_1w_3\sigma_{23}+\ldots+w_1w_n\sigma_{1n}\\
&\quad+w_2w_1\sigma_{21}+w_2^2\sigma_2^2+w_2w_3\sigma_{13}+\ldots+w_2w_n\sigma_{2n}\\
&\quad+w_3w_1\sigma_{31}+w_3w_2\sigma_{32}+w_3^2\sigma_3^2+\ldots+w_3w_n\sigma_{3n}\\
&\quad+\ldots\ldots\\
&\quad+w_nw_1\sigma_{n1}+w_nw_2\sigma_{n2}+w_nw_3\sigma_{n3}+\ldots+w_n^2\sigma_n^2
\end{aligned}$$

上面倒数两个等号后都是 n 行相加，每行有 n 项，那么总共有 n^2 项相加。以上 n^2 项相加的表示方法比较复杂，可以用向量和矩阵的形式表达。把 n 种资产的权重看成一个权重列向量 $w=\begin{pmatrix}w_1\\w_2\\\vdots\\w_n\end{pmatrix}$，而 n 种资产两两之间的方差和协方差可以有规律地表示成方差－协方差矩阵 V。该矩阵的第一行是第一个资产对其他 n 种资产的协方差，所以第一项是第一个资产对自己的协方差，就是第一种资产的方差。以此类推，第二行是第二个资产对其他 n 种资产的协方差，第二行第二项是第二个资产的方差，……，最后一行是第 n 个资产对其他资产的协方差，最后一行的最后一项是第 n 个资产的方差。因此这个方差—协方差矩阵就是一个 n 行 n 列的 $n\times n$ 的矩阵。对角线上分别是 n 种资产的方差，非对角线上是协方差，由于 $\sigma_{ij}=\sigma_{ji}$（i≠j），所以非对角线上是对称分布的协方差，方差—协方差矩阵是一个对称矩阵。

$$V=\begin{pmatrix}\sigma_1^2 & \cdots & \sigma_{1n}\\ \vdots & \ddots & \vdots\\ \sigma_{n1} & \cdots & \sigma_n^2\end{pmatrix}_{n\times n}$$

由此可以写出 n 种资产构成的组合的方差为：

$$\begin{aligned}\sigma_{portfolio}^2 &= (w_1,\cdots,w_n)_{1\times n}\begin{pmatrix}\sigma_1^2 & \cdots & \sigma_{1n}\\ \vdots & \ddots & \vdots\\ \sigma_{n1} & \cdots & \sigma_n^2\end{pmatrix}_{n\times n}\begin{pmatrix}w_1\\ \vdots\\ w_n\end{pmatrix}_{n\times 1}\\ &= w^TVw\end{aligned}$$

准备 7　当一个风险资产与一个无风险资产形成组合时，资产组合的标准差等于风险资产的标准差乘以该资产组合投资于风险资产上的比例。

$$\sigma_{portfolio}=w_A\sigma_A$$

推导过程：

一个组合由一个风险资产 A 和一个无风险资产 F 构成，已知风险资产 A 的权重为 w_A，则无风险资产 F 的权重为 $(1-w_A)$，无风险收益率为 r_f。由数学知识准备 6 可知：

$$\begin{aligned}\sigma_{portfolio}^2 &= \text{cov}(\tilde{r}_{portfolio},\tilde{r}_{portfolio})\\ &= \text{cov}[w_A\tilde{r}_A+(1-w_A)r_f\ ,w_A\tilde{r}_A+(1-w_A)r_f]\\ &= w_A^2\sigma_A^2+2w_Aw_F\sigma_{AF}+w_F^2\sigma_F^2\\ &= w_A^2\sigma_A^2\end{aligned}$$

由于无风险资产 F 是没有风险的资产，其方差为 0，且无风险资产和其他任何资产的协方差也均为 0，所以组合的方差为：$\sigma_{portfolio}^2=w_A^2\sigma_A^2$，组合的标准差为：$\sigma_{portfolio}=|w_A\sigma_A|$。

思考：为什么一个风险资产和一个无风险资产构成组合的标准差 $\sigma_{portfolio}=|w_A\sigma_A|$ 是绝对值的形式呢？

3.3　分散风险的例子

扫码观看　课程视频

基金经理的选择

某混合型基金的新任基金经理正在考虑构建组合，他可以考虑的金融资产有股票、债券和现金。假设这个基金经理接手这个基金时，基金中已经有 50%权重的股票 A 和 50%权重的现金。

那么他将如何考虑资产组合的配置呢？

这个基金面对的投资机会有：短期国库券 F 和股票 B，其中短期国库券的收益率为 3%。经济有四种等权重发生的情况，股票 A 和股票 B 在这四种经济情况的收益率如表 3－1 所示：

表 3－1　　股票 A 和股票 B 的收益情况

状态（概率）/ 资产	经济上行		经济下行	
	高利率（0.25）	低利率（0.25）	高利率（0.25）	低利率（0.25）
股票 A	0.1	0.08	0.06	0.05
股票 B	0.04	0.035	0.1	0.08

考虑以上情况，该基金经理可以选择的方案有三种：

1. 50%的现金仍然购买股票 A
2. 50%的现金购买短期国库券
3. 50%的现金购买股票 B

可以通过计算三种方案下的组合**风险溢价**和承担的**风险**来比较三种方案。

说明：这里的**风险溢价**，和上一章讲到的马科维茨的风险溢价不同，本章和以后各章“风险溢价”指的是资产的期望收益率减去无风险收益率后的收益率。

由表 3－1 可以求出股票 A 和股票 B 的期望收益、标准差和两者的相关系数，如表 3－2 所示。

表 3－2　　股票 A 和股票 B 的期望收益、标准差和协方差

	期望收益	标准差	协方差
股票 A	0.073	0.019	－0.000 42
股票 B	0.064	0.027	

方案一：100%股票 A

$$E(\tilde{r}_p)=0.073$$
$$E(\tilde{r}_p)-r_f=0.073-0.03=0.043$$
$$\sigma_p=0.019$$

方案二：50%国库券+50%股票 A

$$E(\tilde{r}_p)=50\%\times0.073+50\%\times0.03=0.0515$$
$$E(\tilde{r}_p)-r_f=0.0515-0.03=0.0215$$
$$\sigma_p=50\%\times0.019=0.0095$$

比较这两个方案，发现全部投资于 A 公司的风险是最高的，需要承担 A 公司的全部风险，1.9%标准差。

而分别持有国库券和股票 A 的话，虽然风险降低了一半，但是组合的风险溢价也降低了一半。

思考：除了加入与原有资产负相关的资产，还有什么方法能降低组合的风险？

是否还有更好的方法呢？

这个基金经理发现了股票 B，股票 B 的期望收益为 0.064，虽然低于股票 A 的期望收益，但似乎股票 B 的随机收益分布和股票 A 有着相反的变动方向，股票 A 和股票 B 随机收益的相关系数为负数。因此考虑方案三。

方案三：50%股票 A+50%股票 B

$$E(\tilde{r}_p)=50\%\times0.073+50\%\times0.064=0.068\,5$$
$$E(\tilde{r}_p)-r_f=0.068\,5-0.03=0.038\,5$$
$$\begin{aligned}\sigma_p^2&=0.5^2\times0.019^2+0.5^2\times0.027^2+\\&\quad 2\times0.5\times0.5\times(-0.000\,42)\\&=0.000\,062\,5\end{aligned}$$
$$\sigma_p=0.007\,9$$

可以比较这三个方案，显然方案三相对而言是最优的，在组合的收益率下降不是太多的情况下，大大降低了组合风险，是三种方案中风险最低的。

这个例子还告诉我们**协方差对资产组合风险的影响**：正的协方差提高了资产组合的方差，而负的协方差降低了资产组合的方差，它稳定（平均了）资产组合的收益，在原有的组合中加入和 A 公司收益负相关的 B 公司的股票，能在平均化收益率的同时，大大降低组合的风险。

在组合中加入和原来的资产负相关的资产，也是管理风险的办法：套期保值——购买和现有资产负相关的资产。

而在资产组合中加入无风险资产是一种简单的风险管理策略，套期保值策略是取代这种策略的更强有力的方法。

3.4　资本配置线

这一节开始，将要在期望收益和标准差平面刻画资产组合的收益和风险特征。

扫码观看　课程视频

按照从简单到复杂的排序，分别讨论以下三种组合情况：

1. 组合由一种风险资产和一种无风险资产构成；
2. 组合由两种风险资产构成；
3. 组合由两种风险资产和一种无风险资产构成。

期望收益—标准差坐标系：

图 3－1 的期望收益—标准差平面（$E-\sigma$平面）中，横坐标为资产或组合的标准差，代表其风险；纵坐标为期望收益率，代表收益。这样的坐标系体现了金融资产的两个最关键的特性——风险和收益。本章均值—方差分析法将全部在这一坐标系内进行分析。

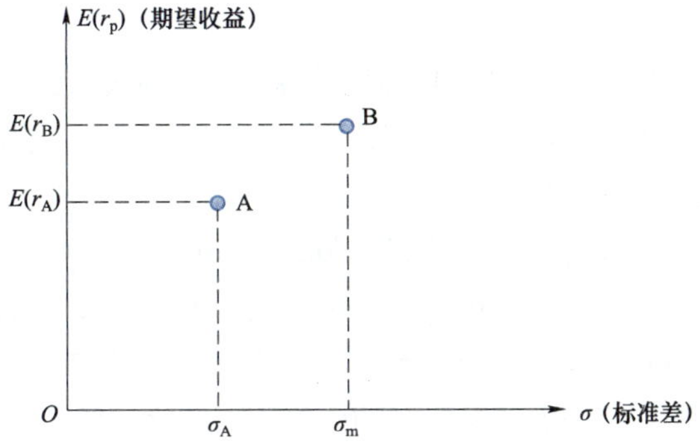

图 3－1　期望收益—标准差坐标系

第一种情况：由一个风险资产与一个无风险资产构成组合

随着两种资产的投资比率（权重）不同，组合在坐标系中的位置有什么规律呢？也就是如果有 100 万元用于投资在风险资产 P 和无风险资产 F，那么随着这 100 万元在 P 资产和 F 资产上分配的比例不同，新的组合 C 将落在 $E-\sigma$平面的哪里呢？

例如，已知风险资产 P 的期望收益率是 15%，标准差是 22%，无风险资产 F 的收益率是 7%，可以把这两种资产在期望收益—标准差平面画出来（见图 3－2）。

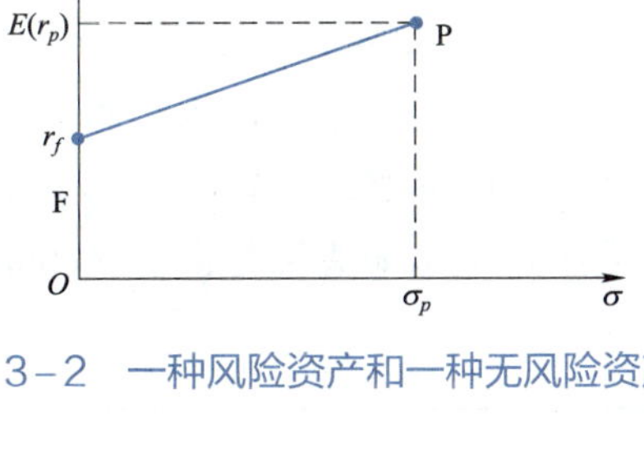

图 3－2　一种风险资产和一种无风险资产

无风险资产对应着图 3－2 中的 F 点，无风险收益率 r_f=7%，风险资产对应着图 3－2 中的 P 点，期望收益率为 15%，标准差为 22%。

作为风险资产，P 点在 F 点的右上方，具有更高的风险，同时也具有更高的收益率。

假设由风险资产 P 和无风险资产 F 组成的组合为 C，那么组合的期望收益率 $E(r_c)=w_pE(r_p)+w_fr_f$，由数学准备 7 得到组合的标准差 $\sigma_c=w_p\sigma_p$，整理一下得到：$w_p=\sigma_c/\sigma_p$，将 w_p 带入 $E(r_c)$中，得到：

$$E(r_c)=r_f+\frac{E(r_p)-r_f}{\sigma_p}\sigma_c$$

我们发现这个式子是一个关于组合 C 的期望收益率 $E(r_c)$和它的风险 σ_c 的直线方程。直线的截距是无风险收益率 r_f，斜率 $\frac{E(r_p)-r_f}{\sigma_p}$ 是风险资产的风险溢价 $[E(r_p)-r_f]$ 除以风险资产的标准差。可以看出，**新的组合 C 在平面中的轨迹是一条经过无风险资产 F 和风险资产 P 的射线。**

我们把这条线的斜率定义为**报酬与波动性比率**，也是**夏普比率**，它是资产的风险溢价除以标准差，是承担单位风险所要求的风险溢价 $[E(r_p)-r_f]$。这条直线称为**资本配置线（Capital Allocation Line，**简称 **CAL**）。

上面例子中的夏普比率为：（0.15－0.07）/0.22=0.36。

并且射线 FP 上所有组合的斜率相同，射线上的所有组合的夏普比率均为 0.36。

图形分析：如果全部资产都投资于风险资产 P，则新的组合在 P 点，如果全都投资于无风险资产 F，则新的组合在 F 点，随着两种资产的比例不断变化，新的组合就形成了资本配置线。组合 C 是在 FP 的连线上，随着对风险资产的投资比例增加，C 从 F 点沿着射线 FP 运动到 P 点。

结论：由无风险资产和风险资产构成的任何一种组合都将落在连接它们的直线上；其在直线上的确切位置将取决于投资于这两种资产的相对比例。该直线称为资本配置线（Capital Allocation Line），斜率（报酬与波动性比率，夏普比率）表示每增加一单位标准差上升的风险溢价，或者表示单位额外风险的额外收益。

专栏：夏普比率（Sharpe Ratio）

夏普比率由诺贝尔经济学奖获得者威廉·夏普提出，用于帮助投资者了解投资的回报与其承担风险的对比关系。这个比率表示的是，承担单位风险或总风险（组合的标准差来表示）所获得的超过无风险收益率的回报（收益）。

一般来说，夏普比率越大，风险调整后的回报就越有吸引力。

夏普比率可用于评估投资组合（比如共同基金（Mutual Fund）过去的业绩表现），其中实际回报用于公式。

夏普比率还有助于分析投资组合的收益是由明智的投资决策还是风险过大带来的。虽然一个投资组合或基金可以享受比同行更高的回报，但只有那些更高的回报不带来额外的风险，它才是一个很好的投资。

目前可以很容易地从财经类基金网站上得到各个基金的净值增长率的排名。但是如果我们理解了夏普比率就不会直接按照净值增长率来买排名靠前的基金，而是进一步计算出各只基金的夏普比率，选择夏普比率更大的基金来考虑投资。

3.5　关于资本配置线的三个问题

1. 如果投资在风险资产的比例大于 1，新的组合将落在平面中的何方？
2. 如果无风险资产的借贷利率不同，组合轨迹将如何变化？
3. 如果投资者在风险资产上的投资比例为负数呢？

扫码观看　课程视频

情况一：投资在风险资产的比例大于 1

如果投资在风险资产 P 上的比例大于 1，则新的组合将落在线段 FP 右侧延长线上，其金融含义是：投资者以无风险利率借入资金，加上投资者的初始财富，一起投资在风险资产 P 上。因此射线部分都是进行无风险借入并投资于风险资产的部分，也是通常所说的利用无风险资金杠杆来进行风险投资。可以看出，借入越多的无风险资产投入到风险资产上，组合的位置越向右上方，得到的期望收益更大，同时承担的风险也更大。

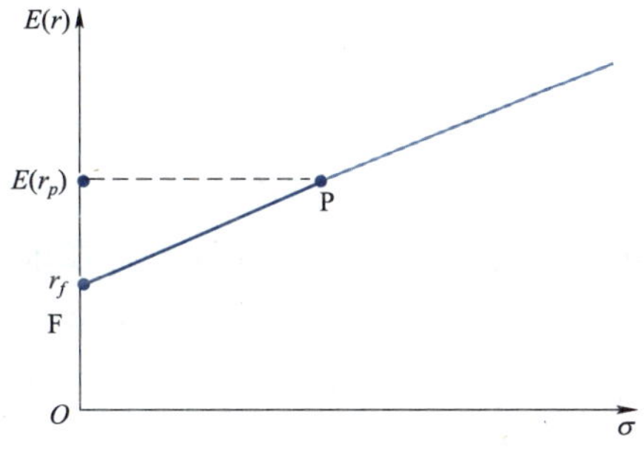

图 3-3　一种风险资产和一种无风险资产（无风险借入）

例子：风险资产 P 和无风险资产 F 的相关数据仍和上一个例子相同，如果投资者的初始财富有 40 万元，他以无风险利率借入资金 10 万元，然后加上自己的初始财富一共 50 万元全部投资于风险资产 P。这时新的组合将落在哪里呢？

可以计算出投资于风险资产 P 上的比例为（40+10）/40=1.25，投资于无风险资产的比例为（1－1.25）=－0.25。可以算出新组合的夏普比率。

新组合的期望收益：

$$E(r_c)=r_f+w_P[E(r_P)-r_f]$$
$$=0.07+1.25(0.15-0.07)=0.17$$

新组合的标准差（根据数学准备 7）：

$$\sigma_c=w_P\sigma_P$$
$$=1.25\times0.22=0.275$$

由此算出新组合的夏普比率为：

$$SharpeRatio_c=\frac{E(r_c)-r_f}{\sigma_c}$$
$$=\frac{0.17-0.07}{0.275}=0.36$$

可见，新组合的斜率和线段 FP 上的组合是一样的，所以新的组合在 FP 线段右边的射线上。

在无风险资产上的权重为负意味着什么呢？

专栏：卖空（Short Selling Stocks）

卖空是一种投资或交易策略，预测股票或其他证券价格在下跌时可以采取卖空交易。这是一个风险较高的交易，只应由有经验的交易者和投资者进行。

之所以是有更高风险的交易，可以试想一下，如果买入的一个金融资产价格下跌，最大的损失也就是本金亏为零。但如果一个卖空交易，资产价格不跌反涨，原则上损失是没有上界的。

交易者可以利用卖空作为投机行为，投资者或投资组合经理可以将其用作对冲同一证券或相关证券中多头头寸（看涨买入并持有资产）的下行风险。

具体而言，在卖空交易中，通过借入投资者认为将在未来设定的日期（到期日）下跌的股票或其他资产来建仓；然后，投资者将这些借来的股票出售。在必须归还借入的股票之前，如果借入的资产在卖空到期日之前如愿下跌，投资者可以以更低的价格回购资产。从理论上讲，卖空损失的风险是无限的，因为任何资产的价格都可能攀升至无穷大。

而且卖空交易除了有标的资产价格不跌反升的风险，还需要向经纪券商交纳保证金（Margin），当标的资产价格上涨、卖空交易亏损的时候，经纪券商会要求追加保证金，让卖空交易雪上加霜。除此之外，还要支付卖空时借入股票或其他资产的利息。

组合中资产权重的“正”或“负”

在投资组合中如果某种资产的权重为负，说明是卖空（Short Selling）这种资产，在未来，将这种资产和其获得的收益，一起还给当初出借这种资产给你的人。当然，起初投资者是预期资产价格会下跌才卖空的，所以在期末时这种资产的收益率为负。由于是支付给别人负的收益，所以对于卖空的投资者来说是正的收益率。如果权重为正，说明是投资于这种资产，由于期初是预期这种资产会上涨，所以会买入这个资产，也叫多头或持有多头头寸。

思考：你知道中国 A 股市场的融资融券制度吗？联系本节的内容，解释什么是融资，什么是融券。

那么对于持有**无风险资产的权重为正或负**时的含义是什么呢？如果无风险资产的投资权重为正，说明持有无风险资产（很显然，无风险资产是一种没有风险且收益率为 r_f 的资产，通常银行的短期存款、短期国库券也可以看成是无风险资产），并获得无风险收益率。现实中，以无风险利率将自己的“钱”（资金）贷给别人，期末获得无风险收益率，那么这样的操作就是**“无风险资金的贷出”**、“持有无风险资产”或“无风险资产的多头”。

相反，如果无风险资产的投资权重为负，说明期末你将会支付别人一个无风险收益率，而在期初是以无风险收益率找他人（可以是银行，也可以是经纪券商）借入资金的。所以此时是“无风险资产的空头”、“卖空无风险资产”或**“无风险资金的借入”**。

回到图 3–3，F 和 P 之间的线段是投资者的初始财富一部分投资于风险资产 P，一部分投资于无风险资产 F。投资于无风险资产的含义是，将资金用于买入无风险资产，比如存银行（投资于短期银行存款），或者购买短期国债，从而得到一个无风险收益率，相当于把资金以无风险利率贷出去，投资者获得无风险收益率。

而 P 点右边的延长线，是无风险资金借入（卖空无风险资产，期末以无风险收益率偿还别人），此时借入的资金加上投资者初始财富一起投资于风险资产 P。因此风险资产权重大于 1，而无风险资产的权重为负。

情况二：无风险资产的借贷利率不同

在现实中，通常无风险资金借入的利率 r_{fB}（Borrowing）要高于无风险贷出的利率 r_{fL}（Lending），也就是找别人借钱的利率要高于把钱贷出去的利率。

如图 3–4 所示，所以当无风险贷出的时候，利用的是较低的 r_{fL} 利率，是在 F_L 和 P 点之间投资。

当无风险借入的时候，利用的是较高的 r_{fB} 利率，是在 F_B 和 P 点的右边延长线上进行投资。

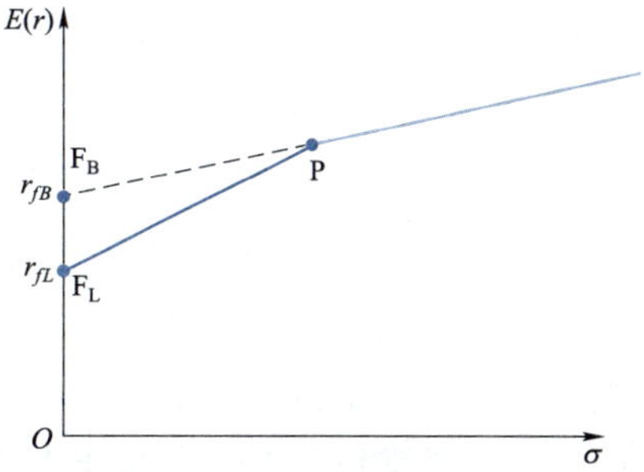

图 3–4 一种风险资产和一种无风险资产（借贷利率不同）

所以当借贷利率不同时，资本配置线会在 P 点处发生弯折。

情况三：风险资产的投资比例为负

当一个资产的投资比例为负的时候，就是卖空这个资产。那么组合 C 中，由规则 7，

$$\sigma_c^2 = w_p^2\sigma_p^2$$

方差开方的时候，需要在右边加上绝对值 $\sigma_c = \left|w_p\sigma_p\right|$，当 P 资产的投资比率 w_p 为负数时，打开绝对值得到：$\sigma_c = -w_p\sigma_p$。

推出 $w_p = -\sigma_p / \sigma_c$ 并将 w_p 代入 $E(r_c)=w_p E(r_p) + w_f r_f$，得到：$E(r_c) = r_f - \dfrac{E(r_p) - r_f}{\sigma_p}\sigma_c$，因此这是一条和情况 1 中的射线 FP 的斜率正好相反的射线 FP'，如图 3－5 所示。

> **思考**：如果利用一种无风险资产和一种期望收益率低于无风险资产收益率的风险资产进行投资，明智的投资操作是什么？请画图说明。

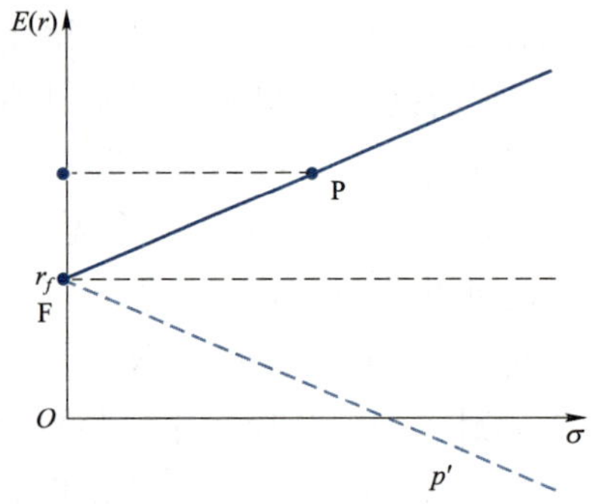

图 3－5　一种风险资产和一种无风险资产（卖空风险资产）

可以试想一下，现实中人们会投资在这条斜率为负的射线上吗？显然，这样投资是十分不明智的。负的射线上的投资操作是：期初卖空一个期望收益较高的资产得到的钱加上初始财富，都投资到一个较低收益的无风险资产上。从收益率上来看，卖空期望收益高的资产去追求低收益率的资产的收益是负的；从承担的风险来看，卖空风险资产和买入风险资产一样要承担风险资产收益上下波动的风险。可见，越是这么做，损失的收益越多，承担的风险还越大，夏普比率在负的道路上"毫无底线"。

从上面三种情况的分析中我们还可以看出，只要投资者将资金投入到一种风险资产和一种无风险资产中，所得到的新的组合一定在一条资本配置线上，有可能这条 CAL 的斜率为正（情况 1 和情况 2），也可能这条 CAL 的斜率为负（情况 3）。除此之外，不可能落在平面的其他地方。那么我们可以将 CAL 看作一种风险资产和一种无风险资产所组成新的组合的**可行集**（现实中通过改变组合中各个资产的比例可能达到的平面上的任何一个点形成的集合）。

我们可以把一种风险资产和一种无风险资产形成的线性可行集看作是客观存在的，因为给出任意的这样两种资产，它们的组合一定落在这个线性可行集上。尽管已经把可投资的组合缩小在一条直线上了，但对于投资者来说，还是无穷多的选择，究竟具体投资于哪里才能让投资者满意呢？哪个组合能够满足投资者的效用最大化呢？很显然，这要结合投资者的效用函数。下一节将介绍如何在期望收益—标准差平面上表示不同投资者的效用函数。

3.6　无差异曲线

扫码观看　课程视频

无差异曲线是经济学中进行效用分析的基本工具。在某个投资者无差异曲线上，其效用水平是相同的。那么在期望收益—标准差平面上，投资者的无差异曲线是什么样的呢？

首先，第 2 章介绍了一个比较常见的投资者效用函数：

$$u[E(\tilde{r}),\sigma]=E(\tilde{r})-0.005A\sigma^2$$

这个效用函数中只有期望收益和标准差，投资者的效用水平随着金融资产期望收益的增加而增加，随着金融资产收益波动的方差（风险）的增加而减少，说明拥有这种效用函数的投资者是风险厌恶的。式子中的 A 表示风险厌恶程度，A 越大表示同样风险的增加能带来该投资者更大程度的效用减少。需要说明的是，效用函数中的期望收益和标准差需要带入百分号前的数值。

假设投资者的效用水平在 $\bar{u}$ 不变，可以用标准差来表示期望收益，得到：

$$E(\tilde{r})=\bar{u}+0.005A\sigma^2$$

上式表明，期望收益是关于标准差的二次函数，是一条开口向上的抛物线。

且 $\begin{aligned}&\frac{\mathrm{d}E(\tilde{r})}{\mathrm{d}\sigma}=0.01A\sigma>0,\\&\frac{\mathrm{d}^2E(\tilde{r})}{\mathrm{d}^2\sigma}=0.01A>0\end{aligned}$，说明风险厌恶投资者（$A>0$）其无差异曲线是向右上方倾斜的，且是向上弯曲的。弯曲程度越大，其风险厌恶程度越高；或者反过来，其风险厌恶程度越高，无差异曲线的弯曲程度更大。

从微观经济学中对无差异曲线的定义来看，同一个投资者的无差异曲线会密密麻麻地分布在整个平面中，且不会相交。对于风险厌恶投资者的无差异曲线，越往坐标系的左上方，效用水平越高。因为，根据效用函数 $u[E(\tilde{r}),\sigma]=E(\tilde{r})-0.005A\sigma^2$ 可知，效用是随着期望收益的增加而增加的，同时效用也是随着标准差的变小而增加的，所以在期望收益—标准差的左上方，正是期望收益更大且标准差更小的区域。

从图 3－6 可以看出，更加弯曲的深蓝色和浅蓝色的两条线是风险厌恶程度 A 更高的投资者，因为当标准差（风险）等量增加时，这个投资者需要更多的期望收益的增加来补偿风险的增加。

而比较两条蓝色的无差异曲线，位置越靠左上方的曲线，投资者的效用越高，这是因为当承担的风险相同的时候，浅色的线总比深色的线上的期望收益高。因此，浅色的效用水平更高一些。

同样的道理，灰色和黑色的投资者风险厌恶程度更低一些，因为这两条线更平坦一些。而其中灰色的效用水平更高一些，因为灰色的无差异曲线在黑色的左上方。

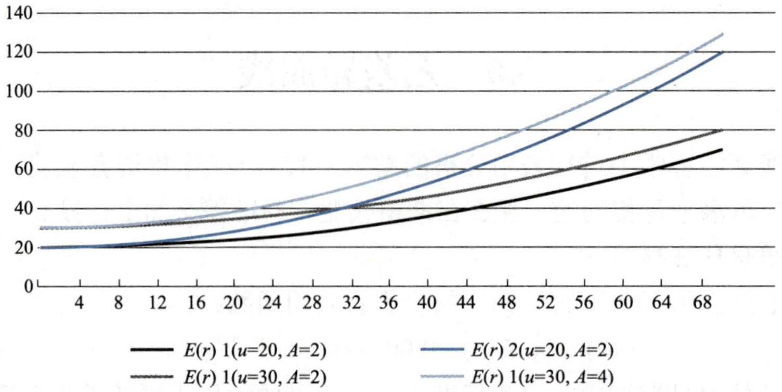

图 3－6　无差异曲线

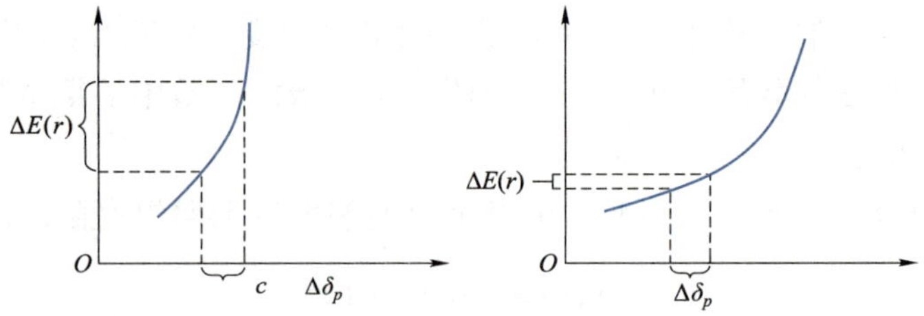

图 3－7　不同风险厌恶程度的投资者的无差异曲线

可以比较一下图 3－7 中两个投资者的风险厌恶程度，很显然，左边的投资者的无差异曲线更加弯曲，所以这个投资者的风险厌恶程度更高。

无差异曲线的特点总结

1. 无差异曲线是由左至右向上弯曲的曲线。
2. 每个投资者的无差异曲线形成密布整个平面又互不相交的曲线簇。
3. 同一条无差异曲线上的组合给投资者带来的满意程度相同。
4. 不同无差异曲线上的组合给投资者带来的满意程度不同。
5. 无差异曲线的位置越高，其上的投资组合带来的满意程度就越高。
6. 无差异曲线向上弯曲的程度大小反映投资者承受风险的能力强弱。

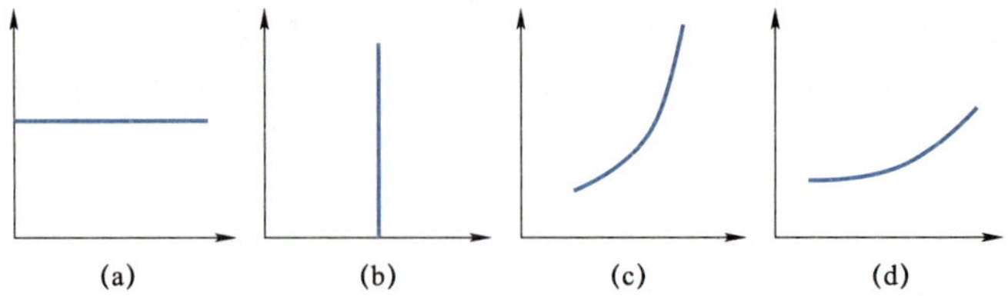

图 3－8　几种类型的无差异曲线

图 3－8 显示几种类型的无差异曲线，其中：（a）无差异曲线为水平线，表示投资者是风险中性者，对投资风险的大小毫不在意，他们只关心期望收益率的大小。

（b）无差异曲线为垂直线，表示投资者只关心风险，风险越小越好，对期望收益率毫不在意，是完全保守的投资者。

（c）和（d）：对风险厌恶者而言，风险越大，对风险的补偿要求越高，因此，无差异曲线表现为一条向右凸的曲线。曲线越陡，投资者对风险增加要求的收益补偿越高，投资者对风险的厌恶程度越强；曲线越平坦，投资者的风险厌恶程度越弱；无差异曲线向上弯曲的程度大小反映投资者承受风险的能力强弱。

例题：

$$u = E(r) - 0.005A\sigma^2$$

若投资者效用函数为二次形式，风险资产的期望收益率为 22%，标准差为 34%，无风险资产的收益率为 5%，若 A=3，投资者应该选择风险资产进行投资吗？

根据已知条件，将 $E(r)$=22%和σ=34%，以及风险厌恶程度 A=3 代入效用函数中，就得到了风险资产的效用水平是 4.66。

无风险资产的收益率为 5%，代入效用函数中，由于无风险资产没有风险，标准差为零，所以无风险资产的效用水平是 5，大于风险资产的效用水平，所以这个投资者应该选择无风险资产。

如果 A=2，投资者的选择是否会有变化？

3.7 风险资产与无风险资产的最优风险组合求解

在已经得到一种风险资产和一种无风险资产形成新的组合的可行集后，还需要进一步确定投资者达到效用最大化时具体会在哪一点进行投资——最优风险配置，也就是在资本配置线上找到能够使投资者效用最大的**最优风险配置组合**。来看下面这个例子。

扫码观看 课程视频

已知投资者的效用函数为二次形式：$u = E(\tilde{r}) - 0.005A\sigma^2$。

如果市场中有一个风险资产组合 P 与一个无风险资产 F。已知：$E(r_p)$=15%，r_f=7%，σ_p=22%。问：投资者效用最大时会在风险资产组合 P 上分配多少投资比例？（假设组合 P 上的投资比例为 y）

此时的目标函数显然是投资者的效用水平，需要选择的是组合 P 上的投资比例 y，同时满足投资者的组合要落在由 P 和 F 组成的资本配置线上（约束条件）。

目标函数：$u = E(\tilde{r}) - 0.005A\sigma^2$

约束条件：$E(r) = (1-y)r_f + yE(r_p)$

$\sigma^2 = y^2\sigma_p^2$

将约束条件代入目标函数，得到效用 u 是关于 y 的二次函数，

$$u(y) = (1-y)r_f + yE(\tilde{r}_p) - 0.005Ay^2\sigma_p^2$$

再对目标函数求极值，可以得到使得投资效用最大化时，在组合 P 上的最优投资比例

$y^* = \frac{E(r_p) - r_f}{0.01A\sigma_p^2}$，最终落在 C 点（见图 3－9）。

思考：请解释，一种无风险资产和一种风险资产的最优风险配置组合中，风险资产的权重为什么和风险厌恶系数以及风险资产的方差成反向关系，而和风险资产的风险溢价成正向关系？

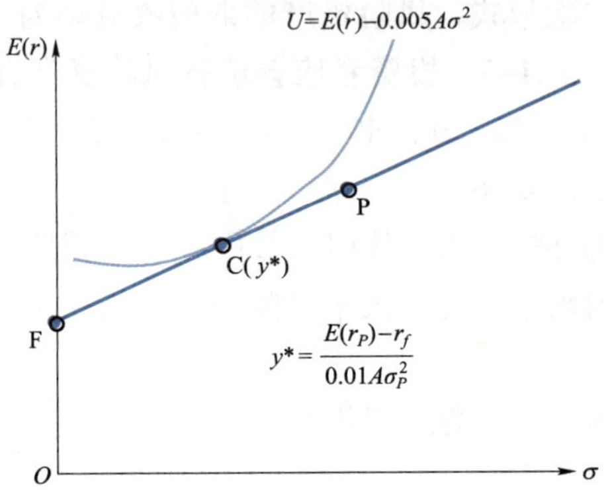

图 3－9　风险资产与无风险资产的最优风险组合求解

从图 3－9 可以看出，最优风险资产配置点 C 是无差异曲线和可行集 CAL（射线 FP）的切点。C 点既能达到效用最大，又在可行集上，是投资者的最优风险配置组合。

3.8　两种风险资产

如果组合由两种风险资产构成，新组合的收益和风险轨迹在期望收益—标准差平面是什么样的图形呢？看下面的例子（见表 3－3、表 3－4、表 3－5、图 3－10）。

扫码观看　课程视频

表 3－3　证券 A 和证券 B 的期望收益和标准差

证券	期望收益	标准差
A	5%	20%
B	15%	40%

表 3－4　证券 A 和证券 B 构成的不同组合

组合	1	2	3	4	5	6	7
W_A	**1.00**	**0.83**	**0.67**	**0.5**	**0.33**	**0.17**	**0.00**
W_B	**0.00**	**0.17**	**0.33**	**0.5**	**0.67**	**0.83**	**1.00**

表 3－5　　证券 A 和证券 B 构成组合的期望收益和标准差

组合	1	2	3	4	5	6	7
期望收益	5	6.7	8.3	10	11.7	13.3	15
标准差							
下限 $\rho=-1$	**20**	**10**	**0**	**10**	**20**	**30**	**40**
上限 $\rho=1$	**20**	**23.33**	**26.67**	**30.00**	**33.33**	**36.67**	**40**
$\rho=0$	**20**	**17.94**	**18.81**	**22.36**	**27.60**	**33.37**	**40**

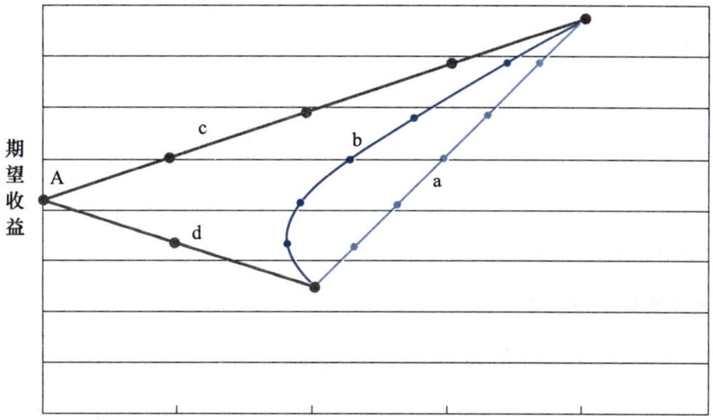

图 3－10　证券 A 和证券 B 构成的不同组合（相关系数不同，且不允许卖空）

$$[w_A\sigma_A-(1-w_A)\sigma_B]^2\leqslant\sigma^2\leqslant[w_A\sigma_A+(1-w_A)\sigma_B]^2$$

由于相关系数在－1 到 1 之间变化，且不允许卖空，所以 AB 组合的方差是有界的，图 3－10 是一个封闭的图形。其中 a 线对应着$\rho=1$，曲线 b 对应着 ρ 在（−1，1）之间，c 和 d 线对应着$\rho=-1$ 的情形。

从图 3－10 还可以看出，只要两种风险资产的相关系数不等于 1，新的组合永远落在直线 a 的左边，或者说落在向左凸的区域。这说明只要两种资产的相关系数不等于 1，两者组成的新组合的标准差一定更小，这很简单明了地说明了投资组合分散风险的作用。因为只要加入新的资产，新的组合顶多是落在与其他资产相连的直线上，其他情形都会形成具有更小风险的组合。当两种风险资产的权重取某个值时，组合的标准差甚至可达到零，对应图 3－10 中的 A 点。

由两个风险资产组成的组合具有如下性质：

性质 1：两个资产构成的投资组合在期望收益—标准差坐标下是一条双曲线（相关系数不等于±1）。这个性质将在 3.15 节给出证明。

性质 2：两个风险资产构成组合的最小方差组合权重：

$$w_A=\frac{\sigma_B^2-\operatorname{cov}(\tilde{r}_A,\tilde{r}_B)}{\sigma_A^2+\sigma_B^2-2\sigma_{AB}}$$

求法：

目标函数：$\min\sigma_p^2=w_A^2\sigma_A^2+2w_Aw_B\rho_{AB}\sigma_A\sigma_B+w_B^2\sigma_B^2$

约束条件：$w_A+w_B=1$

将约束条件代入目标函数，得到 σ_p^2 关于 w_A 的二次函数。

同样可用求极值法求出最小方差时资产 A 的权重。

由性质 1 可知，两个风险资产构成的新组合在期望收益—标准差平面是一条双曲线。具体可见图 3－10 中相关系数为 0 的 a 线。只要相关系数不是±1，新的组合的轨迹就是一条双曲线。因此，这种情况的可行集有三种可能：相关系数为 1 时，是直线；相关系数为－1 时，为两条射线；相关系数在－1 到 1 之间时，是双曲线。

性质 3：给定风险厌恶水平，最高效用水平对应的投资权重为：

$$w_A=\frac{E(\tilde{r}_A)-E(\tilde{r}_B)+0.01A(\sigma_B^2-\sigma_{AB})}{0.01A(\sigma_A^2+\sigma_B^2-2\sigma_{AB})}$$

求法：

目标函数：$\max u=E(\tilde{r})-0.005A\sigma^2$

约束条件：$E(r)=w_AE(r_A)+w_BE(r_B)$

$$\sigma_p^2=w_A^2\sigma_A^2+2w_Aw_B\rho_{AB}\sigma_A\sigma_B+w_B^2\sigma_B^2$$

$$w_A+w_B=1$$

同样将约束条件代入目标函数，得到 u 关于 w_A 的二次函数。

用求极值的方法，求出两种风险资产的最优投资组合。

由图 3－11 可看出，求投资者最优风险配置时，需要结合投资者的效用函数，在图形中就是无差异曲线。最优配置组合就是无差异曲线和两种风险资产可行集的切点 C，这个切点是可行集上投资者能达到的最高效用水平的组合。

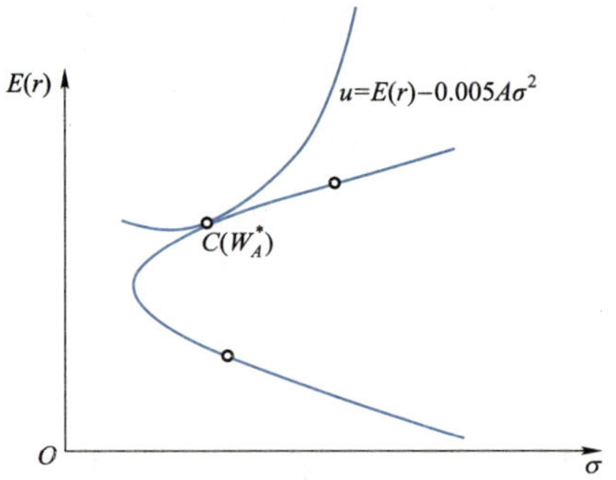

图 3－11　两种风险资产的投资者最优风险配置组合

3.9　两种风险资产和一种无风险资产

本节讨论更为复杂的情况：两种风险资产和一种无风险资产构成的组合。

扫码观看　课程视频

例子：

已知无风险资产的收益率为 4%，股票 A 的期望收益率为 10%，标准差为 15%，股票 B 的期望收益率为 15%，标准差为 20%；相关系数为 0.5，求三种资产组成的新组合中最小方差组合权重为多少？三种资产形成组合的最大夏普比率是多少？如果投资者的效用函数为：$\max u = E(\tilde{r}) - 0.01\sigma^2$，求投资者的最优风险配置组合中各资产所占的比重。

求解这种情况下的最优风险资产，需要分成两个步骤：

第一步，找出两种风险资产和一种无风险资产情况下方差最小的可行集合（切线）。

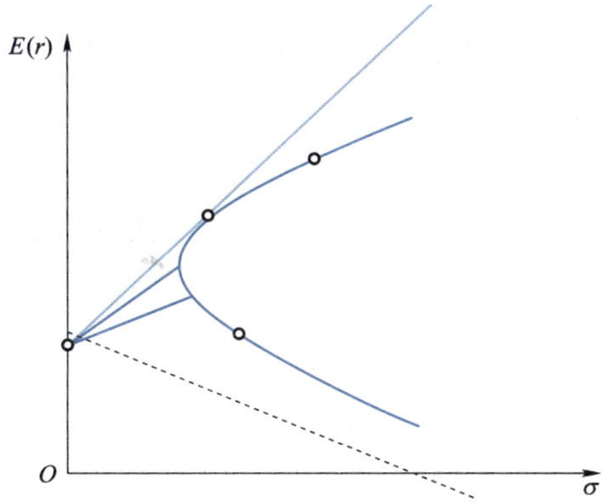

图 3-12　两种风险资产和一种无风险资产的最小方差可行集合

第二步，结合无差异曲线，找到最优风险组合（切点）。

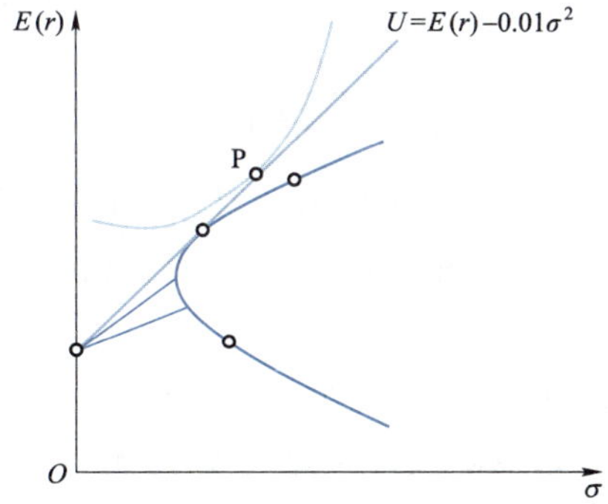

图 3-13　两种风险资产和一种无风险资产的最优风险配置组合

（1）求出两种风险资产和一种无风险资产的方差最小集合。如果两种风险资产形成的可行集合是双曲线，由 3.4 节介绍的一种风险资产和一种无风险资产的情形可知，这条双曲线上的组合与无风险资产 F 有无数条连线，可以想象，这三种资产形成组合的可行集不再是某条线，而是两条射线之间的所有区域（证明在后面的 3.15 节）。可以发现，同一个期望收益水平上，方差最小的组合都在上面的那条射线上。可想象在每个期望效用水平上画出水平线，同样的水平线上，最左边的方差最小的点就形成了上面的射线。为了求出这条射线，需要设置的目标函数是，组合的夏普比率最大，约束条件是，这个组合在这条双曲线上。即，在双曲线上找到和无风险资产连线斜率最大的那个点，也是双曲线和最小方差切线的切点 T。

目标函数：$\max S_T = \dfrac{E(\tilde{r}) - r_f}{\sigma}$

约束条件：$E(r) = w_A E(r_A) + w_B E(r_B)$

$\sigma_p^2 = w_A^2\sigma_A^2 + 2w_A w_B \rho_{AB}\sigma_A\sigma_B + w_B^2\sigma_B^2$

$w_A + w_B = 1$

求出最大斜率资本配置线和双曲线 T 中，A 资产的权重：

$$w_A^* = \frac{[E(\tilde{r}_A) - rf]\sigma_B^2 - [E(\tilde{r}_B) - rf]\sigma_{AB}}{[E(\tilde{r}_A) - rf]\sigma_B^2 + [E(\tilde{r}_B) - rf]\sigma_A^2 - [E(\tilde{r}_A) + E(\tilde{r}_B)]\sigma_{AB}}$$

这里求出的 w_A^* 是切点组合 T 中股票 A 所占的比例。

（2）找出最优风险组合。设最优风险组合中，T 点的权重为 y_T，最优风险组合由 F 点和切点 T 组成。

目标函数：$\max U = E(\tilde{r}) - 0.05A\sigma^2$

约束条件：$E(\tilde{r}) = (1 - y_T)r_f + y_T E(\tilde{r}_T)$

$\sigma^2 = y_T^2\sigma_T^2$

将约束条件代入目标函数，得到效用 u 关于 y_T 的二次函数：

$$u(y_T) = (1 - y_T)r_f + y_T E(\tilde{r}_T) - 0.005Ay_T^2\sigma_T^2$$

再对目标函数求极值，得到效用最大时在资产 T 上的最优投资比率：

$$y_T^* = \frac{E(\tilde{r}_T) - r_f}{0.01A\sigma_T^2}$$

这里求出的是最优风险配置组合中切点组合 T 所占的权重，$1 - y_T^*$ 是最优风险配置组合中无风险资产权重。而在最优风险配置组合中股票 A 和股票 B 占的比重分别为：$y_T^* w_A^*$，$y_T^*(1 - w_A^*)$。

从图 3－13 可以看出，最优风险组合就是最小方差切线和投资者无差异曲线的切点 P。

那么 n 种风险资产和一种无风险资产的情形如何呢？和上面这种情况是非常相似的（证明在 3.15 节），n 种风险资产形成的可行集的最小方差组合集合仍然是双曲线，其他组合都在双曲线的右边区域。明智的投资者都会选择在最小方差组合的集合——双曲线上投资。再加上无风险证券的投资，就和两种风险资产和一种风险资产的情形一样了。

对于上面的例题，可以求出：$w_A^* = 0.382$。

3.10 均值—方差模型的假设条件

投资组合理论要解决的问题

扫码观看 课程视频

投资者将一笔资金在某个时期进行投资。在期初，他购买了一些资产，然后在期末全部卖出。在期初他将决定购买哪些资产，资金在这些资产上如何分配，从而达到投资者效用的最大化。

马科维茨投资组合理论的假设条件：

1. 单期投资。

单期投资是指投资者在期初投资，在期末获得回报。

2. 投资者事先知道资产收益率的概率分布，并且收益率满足正态分布的条件。

3. 投资者的效用函数是二次的。

4. 投资者以期望收益率来衡量未来收益率的总体水平，以收益率的方差或标准差来衡量收益率的风险，因而投资者在决策中只关心投资的期望收益和方差。

5. 投资者都是不知足的和厌恶风险的，遵循二阶随机占优原则。

投资者不知足意味着投资者的效用函数一阶导数大于零，收益越大，财富越多，投资者的效用就越大。

二阶随机占优是一种不确定下的决策原则。意味着风险一定时，投资者偏好期望收益更高的资产；期望收益一定时，投资者偏好方差更小的，也就是风险更小的资产。

以上严格的假设条件，更多是为了数学上推导和分析的方便，很多和实际情况不太相符。比如现实中的投资很少是单期投资，更多的是连续的多期投资；现实中金融资产的概率分布也并不完全符合正态分布，“尖峰肥尾”的特征意味着收益在极端值出现的概率要高于正态分布，以及有更多的概率分配给了均值。

图 3－14 是某只 A 股（000983）十年日度收益率的分布图（蓝色线），浅蓝色线是相同期望收益和标准差的标准正态分布，可见并不完全符合正态分布的形态，具有尖峰肥尾的特征。

金融市场中的“黑天鹅”事件频发，也说明了极端值发生的概率过大。而巴菲特、西蒙斯，他们的收益率是偏态分布的，不是正态分布的。正态分布的意思是，盈亏的次数差不多。但偏态分布就是尽量让你的收益率靠右边多一点、靠左边少一点。也就是赢的次数多，亏的次数少。图 3－15 是西蒙斯月度的收益率统计，基本上都是赢钱，虽然大多数也不是很高（5%），只有三次超过了 10%。

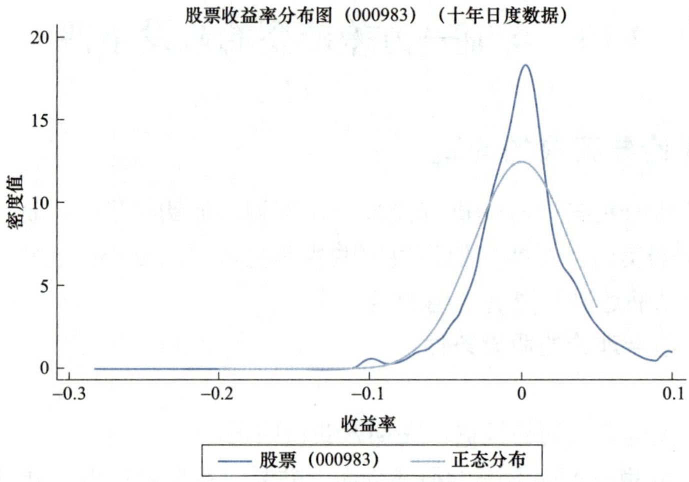

图 3-14　某股票（000983）的收益分布图和正态分布图对比

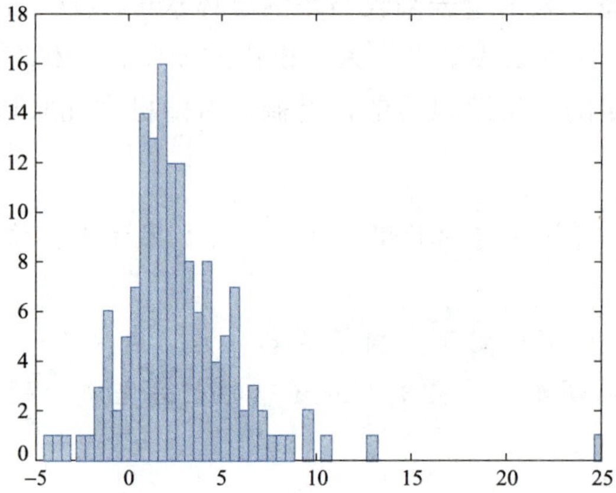

图 3-15　西蒙斯月度收益率（%）分布：1993—2005 年

假设 3 中假设效用函数为二次函数也有不符合实际的地方，因为二次函数具有递增的绝对风险厌恶和满足性两个性质。满足性意味着在满足点以上，财富的增加使效用减少；递增的绝对风险厌恶意味着随着投资者财富水平的提高，其风险厌恶程度也随之提高，这和现实不太相符。

期望效用函数中包含期望收益和方差

需要说明的是，**假设 2 和假设 3 任意一个成立**都可保证期望效用仅仅是财富期望和方差的函数。

假设个体的初始财富为 w_0，投资者通过投资各种金融资产来实现他的期末财富最大化。投资者的效用函数为 u，在期末财富的期望值这点，对效用函数进行泰勒展开：

$$u(\tilde{W})=u[E(\tilde{W})]+u'[E(\tilde{W})][\tilde{W}-E(\tilde{W})]+\frac{1}{2!}u''[E(\tilde{W})][\tilde{W}-E(\tilde{W})]^2+R_3$$

其中 $R_3=\sum_{n=3}^{\infty}\frac{1}{n!}u^{(n)}[E(\tilde{W})][\tilde{W}-E(\tilde{W})]^n$

$u^{(n)}$ 表示 u 的第 n 阶导数。

如果假设 3 成立，当投资者的效用函数为二次函数时，上式中没有高阶余项 R_3，则效用函数中只有均值和方差。

如果假设 2 成立，资产的收益率分布满足正态分布。即使高阶余项都存在，但是在正态分布的条件下，前面泰勒展开式的三阶及三阶以上高阶矩可以表示为一阶矩和二阶矩（均值和方差）的函数。因此，期望效用函数就可以完全地由均值和方差表示。

$$E[\hat{W}-E(\hat{W})]^j=\begin{cases}0 & j\text{ 为奇数}\\ \dfrac{j!}{\left(\dfrac{j}{2}\right)!}\dfrac{[\sigma^2(\hat{W})]^{\frac{j}{2}}}{2^{\frac{j}{2}}} & j\text{ 为偶数}\end{cases}$$

可见，在任意偏好的情况下，三阶及三阶以上高阶矩可以表示为均值和方差的函数，则可以使用期望收益和方差分析来考察投资者的效用函数。

投资选择问题

如果投资者的效用函数中只有期望收益和方差或标准差，那么风险厌恶的投资者要达到效用最大化，只要在一定期望收益下，方差达到最小；或者一定方差下，期望收益达到最大就可以了。从而**效用最大化**的问题就转化为：**期望收益一定，方差最小化**的问题了（或者方差一定，期望收益最大）。

3.11　可行集和有效集

可行集

扫码观看　课程视频

前面几节讨论了不同资产形成新组合的集合，这些新组合的集合就是可行集。比如一种风险资产和一种无风险资产的可行集只可能是通过无风险资产和风险资产的射线（资本配置线），不可能落在其他地方。由此，**可行集**是包括了现实生活中所有可能的组合的集合，也就是说，所有可能的投资组合将位于可行集的内部或边界上。比如两种风险资产的情形，可行集随着相关系数的不同为一条直线、两条射线或一条双曲线，除此之外不可能有其他情况。再比如，两种风险资产和一种无风险资产的可行集是由两条射线出发，两条射线右边所夹的区域。

一般说来，n 种风险资产的可行集形状像伞形，是向左凸的。不妨回想一下，两种风险资产的情形，只要相关系数不等于 1，新的组合都落在两个风险资产连线的左边，双曲线是向左凸的。如图 3－16 所示。

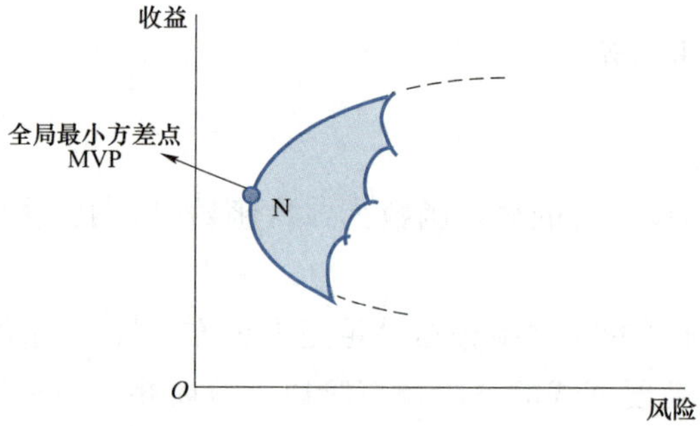

图 3-16　n 种风险资产的可行集

在 3.15 节中会证明，n 种风险资产的可行集是一条双曲线及其右边的区域。双曲线的顶点是全局最小方差组合（点）（MVP，Minimum Variance Portfolio）。

有效集

可行集中有无穷多个组合，但是投资者没有必要考虑所有组合。对于一个理性投资者而言，他们都是厌恶风险而喜欢收益的。对于同样的风险水平，他们将会选择能提供最大期望收益率的组合；对于同样的期望收益率，他们将会选择风险最小的组合。能同时满足这两个条件的投资组合的集合被称为**有效集**（Efficient Set）或**有效边界**（Efficient Frontier）。

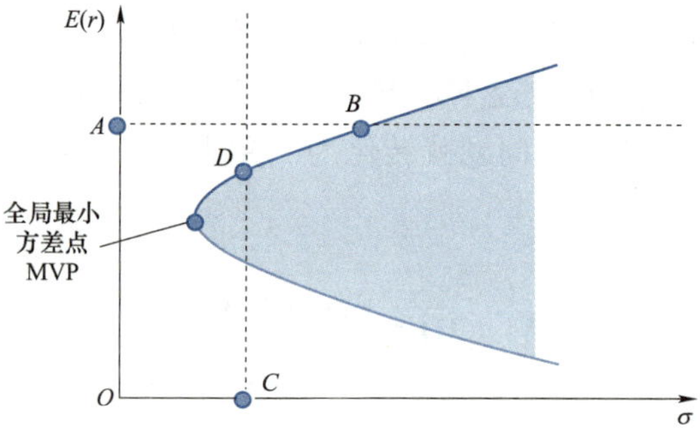

图 3-17　有效集

比如，可以在图 3-17 中从某一个水平的期望收益 A 出发作一条水平线，显然这条水平线上标准差最小的点是最左边的点 B，是可行集的边界——双曲线上的点。同理可以从某个标准差水平 C 出发向上作一条垂直的线，那么这条线上的所有组合中，投资者感兴趣的一定是收益最大的边界上的点 D，同样是双曲线上的点。由此可以推出，双曲线在最小方差点上面的半只就是**有效集**。而整条双曲线都是各个期望收益水平下方差最小的组合，是整个可行集的左边的边界，所以双曲线叫作**“前沿边界”**（Frontier），或者**“最小方差边界”**（Minimum Variance Portfolios）。

有效集的得出

所有可能的组合构成了期望收益—标准差平面上的可行区域，对于给定的 $E(r_p)$，由下列模型可以求出组合的最小方差 σ_p 及其对应的组合。

$$\min_{w_i} \sigma_P^2 = \sum_{i=1}^{n} \sum_{j=1}^{n} w_i w_j \sigma_{ij}$$

$$st.\sum_{i=1}^{n} w_i = 1$$

$$\sum_{i=1}^{n} w_i E(\tilde{r}_i) = E(\tilde{r}_P)$$

上面的最优化问题即是在期望收益一定的时候达到方差最小，即收益一定，风险最小。对于期望效用函数中只有收益和方差的投资者来说，这个最优化问题解决的就是期望效用最大化问题。当然需要满足两个约束条件：（1）组合中每个资产的权重之和为 1（说明是用非零的初始财富投资于各种资产）；（2）组合的期望收益要达到 $E(\tilde{r}_P)$ 的水平。

这个最优化问题，已知的是各个资产之间的方差和协方差，以及给出的某个期望收益水平 $E(\tilde{r}_P)$。需要被求出的变量就是各个资产的最优投资权重 $w_1^*,\cdots\cdots,w_n^*$。当取遍所有水平的期望收益时，会得到一系列的最优投资组合权重，而这些最优组合的轨迹就是双曲线（证明在 3.13 节）。

n 种风险资产有效集的特点

1. 有效集是一条向右上方倾斜的曲线，它反映了“高收益、高风险”的原则。

2. 有效集是一条向左凸的曲线（双曲线的上半支）。有效集上的任意两点所代表的两个组合再组合起来得到的新组合，一定落在原来两个点的连线的左侧，这是因为新借入的资产能进一步起到分散风险的作用，所以曲线是向左凸的。

3. 有效集曲线上不可能有凹陷的地方。因为如果把凹陷的地方的两个端点组合组成新的组合一定在两个端点组合的左边，和凹陷处是有效集相矛盾。

投资者确定了有效集的形状之后，就可以根据自己的无差异曲线选择能使自己效用最大化的最优风险组合了。

问题：如图 3－18 所示，两个投资者 I1 和 I2 中哪个投资者风险厌恶程度更高？

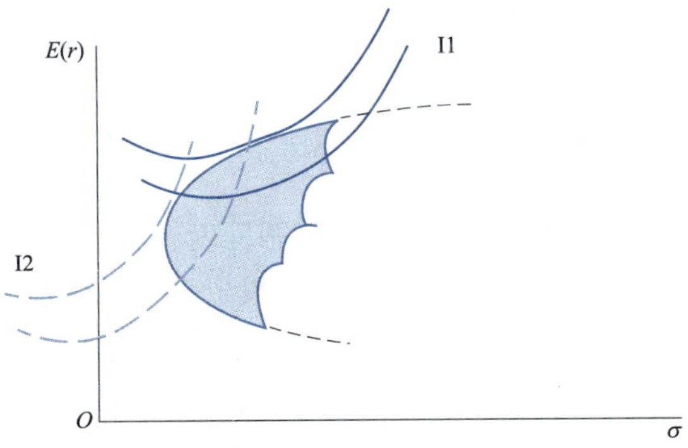

图 3－18

显然，I2 投资者的风险厌恶程度更高，因为曲线更加陡峭。所以切点落在风险更低期望收益也更低的地方。

I1 投资者的无差异曲线更加平坦，投资者的风险厌恶程度更低。所以切点落在风险更高期望收益也更高的地方。

3.12 允许无风险贷出对有效集的影响

无风险贷出指的是对无风险资产 F 的投资，即将一部分资产投资于无风险资产 F，获得无风险收益率。结合 3.4 节和 3.8 节的介绍，在图 3－19 中，无风险贷出意味着由 F 可以向风险资产的前沿组合双曲线连上无数条线段，形成无数条资本配置线 CAL。

扫码观看　课程视频

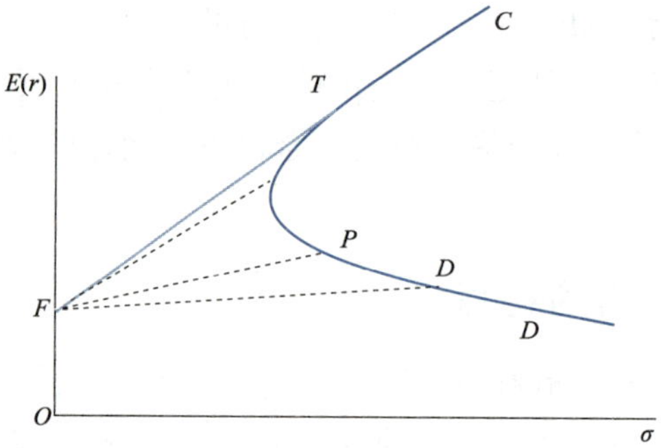

图 3－19　只允许无风险贷出的有效集

本节讨论只允许无风险贷出的情形。引入无风险贷款后，有效集将发生重大变化。之前的有效集是双曲线的上半支，但允许无风险卖空后，可行集由原来的双曲线的右边区域，向左拓展成了由 F 向双曲线作出的无数条射线及其右边区域。在左边拓展的区域，会发现夏普比率最高的一条资本配置线是由 F 出发向双曲线作的切线 FT，同时这条切线满足有效集的定义。因此加入无风险贷出后，新的有效集变成了切线段 FT，加上双曲线在 T 点右边的双曲线 TC。

新的有效集中的切线段 FT 表示，投资者将一部分资产投资于无风险资产 F，一部分投资于 n 种风险资产组合。双曲线 TC 表示投资者将所有初始财富都投资于风险资产组合，对于 F 的投资权重为零。

无风险贷出下的最优风险配置组合

如果结合投资者的无差异曲线，对于风险厌恶程度较轻的投资者 I1，之前无差异曲线和双曲线的切点在 O_1 点，引入无风险贷出后，对投资者 I1 的最优风险组合的选择没有影响。投资者 I1 仍将把所有资金投资于风险资产，而不会把部分资金投资于无风险资产。这部分投资者风险厌恶程度较低，即使提供了风险更低的选择，他们也不会选择，所以他们的最优风险配置组合的位置不变。新提供的无风险贷出机会对于这部分投资者的选择没有影响。

对于风险厌恶程度较高的投资者 I2，之前其无差异曲线与双曲线相切于 O_2 点，但是由于有效集发生了变化，原来的双曲线 DT 部分不再是有效集，新的有效集是线段 FT。对于风险厌恶程度较高的投资者 I2 而言，他将把一部分资金投资于风险资产，把另一部分资金投资于无风险资产 F。

效用分析：从图 3－20 来看，投资者 I2 的最优风险配置组合由原来的 O_2 变成了更高效用水平的 O_3。可见提供了新的证券类型——无风险贷出后，风险厌恶程度较高的投资者有了更为低风险的资产选择，因此他们的效用水平提高了。

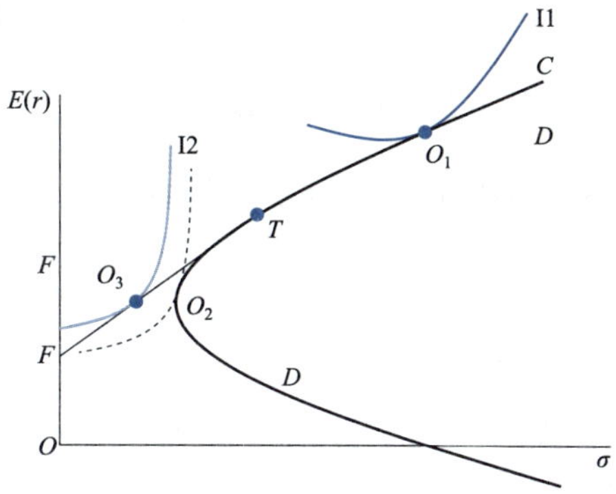

图 3－20　只允许无风险贷出时的最优风险配置组合

3.13　只允许无风险借入对有效集的影响

在现实生活中，投资者还可以借入资金用于风险资产投资。如果允许无风险资金借入，那么投资者在决定将多少资金投资于风险资产时，将不再受初始财富的限制。

本节讨论只允许无风险借入的情况。引入无风险借款后，有效集也将发生重大变化。

扫码观看　课程视频

从无风险资产 F 到双曲线有无数条资本配置线。如果只允许无风险借入，每条资本配置线只有双曲线右边的射线可以实现。在无数条射线中，理性投资者只会在斜率最大的一条上进行投资。

图 3－21 中，双曲线 CD 代表加入无风险借入之前的有效集，T 点仍表示双曲线 CD 与

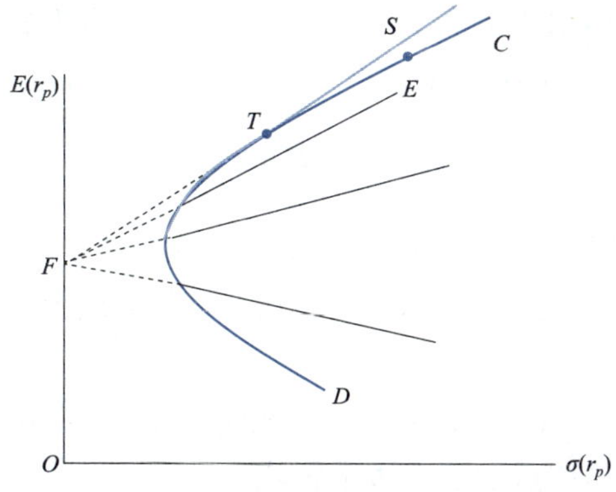

图 3－21　只允许无风险借入的有效集

过 F 点切线的切点。在允许无风险借入时，投资者可以通过无风险借款加上初始财富，一起投资于风险资产，有效集为原来的双曲线 CD 在 T 点左边的部分加上射线 TS。

具体而言，没有改变的一部分是双曲线 CD 在 T 点左边的部分。而双曲线 TC 部分在加入无风险借入后，变成了可行集内部的点，如点 E 之前在双曲线上，但加入无风险借入后变成了切线可行集右下方（内部）的点，已经不再满足有效组合的条件，而切线 TS 变成了新的有效集。

无风险借入对最优风险配置组合的影响

如图 3－22 所示，对于风险厌恶程度较高的投资者 I2，其无差异曲线较为陡峭，与以前的双曲线有效集相切于 O_3。由于只允许无风险借入，所以投资者 I2 的最优风险配置组合没有发生变化。

但对于风险厌恶程度较轻的投资者 I1，其无差异曲线较为平坦，无风险借入之前与双曲线相切于 O_1 点。但允许无风险借入后，新的有效集从原来的双曲线 TC 向左上方拓展到了切线 TS，因此新的最优风险配置组合从切点 O_1 点向左上方移到 O_2 点。这说明投资者利用借入的资金加上初始财富都投资于了切点组合 T 上，因此得到新的组合落在切线 TS 上。

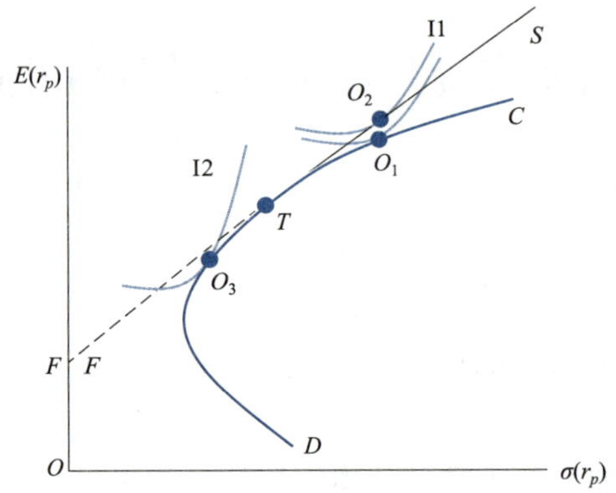

图 3－22　只允许无风险借入时的最优风险配置组合

效用分析：在 n 种风险资产之外加上了无风险借入，意味着可以利用资金杠杆进行风险更大的投资。对于风险厌恶程度较低的投资者来说，提供了能让他们效用提高的新证券种类，因而投资者 I1 的效用水平提高了。而对于风险厌恶程度较高的投资者 I2，由于比较厌恶风险，即使提供了这样的高风险杠杆工具，也不会利用，因此他们的效用水平不变。

同时进行无风险借贷对有效集的影响

如图 3－23 所示，当既允许无风险借入又允许无风险贷出时，证券组合前沿向左扩展，可行集的范围大大增加，有效集也将变成一条射线，这条射线经过无风险资产 F 点并与原来的双曲线有效集相切。

射线上的任意投资组合，都可以由一定比例的无风险资产和由 T 点资产所代表。这条射线是连接无风险资产 F 和切点 T 的资本配置线。

对于金融机构来说，不论投资者的收益—风险偏好如何，只需要找到切点 T 的投资组合，再和无风险资产以任意比例组合，就能为所有投资者提供最优的投资方案。投资者的收益—风险偏好只反映在组合中无风险资产所占的比重。

现实中，如果给定了 n 种风险资产和一种无风险资产，会利用投资组合理论的投资者（马科维茨型的投资者）都能找到切线 FT，而且找到切线的过程并不需要知道投资者具体的效用函数形式，因为理性的投资者都会在这条线性有效集上进行投资。但最优风险配置组合最终落在切线的哪个点，就需要结合投资者的效用函数形式（无差异曲线的形状）找到最优风险配置组合 O。

效用分析：由于同时允许无风险贷出和借入，既向风险厌恶程度高的投资者提供了无风险资产，又向风险厌恶程度低的投资者提供了更高风险的资金杠杆，因此双曲线有效集向左上方拓展为一条射线，变成线性有效集，几乎所有的投资者都获得了更高的效用。

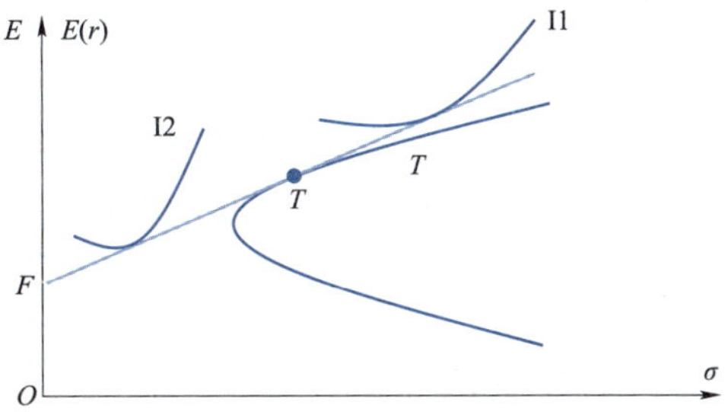

图 3－23　同时允许无风险借贷的有效集和最优风险配置组合

无风险借贷利率不同对有效集的影响

现实中投资者将自有资金无风险贷出的利率通常低于无风险借入的利率。当投资者的借款利率高于贷款利率时，资本配置线有两条 CAL_1 和 CAL_2，分别对应着与两种无风险资产 F_L（具有较低的无风险贷出的利率）和 F_B（具有较高无风险借入的利率）的切线。切点分别是 T_1 和 T_2，且经过 F_L 的有效集只有切点 T_1 与 F_L 之间的线段，连接 F_B 的有效集只有切点 T_2 右边的射线。因此有效集分成了三部分：线段 F_LT_1、T_1 与 T_2 之间的双曲线，以及 T_2 右边的射线（见图 3－24）。

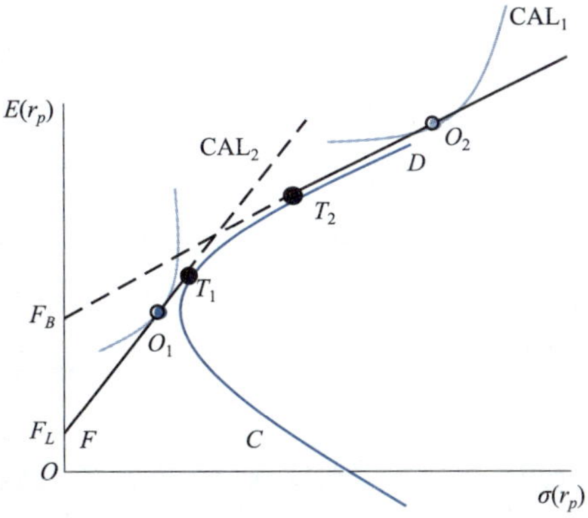

图 3－24　无风险借贷利率不同对有效集的影响

效用分析：对于风险厌恶程度非常高和非常低的投资者来说，提供的无风险资产以及资金杠杆工具提高了他们的效用水平，最优风险配置组合分别对应着 O_1 和 O_2 点。而对于原来相切于 T_1 和 T_2 之间的风险厌恶程度中等的投资者，无风险贷出的利率不够高，且无风险借入的利率也不够低，所以他们不会利用无风险资产进行投资，因此他们的效用水平不变。

3.14　投资组合理论的评价

马科维茨组合理论的核心是均值—方差理论，即以均值—方差（M—V）准则作为有效组合的标准。虽然这一理论系统构造了一套组合选择的方法并为实际投资界广为应用，但在理论上还是有不少缺陷：

扫码观看　课程视频

1. 未考虑消费对投资的影响，假定期初投资额是一个固定值。这虽然对单期情况下影响不大，但不适用动态多阶段的情况。

2. 用方差作为资产风险的度量只适用于随机收益对称分布的资产收益，不具备一般性。

3. 均值方差理论不能确定具体投资者的最优风险配置组合，投资者还需根据风险偏好从有效集中选择最优组合。

看待投资组合理论的不同视角

投资实践中，人们对投资组合理论的理解可谓见仁见智。

1. 组合投资的胜利。富达麦哲伦基金鼎盛时期的基金经理彼得·林奇就是组合投资成功的实践。林奇管理的基金在很多股票上都有仓位，属于专业的机构投资者，坚持在日常生活中发现大牛股。他在退休后，写过一本入门的投资书——《学以致富》，说的就是投资最重要的事是理解企业，可见投资组合的胜利也许并不是“组合”的胜利，而是对企业和世界的“洞见”的胜利。

思考：你认为应该分散投资还是集中投资？

2. 分散意味着平庸。我们知道组合投资的最大作用是分散风险，组合的投资收益实际是平均化的结果。极端假设下，如果组合包括了市场上所有的资产，那么组合的收益就是市场指数的收益。组合投资意味着分散投资，巴菲特曾说过：“分散投资只是因为无知，不要信投资类教科书上的东西……分散投资是种常见的策略，它只能让你取得平庸的效果，可能对于投资经理来说，这已经够了，但对于我们来说，这恰恰暴露了你不了解自己所投资公司的事实。”巴菲特的说法也是很多自信的秉持集中投资理念的投资者的想法，但集中投资并不适合每一个投资者。

3. 分散是心理的支撑。在行为金融学中，有一个著名的概念“损失厌恶”。话说人们极其不喜欢确定性的损失，面对损失会心跳加快、极不舒服，极可能导致不明智的投资决策，比如“死扛”亏损的股票，因为一日不卖出，这些亏损就不会实现。前面说的是亏损的不卖，而反过来，有的投资者心理承受能力很差，连账面上的亏损都难以忍受，当很优秀公司的股票在手，这时需要做的其实只是“拿住”，再“拿住”，“拿得再久一点”。但事实是，短期的下跌就让人在“损失厌恶”中迷失了方向，放弃了“相信”。彼得・林奇说过一句类似的话：“真正挣大钱，靠的是屁股，不是脑袋。”靠屁股，就是要坐得住；不靠脑袋，就是不要乱想、疑神疑鬼。这就跟时间有关系了，真正伟大的百倍股，都要给它时间涨完，可能是 12 个月、24 个月、五年、十年，甚至更长，确实需要那么长时间。可见投资者普遍存在的“短视的损失厌恶”是把握伟大公司的“天敌”。

既然损失让人们避之不及，那么业绩平庸了些又算得了什么。所以分散投资不在于追求卓越，也不在于能把风险分散得有多低，而在于当你手里有个大牛股一旦短期“调整”，投资者能够心理不慌，因为组合中还有其他股票的利润足以支撑某只股票的一时亏损。组合可谓攻守兼备，从概率意义上保证了盈利的确定性。可见分散投资更重要的意义是避免让你轻易地、频繁地走入亏损区域，支撑在亏损面前变得脆弱的心脏。

所以对于非专业的有着天然认知和心理偏差的普通投资者，如果没有时间开展大量调研来发掘卓越的企业，更好的选择就是组合投资了，甚至投资于各种基金产品例如指数基金，当然也可以委托一名运用集中投资方法的基金经理。

现代投资组合理论的运用

Beketov，Mikhail，Kevin Lehmann 和 Manuel Wittke（2018）探索了全球智能投顾的方法，发现现代投资组合理论是智能投顾系统运用的主要方法。此外，当使用更复杂的系统时，由智能投顾系统管理的资产规模可以更高①。

Söhnke M.Bartram，Jürgen Branke，Mehrshad Motahari（2020）全面概述了人工智能（AI）在资产管理中的新兴应用，即投资组合管理、交易和投资组合风险管理。人工智能技术可以通过定量或文本数据分析促进基本面分析，并产生新的投资策略。人工智能技术还可以帮助改进经典组合构建技术的缺点。特别是，AI 可以产生更好的资产回报和风险估计，并解决具有复杂约束的投资组合优化问题②。

3.15　n 种风险资产前沿边界的推导

本节通过数学推导和数据模拟，进一步讲解 n 种风险资产的有效集和可行集。

扫码观看　课程视频

假定 n 维向量 w 表示投资于 n 种风险资产的权重，该向量满足 $w \neq 0$，各个风险资产的供给为正。

又假设方差协方差矩阵 $\boldsymbol{V}$ 是正定对称矩阵，从而 $w^T\boldsymbol{V}w > 0$，前面的内

① Beketov，Mikhail，Kevin Lehmann，Manuel Wittke. Robo Advisors：Quantitative Methods Inside the Robots [J]. Journal of Asset Management, 2018, 19：363–370. http://doi.org/10.1057/s41260－018－0092－9.

② Söhnke M.Bartram, Jürgen Branke, Mehrshad Motahari. Artificial Intelligence in Asset Management. Research Foundation Literature Reviews, 28 August 2020.

容介绍过，$w^T V w$ 是 n 种风险资产组合的方差，说明风险资产组合的方差是严格大于零的。

可以把风险和期望收益权衡的问题，看成是解一个二次规划的问题。

定义几个向量：

n 种风险资产的权重列向量：$\boldsymbol{w}=\begin{pmatrix} w_1 \\ w_2 \\ \vdots \\ w_n \end{pmatrix}_{n\times 1}$

n 维的单位列向量：$\boldsymbol{I}=\begin{pmatrix} 1 \\ 1 \\ \vdots \\ 1 \end{pmatrix}_{n\times 1}$

以及 n 种资产的期望收益列向量：$\boldsymbol{e}=\begin{pmatrix} E(\tilde{r}_1) \\ E(\tilde{r}_2) \\ \vdots \\ E(\tilde{r}_n) \end{pmatrix}_{n\times 1}$

风险—收益权衡问题（二次规划问题）可以表示为：

$$\begin{aligned} &\min_{w} \frac{1}{2} w^T \boldsymbol{V} w \\ &s.t.\quad w^T \boldsymbol{e} = E(\tilde{r}_p) \\ &\qquad\; w^T \boldsymbol{I} = 1 \end{aligned} \tag{3-1}$$

为什么是二次规划问题？

目标函数中组合的方差乘以 $\frac{1}{2}$，是为了后面利用拉格朗日乘子法求极值时的数学证明方便。n 种风险资产组合方差的向量矩阵相乘的形式，可转化为 n^2 项方差和协方差相加的形式：

$$\begin{aligned} \sigma_p^2 = {} & w_1^2\sigma_1^2 + w_1 w_2 \sigma_{12} + \cdots + w_1 w_n \sigma_{1n} \\ & + w_2 w_1 \sigma_{21} + w_2^2 \sigma_2^2 + \cdots + w_2 w_n \sigma_{2n} \\ & + w_3 w_1 \sigma_{31} + w_3 w_2 \sigma_{32} + \cdots + w_3 w_n \sigma_{3n} \\ & + \cdots\cdots \\ & + w_n w_1 \sigma_{n1} + w_n w_2 \sigma_{n2} + \cdots + w_n^2 \sigma_n^2 \qquad (n^2\text{项相加}) \end{aligned}$$

这里的未知数是 n 种风险资产的权重 w，每一项都是关于未知数 w 的二次项，所以这是一个二次型。二次型作为目标函数，在数学上是一个二次规划问题。

这个二次规划问题要求解的未知变量是 n 种风险资产的权重。根据第一个约束条件，在组合的期望收益率达到某一个水平 $E(\tilde{r}_p)$ 时，可以求出的一组最优权重 w，就是在期望收益 $E(\tilde{r}_p)$ 下，能达到的最小方差组合。

如果不断地变化第一个约束条件中的期望收益水平，能解出每个期望收益水平下的最小方差组合，将会得到一系列的最小方差组合的权重向量 w^*，这些向量对应组合的均值和标准差就形成了一条双曲线。由于双曲线上的组合都是一定期望收益下的最小方差组合，所以也称之为**最小方差前沿边界（见图 3－25）**。

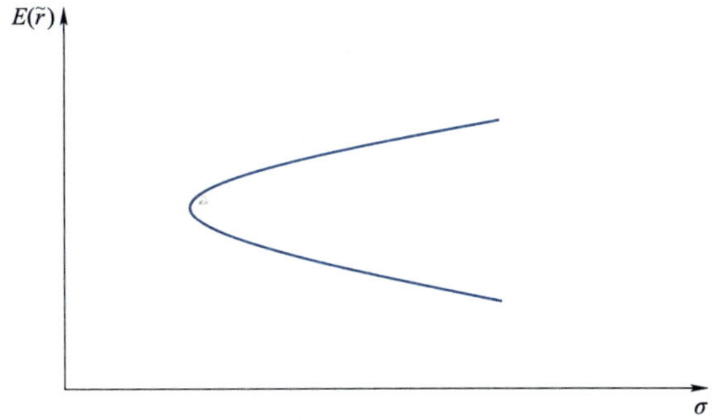

图 3－25 *n* 种风险资产双曲线最小方差前沿边界

n 种风险资产的双曲线前沿边界的证明

需要解决的问题是约束条件下的最优化问题，可以采用拉格朗日乘子法（Lagrange Multipliers）来求解，设 w_p 是这个式子无约束问题的解，可以构造拉格朗日函数：

$$L = w^T V w + \lambda[E(\tilde{r}_p) - w^T e] + \gamma(1 - w^T e) \quad (3-2)$$

其中λ，γ为两个正的常数，下面三个式子是一阶条件：

拉格朗日函数分别对 w，λ 和 γ求导等于零。

$$\frac{\partial L}{\partial w} = V w_p - \lambda e - \gamma I = 0 \quad (3-3)$$

$$\frac{\partial L}{\partial \lambda} = E(\tilde{r}_p) - w_p^T e = 0 \quad (3-4)$$

$$\frac{\partial L}{\partial \gamma} = 1 - w_p^T I = 0 \quad (3-5)$$

由式（3－3）可得：

$$w_p = \lambda V^{-1} e + \gamma V^{-1} I \quad (3-6)$$

将式（3－6）分别代入式（3－4）和式（3－5），得到式（3－7）和式（3－8）两个式子：

$$E(\tilde{r}_p) = \lambda I^T V^{-1} e + \gamma I^T V^{-1} I \quad (3-7)$$

$$1 = \lambda e^T V^{-1} I + \gamma I^T V^{-1} I \quad (3-8)$$

通过式（3－7）和式（3－8）可解出λ和 γ。在解的过程中需要设四个字母 A，B，C 和 D，它们分别代表四个数，表示不同的向量矩阵相乘。

$$A = I^T V^{-1} e = e^T V^{-1} I$$

$$B = e^T V^{-1} e$$

$$C = I^T V^{-1} I$$

$$D = BC - A^2$$

因为方差－协方差矩阵 V 是对称正定矩阵，所以 V^{-1} 仍然是对称正定矩阵，所以 $B>0$ 且 $C>0$，也可以推出 $D>0$。

可以解出：

$$\lambda=\frac{CE(\tilde{r}_p)-A}{D} \tag{3-9}$$

$$\gamma=\frac{B-AE(\tilde{r}_p)}{D} \tag{3-10}$$

将式（3－9），式（3－10）代入式（3－6）可得：

$$w_p=g+hE(\tilde{r}_p) \tag{3-11}$$

其中 g 和 h 都是 n 维的列向量：

$$g=\frac{1}{D}[B(V^{-1}I)-A(V^{-1}e)]$$

$$h=\frac{1}{D}[C(V^{-1}e)-A(V^{-1}I)]$$

在 V，e 已知的前提下，A，B，C，D 以及 g 和 h 都可以明确求解。

任何有效前沿边界上的组合权重都可以表示成式（3－11）的形式，而且任何权重可以表示成 $g+hE(\tilde{r}_p)$ 形式的投资组合都是前沿边界上的投资组合。再进一步看，任何两个前沿边界资产组合 p 和 q 的收益率协方差为：

$$\text{cov}(\tilde{r}_p,\tilde{r}_q)=w_pV^Tw_q=\frac{C}{D}\left[E(\tilde{r}_p)-\frac{A}{C}\right]\left[E(\tilde{r}_q)-\frac{A}{C}\right]+\frac{1}{C} \tag{3-12}$$

根据式（3－11）将 p 和 q 这两个前沿边界组合的 w_p 和 w_q 代入 $w_qV^Tw_q$ 中，得到：

$$\begin{aligned}\text{cov}(\tilde{r}_p,\tilde{r}_q)=w_pV^Tw_q&=[g+hE(\tilde{r}_p)]^TV[g+hE(\tilde{r}_q)]\\&=g^TVg+E(\tilde{r}_q)g^TVh+E(\tilde{r}_p)h^TVg+E(\tilde{r}_p)E(\tilde{r}_q)h^TVh\\&=\frac{C}{D}\left[E(\tilde{r}_p)-\frac{A}{C}\right]\left[E(\tilde{r}_q)-\frac{A}{C}\right]+\frac{1}{C}\end{aligned}$$

当 q 和 p 重合成一个组合 p 的时候，协方差就变成组合 p 的方差了。

$$\text{cov}(\tilde{r}_p,\tilde{r}_q)=w_pV^Tw_q=\frac{C}{D}\left[E(\tilde{r}_p)-\frac{A}{C}\right]\left[E(\tilde{r}_q)-\frac{A}{C}\right]+\frac{1}{C} \tag{3-12}$$

令 q 和 p 相同，通过简化，式（3－12）可以变形为：

$$\frac{\sigma_p^2}{1/C}-\frac{[E(\tilde{r}_p)-A/C]^2}{D/C^2}=1 \tag{3-13}$$

式（3－12）是关于前沿边界上组合 p 的期望收益和标准差的式子，可以看出来，这个式子其实就是双曲线的表达式。

3 种风险资产可行集（蒙特卡洛模拟）

下面展示 3 种风险资产的可行集。

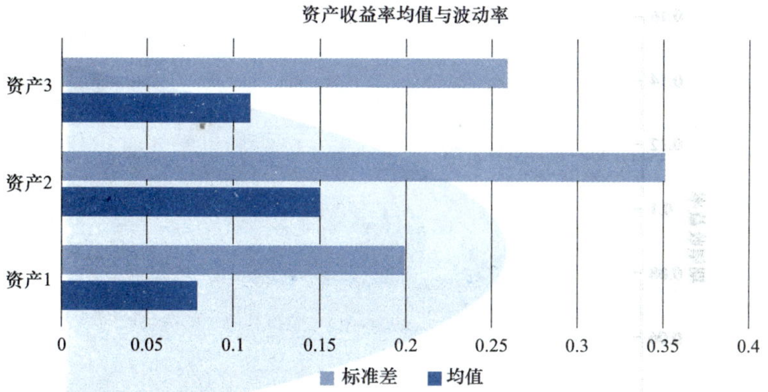

图 3-26　三种风险资产的期望收益率和标准差

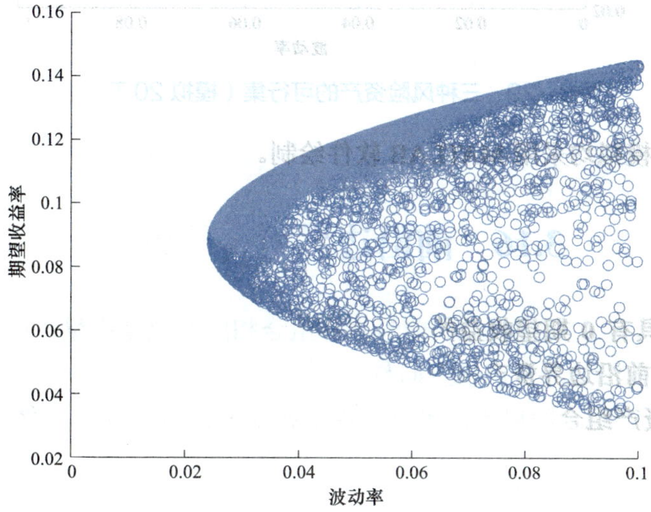

图 3-27　三种风险资产的可行集（模拟 1 万次）

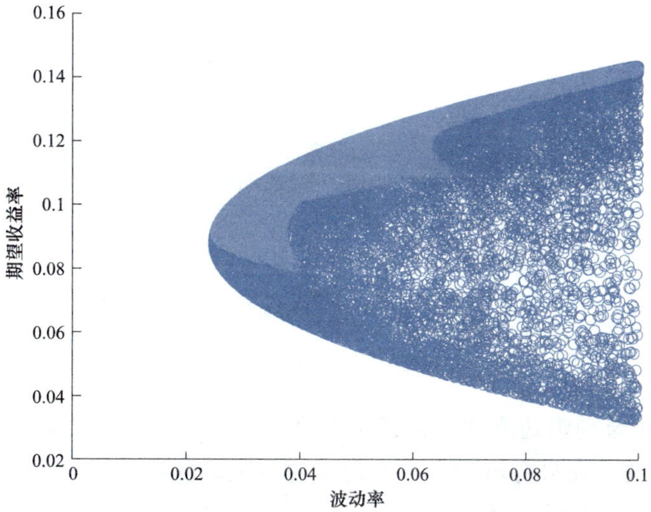

图 3-28　三种风险资产的可行集（模拟 5 万次）

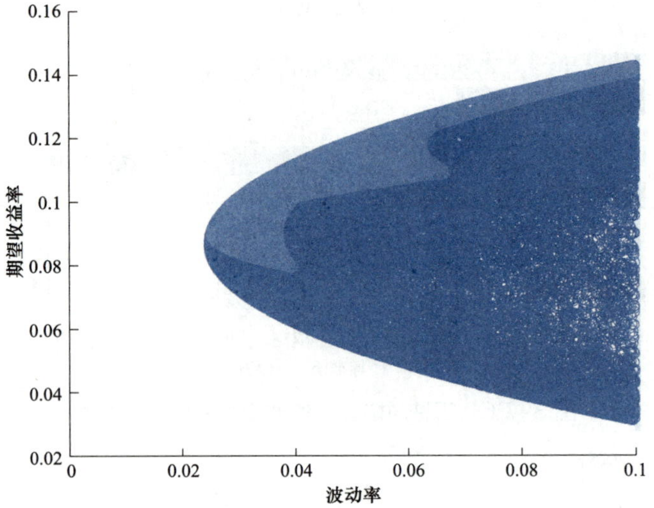

图 3-29　三种风险资产的可行集（模拟 20 万次）

以上蒙特卡洛模拟均采用 MATLAB 软件绘制。

3.16　前沿边界组合的性质

性质 1：*g* 是具有 0 期望收益的前沿边界组合相应的权重向量。*g*+*h* 是期望收益为 1 的前沿边界资产权重向量。

性质 2：整个资产组合的前沿边界可以由 *g* 和 *g*+*h* 这两个前沿边界组合生成。

扫码观看　课程视频

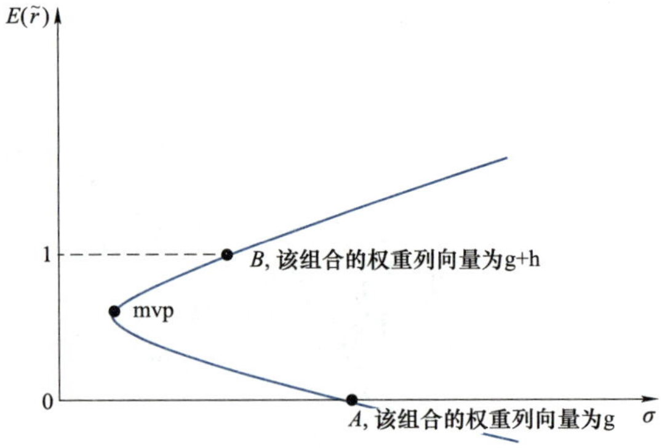

图 3-30

性质 3：资产组合前沿边界可以由任意两个不同的前沿边界组合生成。

两基金分离定理：在只有风险资产的前沿边界上，任意前沿边界组合都可以由其他两个不同前沿边界组合，线性生成。

两基金分离定理的金融含义：在现实中，投资者不用自己求解二次规划问题找前沿边界组合，只要将资产按一定的比例投资于已经在前沿边界上投资的基金，就等同于我们也投资在了前沿边界组合上了。

正如现实生活中我们购买多只基金的情形。普通的投资者不是专业投资者，所以可能不具备解出二次规划问题的能力。那不妨购买两只或多只已经在前沿边界上投资的基金，就相当于自己的组合也投资在了前沿边界上。

性质 4：全局最小方差组合 mvp，与任何组合的收益率的协方差总是等于最小方差组合的方差（其他任何组合不仅仅是前沿边界上的组合，任何组合都可以），式子中任意组合 p 与 mvp 组合的协方差等于 mvp 组合的方差：

$$\operatorname{cov}(\tilde{r}_p,\tilde{r}_{mvp})=Var(\tilde{r}_{mvp})$$

全局最小方差组合，就是前沿边界双曲线上向左凸的顶点，即图中 mvp 点。组合 mvp 和其他任何组合的协方差都等于这一点的方差。

3.17　加入无风险资产的前沿边界的推导

在 n 种风险资产构成的组合中再加入一种无风险资产，这时有效集和可行集都发生了变化。有效集变成了一条线性有效集，具体证明过程如下：

扫码观看　课程视频

目标函数：$\min\frac{1}{2}w^TVw$

约束条件：$s.t.w^Te+(1-w^TI)r_f=E(\tilde{r}_p)$

加入无风险资产后，目标函数不变

因为无风险资产是没有风险的，它和任何风险资产的协方差等于零，所以无风险资产的加入不影响原有风险组合的方差。

构造如下拉格朗日函数：

$$L=\frac{1}{2}w^TVw-\lambda[w^Te+(1-w^TI)r_f-E(\tilde{r}_p)]$$

一阶条件为：

$$\frac{\partial L}{\partial w}=Vw_p-\lambda e+\lambda Ir_f=0 \qquad (3-14)$$

$$\frac{\partial L}{\partial \lambda}=w_p^Te+(1-w_p^TI)r_f-E(\tilde{r}_p)=0 \qquad (3-15)$$

由式（3－14）和式（3－15）得到：

$$w_p^T = V^{-1}(\lambda e - \lambda I r_f) = V^{-1}\lambda(e - I r_f) \tag{3-16}$$

$$E(\tilde{r}_p) - r_f = w_p^T(e - I r_f) \tag{3-17}$$

将式（3－16）代入式（3－17），得：

$$E(\tilde{r}_p) - r_f = \lambda(e - I r_f)^T V^{-1}(e - I r_f) \tag{3-18}$$

令
$$\begin{aligned} H &= (e - I r_f)^T V^{-1}(e - I r_f) \\ &= e^T V^{-1} e - e V^{-1} I r_f - I^T V^{-1} e r_f + I^T V^{-1} I r_f \\ &= B - 2A r_f + c r_f^2 \end{aligned}$$

通过求 H 的判别式可知，无论 r_f 的取值如何，H 为大于零的数值。

由式（3－18）得到：

$$\lambda = \frac{E(\tilde{r}_p) - r_f}{H} \tag{3-19}$$

将式（3－19）代入式（3－16），得到式（3－20），明确地解出了最小方差组合的权重向量 w^*：

$$w^* = V^{-1}\frac{E(\tilde{r}_p) - r_f}{H}(e - I r_f) \tag{3-20}$$

将式（3－20）代入 n 种风险资产和 1 种无风险资产的组合方差中，$\sigma_p^2 = w^T V w$，得到：

$$\sigma_p^2 = \frac{(E(\tilde{r}_p) - r_f)^2}{H} \tag{3-21}$$

可以得出，最小方差组合是两条截距相同、斜率相反的射线。
前沿边界由双曲线变成了两条从（0，r_f）出发的射线，如图 3－31 所示。

$$E(\tilde{r}_p) = \begin{cases} r_f + \sqrt{H}\sigma(\tilde{r}_p) & 当E(\tilde{r}_p) \geqslant r_f \\ r_f - \sqrt{H}\sigma(\tilde{r}_p) & 当E(\tilde{r}_p) < r_f \end{cases}$$

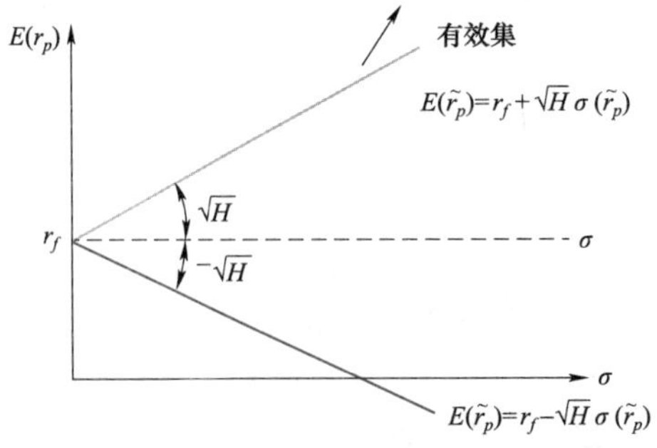

图 3－31

加入了无风险资产的前沿边界变成了两条射线后，根据有效集的定义，只有斜率为正的上面那一条射线才是有效集。

任意组合 q 与前沿组合 p 之间的协方差为：

$$\text{cov}(\tilde{r}_q,\tilde{r}_p)=w_q^T V w_p$$

由于 w_p 是前沿组合，所以可以用式（3－20）代入，得：

$$\text{cov}\left(\tilde{r}_q,\tilde{r}_p\right)=w_q^T V\frac{E(\tilde{r}_p)-r_f}{H}V^{-1}\left(e-Ir_f\right)$$

$$=\frac{E(\tilde{r}_p)-r_f}{H}\left(w_q e-w_q Ir_f\right)$$

$$\text{由于 } w_q e=E(\tilde{r}_q), w_q I=1$$

$$\text{得到 } \sigma_{pq}=\frac{E(\tilde{r}_p)-r_f}{H}[E(\tilde{r}_q)-r_f]$$

$$\Rightarrow E(\tilde{r}_q)-r_f=\frac{\sigma_{pq}}{\sigma_p^2}[E(\tilde{r}_p)-r_f]$$

因此，任意组合 q 与前沿组合 p 的期望收益以及方差协方差满足如下式子：

$$E(\tilde{r}_q)-r_f=\beta_{qp}[E(\tilde{r}_p)-r_f]$$

$$\beta_{qp}=\frac{\text{cov}(\tilde{r}_q,\tilde{r}_p)}{\sigma_p^2}$$

上面这个关于 $E(\tilde{r}_q)$ 的式子已经和下一章所要导出的资本资产定价模型非常相似了，但只是形似，如果要达到神似，需要加上下一章所要讨论的“市场均衡条件”。

图 3－32 为加入了无风险资产后的可行集，可以看出可行集的上下边界为两条射线，而上边界的射线为有效集。

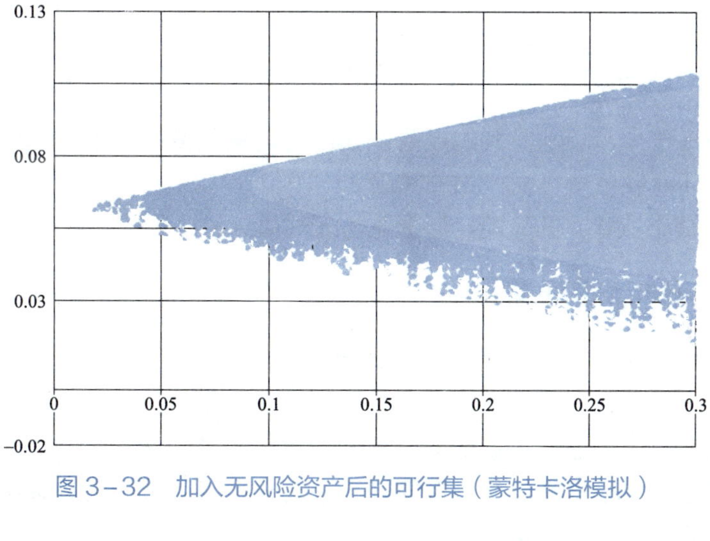

图 3－32　加入无风险资产后的可行集（蒙特卡洛模拟）

投资组合视角下的系统风险与非系统风险

如何看待投资组合可以消除一部分风险？

假设存在 n 种风险资产，每种风险资产的方差均为σ^2，两两之间的协方差均为σ_{ij}，n 很大时，每种资产的权重不妨设为$\frac{1}{n}$，则 n 种风险资产组成的组合的总方差为：

$$\sigma^2=\sum_{i=1}^{n}\ \sum_{j=1}^{n}\frac{1}{n}\frac{1}{n}\sigma_{ij}=\frac{1}{n^2}\sum_{i=1}^{n}\sigma_i^2+\frac{1}{n^2}\sum_{i=1}^{n}\ \sum_{\substack{j=1\\ i\neq j}}^{n}\sigma_{ij}$$

总方差（总风险）可分成两个部分：（1）n 项方差项的和；（2）(n^2-n) 项协方差的和。当组合中资产的个数 n 趋向于无穷大时，方差项也趋向于零。

当 $n\to\infty$ 时，方差项 $\frac{1}{n^2}\sum_{i=1}^{n}\sigma_i^2\to 0$；

当 $n\to\infty$ 时，协方差项趋向于σ_{ij}。

$$\frac{1}{n^2}\sum_{i=1}^{n}\ \sum_{\substack{j=1\\ i\neq j}}^{n}\sigma_{ij}=\frac{1}{n^2}\times(n^2-n)\sigma_{ij}\underset{n\to\infty}{\longrightarrow}\sigma_{ij}$$

从上面的分析可知：

1. 当投资组合包含多种风险资产时，个别资产的方差将不起作用。

2. 各项资产的收益变动存在某种“同向性”（协方差项）。这种同向性的风险是所有资产都必须同时承受的，被称为**系统风险或市场风险**。系统风险意味着，只要在资本市场中，资产之间收益变动同向性带来的风险是无法通过组合中资产数量的增加而完全消除的，只能趋于系统内资产之间的平均的协方差。

3. 通过增加投资组合所包含的资产种类进行风险分散化，可以消除非系统风险，但不能消除系统风险。

真实市场中的系统风险和非系统风险

系统风险是指整个市场承受到的风险，如经济的景气情况、市场总体利率水平的变化等因为整个市场环境发生变化而产生的风险。

非系统风险是企业特有的风险，如企业陷入法律纠纷、罢工、新产品开发失败，等等。

哪一部分风险需要补偿

由于投资者可以通过增加组合中资产数量的方式将非系统风险降低至几乎为零，所以持有分散化程度高的组合的投资者比起不进行风险分散化的投资者，可以要求相对较低的投资回报率，成为市场中的优势竞争者。

而市场均衡定价将根据竞争优势者的行为来确定，因此市场只对系统风险提供风险补偿，只有系统风险才是市场承认的风险。所以，市场均衡收益率只包含系统风险的风险补偿，而不对非系统风险提供风险补偿。

本章在线测试

思考和练习题

1. 什么是资本配置线？

2. 什么是可行集，什么是有效集？

3. 已知股票 A 的期望收益率为 8%，标准差为 8%；股票 B 的期望收益为 9%，标准差为 20%；它们的相关系数为 1，无风险资产收益率为 7%。某投资者的效用函数为 $u = E(r) - 0.01\sigma^2$（代入百分号前的数）。在不允许卖空风险资产时，求该投资者的最优风险投资组合中 A 和 B 以及无风险资产的权重，以及最优风险投资组合的期望收益率和标准差。

4. 有一个风险资产组合中包含大量的股票，它们有相同的分布，假设每个资产具有相同的期望收益率为 15%，标准差为 60%，它们两两之间的相关系数均为 0.5。问：

（1）含有 25 种股票的等权重资产组合的期望收益和标准差是多少？其中系统风险为多少？

（2）等权重资产组合里，构造一个标准差小于或等于 43%的资产组合所需最小的股票数量为多少？

（3）如果国库券的收益率为 10%，资产配置线的最大斜率为多少？

5. 当相同利率的无风险借入和贷出引入马科维茨模型时，有效集会变化成什么？

6. 讨论：单个证券（非无风险证券）一定是无效组合吗？

7. 下面哪个组合最不可能是有效组合？

表 3-6

组合	期望收益	标准差
A	8%	13%
B	12%	10%
C	15%	16%

8. 给出三种资产期望收益率向量和方差—协方差矩阵如下：

$$E(\tilde{r}) = \begin{bmatrix} 0.10 \\ 0.08 \\ 0.06 \end{bmatrix}, \quad V = \begin{bmatrix} 0.2 & 0.06 & 0 \\ 0.06 & 0.4 & 0 \\ 0 & 0 & 0 \end{bmatrix}$$

已知这个投资者的风险资产组合中的两种风险资产的权重分别为 30%和 70%。

（1）计算这个投资者的风险资产组合的期望收益率和标准差；

（2）如果投资者的三种资产构成的组合中无风险资产的权重为20%，求三种资产的组合的期望收益率和标准差。

9. 请说出投资组合理论的假设条件，以及现实中和这些假设条件相违背的情况。

10. 下列哪一种说法是正确的？

A. 风险厌恶投资者不拒绝公平游戏的投资

B. 风险中性的投资者只通过预期收益评价风险资产

C. 风险厌恶的投资者只通过风险来评价风险资产

D. 风险喜好者不参与公平游戏

11. 判断：在原有的资产组合中加入和已有资产相关系数为零的资产能最大程度降低组合的风险。

12. 判断：期望收益—标准差平面，两种风险资产的可行集为双曲线。

13. 判断：期望收益—标准差平面，两种风险资产和一种无风险资产的可行集为双曲线的右边区域。

14. 假设无风险贷出的利率是6%，但无风险借入的利率是9%，风险资产P的预期收益率是18%，方差是4%。如果一个投资者希望得到期望收益率是25%的投资组合，他该如何配置这两个资产？

15. 无风险收益率是6%，风险资产的期望收益率是18%，方差是4%。如果一个投资者希望得到组合的期望收益率是3%，他该如何配置这两个资产？请在期望收益—标准差平面标出该组合，并解释现实中要如何操作才能得到这个组合。

第4章 资本资产定价模型

本章学习目标

● 价值目标——通过本章的教学，让学生在上一章认识金融资产风险—收益特征基础上，理解金融市场均衡状态，以及金融资产定价的核心思想——对系统风险进行定价。通过介绍资本资产定价模型对资产管理行业的影响，以及现实中违背资本资产定价模型的情况，培养学生理论联系实际的实证精神和辩证思维。

● 知识目标——通过本章的学习，使学生了解资本资产定价模型与投资组合理论的逻辑联系，掌握该定价模型所基于的假设条件；并在理解金融市场均衡特征的基础上，掌握定价模型的数学推导逻辑和过程；知晓资本市场线、证券市场线和特征线的定义、区别与联系；了解如何检验资本资产定价模型以及该模型在投资业绩评价以及其他投资实践中的运用。

● 能力目标——通过本章知识的学习，使学生在掌握资本资产定价模型的基础上，了解金融资产定价的逻辑；理解资本资产定价模型基于的是供需竞争均衡，并能运用于和其他定价理论的区别和联系的分析上；在投资实践中，懂得根据错误定价构造投资策略的方法；根据资本资产定价模型的形式，理解现实中系统风险收益和超额收益的来源，并学会如何根据定价模型进行投资，从而获取均衡收益和超额收益的方法。

本章学习内容

● CAPM 的基本假设
● CAPM 的推导
● 资本市场线
● 证券市场线
● 特征线
● 对 CAPM 的实证检验

本章思维导图

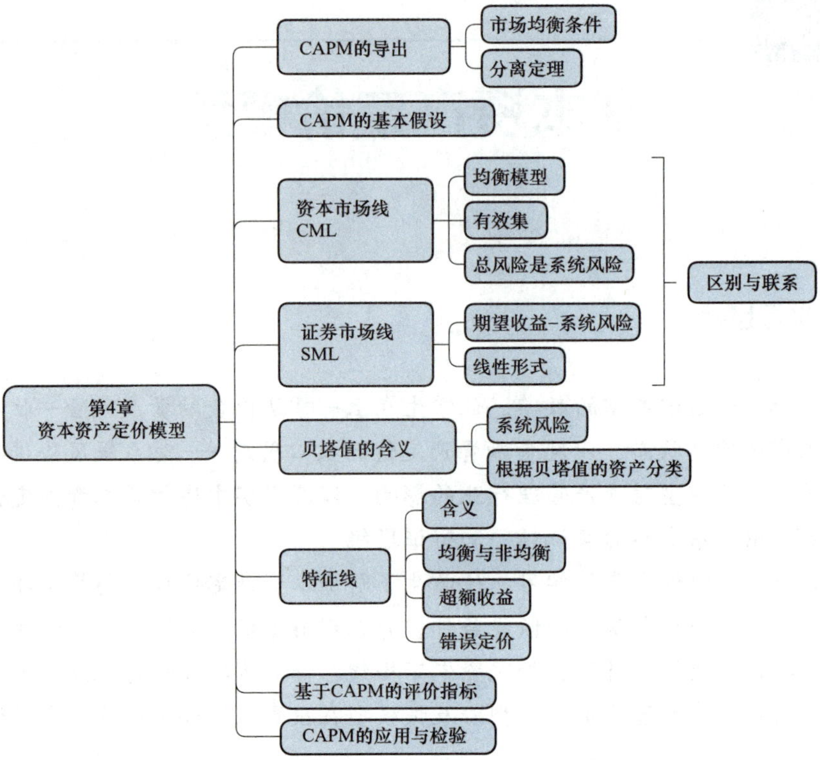

通过本章的学习，了解马科维茨投资组合理论与资本资产定价模型的关系，掌握在资本资产定价模型下的金融市场均衡是一种供需竞争均衡，掌握在金融市场均衡时如何决定资产的均衡收益率，了解风险和均衡收益的关系。

4.1　资本资产定价模型假设

威廉·夏普、莫辛和林特纳教授在 1963 年提出的资本资产定价模型（Capital Asset Pricing Model，CAPM）是基于马科维茨的投资组合理论和关于市场均衡时资产价格决定的理论。和上一章的逻辑联系是：马科维茨的投资组合理论描述的是单个理性投资者的最优投资决策；而资本资产定价模型研究的是，如果市场上所有的投资者都是马科维茨型的投资者，当市场达到均衡时，金融资产的市场均衡收益率是如何决定的。

扫码观看　课程视频

提问：CAPM 的假设条件中，有哪些是和现实不相符的？

CAPM 的基本假设

1. 所有投资者都具有相同的投资期限，即具有相同的单期投资时期。

2. 所有证券都无限可分。即投资者可以购买任意比例的股份；所有证券都是可以随意买卖的，都存在交易市场，并且该市场对所有投资者开放。

3. 不存在卖空限制。

4. 所有投资者都满足投资组合理论的假设，即所有投资者都按照投资组合理论的相关原则或要求选择最优策略。

5. 所有投资者对证券收益概率分布的看法一致，即投资者具有相同的期望收益向量和协方差矩阵，从而市场上存在唯一的前沿边界和唯一的有效前沿。

6. 存在无风险证券，同时单个投资者能够以相同的无风险利率买入贷出或卖空借入任意数量的该种证券，这一无风险利率水平对所有投资者都相同。

7. 没有税收和交易成本。

8. 市场是完全竞争的，即单个投资者的买卖行为不会影响资产价格。

说明：

以上假设条件也是为了数学上的推导方便，所做的假设虽然来自现实，但比现实情况要严格得多，有些甚至是不符合现实情况的。

比如不存在卖空限制，虽然在金融市场中有卖空的交易机制或提供卖空工具，但很多金融市场对卖空是有很多限制的，比如中国的 A 股市场，并不是所有的股票都可以卖空。中国 A 股市场的融资融券制度自 2010 年推出以来，融资融券标的股票逐渐增加，但并不是全部，所以有些股票是无法进行卖空的。从投资者的角度来看，很多国家都规定共同基金是不允许卖空或者使用资金杠杆的。如中国 A 股市场对于参与融资融券账户的规定为：从事证券交易满半年；最近 20 个交易日的日均证券类资产不低于 50 万元（含 50 万元）；风险测评结果须为积极型/进取型，且测评时间在两年以内，等等。

又比如，证券交易并不是无限可分，目前中国 A 股规定最小交易单位是一手（100 股），对于某些高价股来说，没有十万、二十万元的资产，都难以购买其中一手。

现实的资本市场也是存在交易费用和交易成本的，比如券商要收取佣金、每笔交易要交印花税，购买基金等金融产品时基金公司要收取管理费、申购赎回费，等等。

假设 4 意味着所有的投资者都是上一章投资组合理论中的马科维茨型的投资者，都会解二次规划问题。

假设 5 中提到的投资者对所有资产的看法一致，意味着所有投资者面对的二次规划问题的所有输入变量都一样，如 n 种风险资产和一种无风险资产的期望收益率，n 种风险资产的方差—协方差矩阵等。因此，所有投资者解出的线性有效集也是一致的。

4.2　分离定理

4.2、4.3、4.4 节将介绍如何推出资本资产定价模型。分离定理、市场均衡条件以及市场均衡时切点组合就是市场组合，是推出资本资产定价模型的必要条件。

扫码观看　课程视频

分离定理

考虑了无风险证券的线性有效集，是无风险资产与切点组合的连线。这条线性的有效集对于所有的马科维茨型投资者来说都是相同的。因此，在投资步骤上可以分成两步：

1. 每一个投资者将他的资金投资于风险资产 T 和无风险资产 F 上。如果无风险借入，则投资在切点资产 T 的右边射线上。如果无风险贷出，则投资于切点组合 T 和无风险资产 F 之间的连线上（见图 4－1）。

2. 根据投资者的风险态度，再决定最优风险配置组合具体落在射线 FT 上的哪个点。

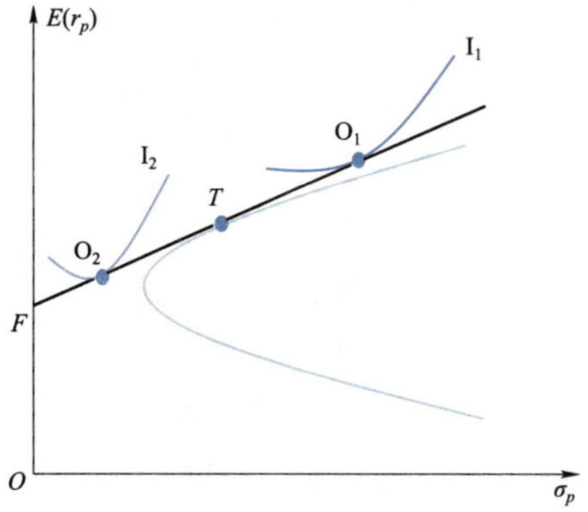

图 4－1　分离定理

举例

市场由 A，B，C 三种证券和一种无风险证券构成，切点组合权重向量为（0.12，0.19，0.69）。

较为保守的、风险厌恶程度较高的投资者会投入一半资金用于无风险资产，一半用于切点组合。风险厌恶程度较低的投资者，会利用资金杠杆借入无风险资产加上初始财富投入到切点组合。两者对风险资产的投资权重如下，但风险资产的内部权重仍然是（0.12，0.19，0.69）。

$$0.5\times\begin{bmatrix}0.12\\0.19\\0.69\end{bmatrix}=\begin{bmatrix}0.06\\0.095\\0.345\end{bmatrix}\qquad 1.5\times\begin{bmatrix}0.12\\0.19\\0.69\end{bmatrix}=\begin{bmatrix}0.180\\0.285\\1.035\end{bmatrix}$$

分离定理的意义

对于从事投资服务的金融机构来说，不管投资者的收益—风险偏好（无差异曲线或效用函数的具体形式）如何，只需找到切点所代表的风险资产组合，再加上无风险证券投资，就可以为所有投资者提供最佳的投资方案。投资者的收益—风险偏好，就只需反映在组合中无风险证券所占的比重。

4.3 市场均衡时切点组合是市场组合

市场组合： 由所有风险资产构成的组合，在这个组合中，每一种风险资产的构成比例等于该风险资产的相对市值。

扫码观看 课程视频

相对市值： 是指某一风险资产的市值，占整个市场市值的比值。

比如某证券的市值是 200 亿元，市场总市值是 50 万亿元，那么该证券的相对市值就是 200 亿元/50 万亿元，为万分之四。

通常用各个资产的相对比例，也就是各个资产的权重来表示市场组合。比如，市场组合权重向量：$w_m=(w_{m1},w_{m2},\cdots,w_{mn})^T$，其中 $w_{mi}=\dfrac{P_i\theta_i}{\sum_{i=1}^{n}P_i\theta_i}$，$\theta_i$ 为资产 i 的流通股股数，分子是资产 i 的市值，分母是市场的总市值。

证券市场均衡的条件

1. 经济中投资者的总财富等于所有资产的总市值。
2. 证券的价格使得对每种证券的需求额正好等于市场上提供的证券市值。
3. 无风险利率使得对资金的总借贷量净值为 0。

首先，假设市场上只有两类投资者，一类进行无风险借入，另一类进行无风险贷出。根据均衡条件 3，无风险借入的资金正好等于无风险贷出的资金。借入者用从贷出者处借来的资金加上自己的初始财富，又都全部投资于风险资产了。相当于整体上投资者手中的财富全部投资于风险资产了。根据均衡条件 1，投资者的总财富全部投资于所有风险资产，所以总财富等于风险资产总市值。

其次，根据分离定理，投资者如果持有风险资产，一定按照切点组合的权重来投资。那么投资者的总财富全部投资于风险资产，且对风险资产的配置权重就是切点组合的权重。如果把切点组合看成对风险资产的需求方面，把市场组合看成对风险资产的供给方面，根据均衡条件 2，当市场均衡时，切点组合就是市场组合。

在市场均衡条件下，如果所有的风险资产都是严格正供给的，则市场组合的风险溢价一定是严格正的。

情况一

当全局最小方差点 mvp 的纵坐标 A/C 大于 r_f 时，双曲线和斜率为正的那条射线相切，如图 4－2 所示。

投资者将在射线 FT 上进行投资，按照不同的比例投资于无风险资产 F 和切点组合 T。可行集如图 4－3 所示。

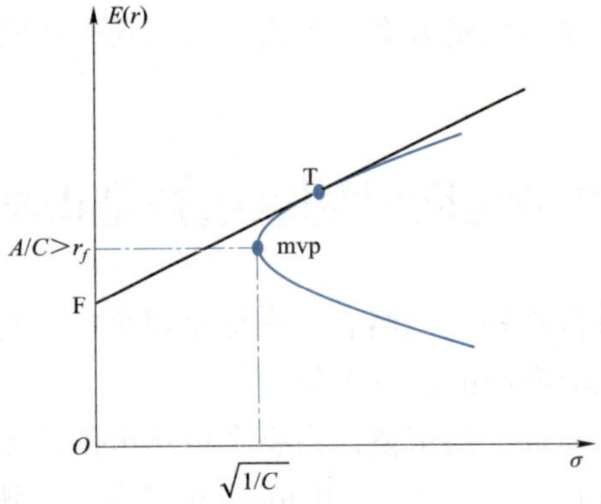

图 4-2　A/C 大于 r_f 时的情况

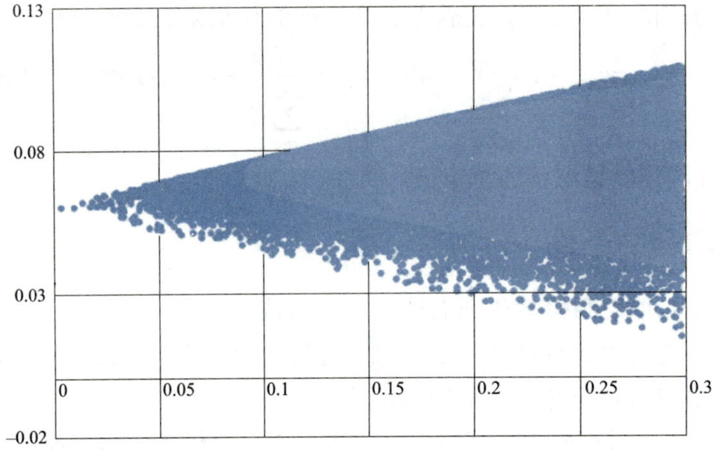

图 4-3　A/C 大于 r_f 时的可行集（蒙特卡洛模拟）

情况二

当全局最小方差点 mvp 的纵坐标 A/C 等于 r_f 时，两条射线的前沿边界就成了双曲线的两条渐近线，如图 4-4 所示。

由于双曲线和射线没有切点，所以投资者将在 F 点投资。因为无法满足均衡条件 3，即无风险资产的借贷净值为零，因此市场均衡时情况二不会出现。

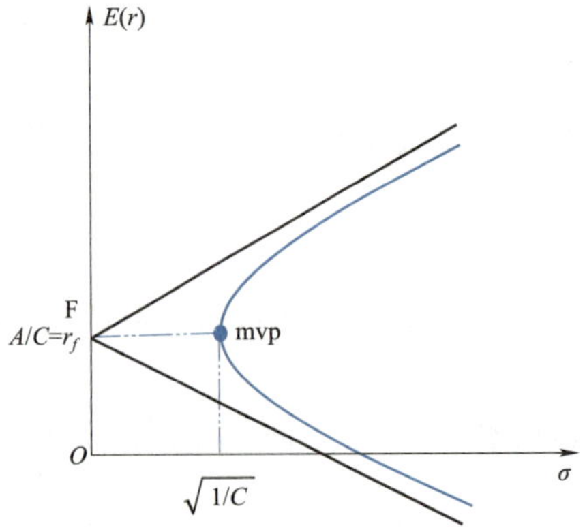

图 4-4　A/C 等于 r_f 时的情况

这种情况下，投资者并不是不投资于风险资产，而是对风险资产的投资权重之和为零，对风险资产的投资是自融资的。图 4-5 是三种风险资产自融资的可行集，是顶点在期望收益轴的两条射线及其之间的区域。可以证明，n 种风险资产自融资的可行集都是两条射线及其中间的区域。

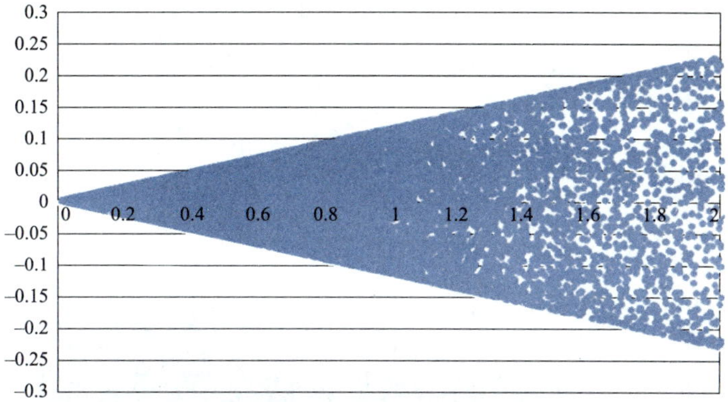

图 4-5　三种风险资产自融资组合的可行集

当风险资产自融资组合加上一种无风险资产且 A/C 等于 r_f 时，可行集的形状不变，但两条射线的顶点会变成 r_f，如图 4-6 所示。

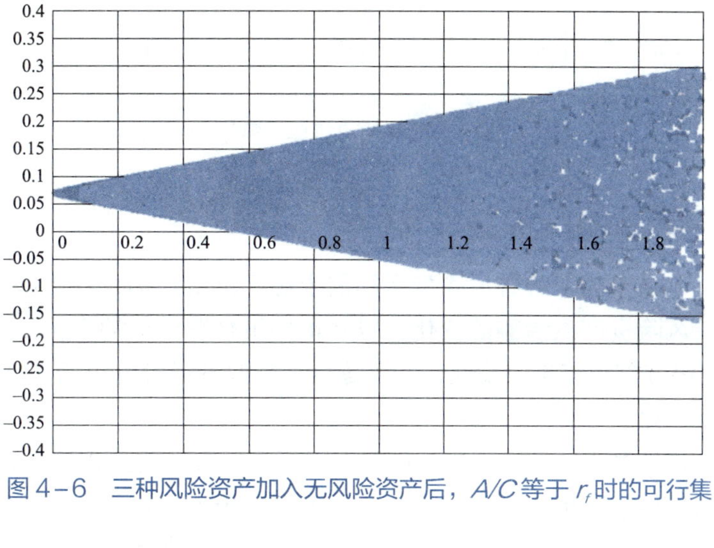

图 4-6　三种风险资产加入无风险资产后，A/C 等于 r_f 时的可行集

情况三

当 mvp 的横坐标 A/C 小于 r_f 时，双曲线和斜率为负的那条射线相切，切点是 T′，如图 4-7 所示。

投资者将卖空风险组合 T′，用卖空的资金加上原有资产投资于无风险资产 F。无法满足均衡条件 2 和均衡条件 3，因此市场均衡时，情况三不会出现。

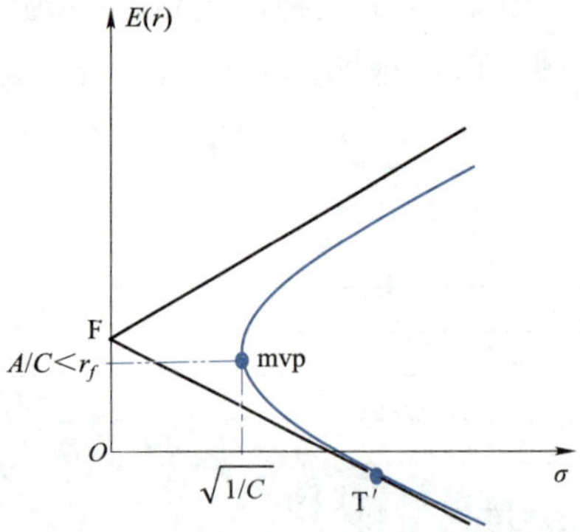

图 4-7　A/C 小于 r_f 时的情况

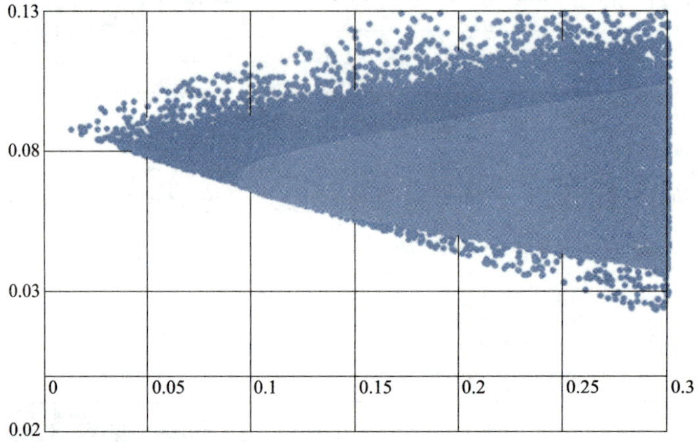

图 4-8　A/C 小于 r_f 时的可行集（蒙特卡洛模拟）

CAPM 涉及的均衡含义

如果某个价格体系未能使各种风险资产的需求等于供给，那么各种风险资产的价格将会变化，带来各种风险资产供给额的变化，以及市场组合总市值的变化。进而各种风险资产的收益率、方差协方差矩阵都会变化。那么马科维茨型投资者解出的切点组合也会变化，导致需求额也发生变化。

直到在某个价格体系下，每种证券的总需求正好等于市场的总供给，市场就达到均衡，这时的价格为均衡价格。均衡中不存在任何一种改变的压力，均衡会维持。

在 CAPM 讨论框架下，涉及的是供需均衡，三个市场均衡条件分别是证券市场的总供需、无风险资产的供需以及每个风险资产的供需的均衡。第 6 章套利定价理论将讨论无套利均衡下的资产定价。

本节讨论的结论为：市场均衡时切点组合就是市场组合，是推出资本资产定价模型的关键条件。

4.4　资本市场线

有了资本资产定价模型的假设，可以找出有效组合的风险和期望收益之间的关系。在图 4-9 中，以 M 代表市场组合，用 r_f 代表无风险利率，有效组合落在从 F 出发穿过 M 的射线上，这条射线代表允许无风险借贷时的线性有效集。它是由市场组合与无风险资产以不同权重构成的组合，这条线称为**"资本市场线"**（Capital Market Line，CML）。

扫码观看　课程视频

两点决定一线，由 $F(0,\ r_f)$ 和 $M(\sigma_M, E(r_m))$ 两点决定的直线方程为：

$$E(r_p)=r_f+\frac{E(r_M)-r_f}{\sigma_M}\sigma_p$$

提问："资本市场线"的概念中包含均衡含义吗？

思考：资本市场线上的组合有系统风险吗？

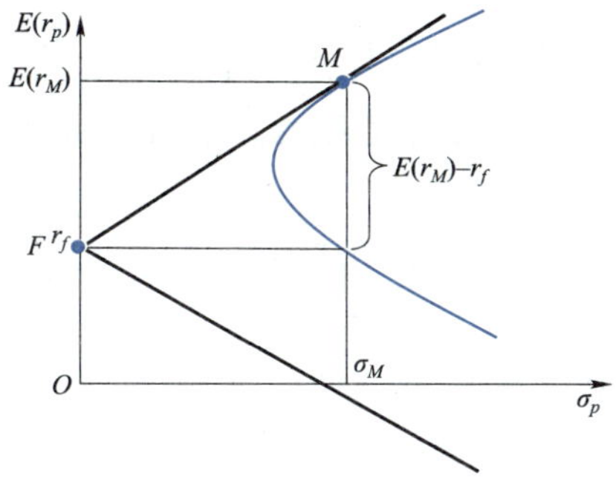

图 4-9　资本市场线

思考

1. 落在直线上的点有效吗？不利用市场组合和无风险资产进行借贷的点落在什么位置？
2. 非有效的组合或者单个证券落在直线的上方还是下方？
3. 非有效组合或单个证券均衡时的期望收益率怎样决定？

解答

1. 由资本市场线的推出过程可知，资本市场线本身就是风险资产和无风险资产情况下的线性有效集，因此只有有效组合沿着资本市场线绘出，其他任何的无效组合包括单个证券都将位于资本市场线的右下方。单个证券由于未经过组合分散风险的过程，所以会在有效组合的右下方。

2. 资本市场线的垂直截距是 r_f，是现期消费的价格，或者说是放弃现期消费的报酬，也是时间的价值。资本市场线的斜率表明期望收益和风险之间的权衡，意味着增加期望收益要承担更大的风险。因此斜率也被视为风险的价格（Price of Risk）。显然，资本市场线上所有组合的斜率是相同的，它们的夏普比率是一样的。

3. 资本市场线是无法为非有效的组合或单个证券定价的。因为非有效组合或单个证券在资本市场线的右下方，资本市场线只能为有效的组合定价。要为所有的组合或资产定价，需要运用下一节要介绍的证券市场线（SML）。

由以上分析可知，资本市场线上，之所以能用市场组合 M 来代替切点组合（在第 3 章推出的线性有效集穿过切点组合），是因为市场均衡时市场组合才和切点组合一致。所以资本市场线本身就是基于市场已经达到的均衡状态，才能根据资本市场线模型为其上的有效组合进行定价。

4.5　证券市场线

根据第 3 章 3.17 中的结论，任意组合 q 与前沿组合 p 的期望收益以及方差协方差满足如下式子：

扫码观看　课程视频

$$E(\tilde{r}_q)-r_f=\beta_{qp}[E(\tilde{r}_p)-r_f]$$

$$\beta_{qp}=\frac{\operatorname{cov}(\tilde{r}_q,\tilde{r}_p)}{\sigma_p^2}$$

当市场达到均衡时，切点组合就是市场组合，那么上式中的有效组合 p 可用市场组合 M 来替代。q 资产为任意资产，包括有效组合、非有效组合和单个资产，可用任意资产 i 来表示。因此上式可表示为：

$$E(\tilde{r}_i)=r_f+\frac{E(\tilde{r}_M)-r_f}{\sigma_M^2}\sigma_{iM}\text{——CAPM}$$

其中，$E(\tilde{r}_i)-r_f$：任意组合的风险溢价；

$E(\tilde{r}_M)-r_f$：市场组合的风险溢价。

这就是资本资产定价模型，也是证券市场线（SML，Security Market Line）的表达式。

进一步理解：

市场组合的单位风险溢价：$\dfrac{E(\tilde{r}_m)-r_f}{\sigma_m^2}$

任意证券的系统风险溢价：$\dfrac{E(\tilde{r}_i)-r_f}{\sigma_{im}}$

市场均衡时两者相等：$\dfrac{E(\tilde{r}_m)-r_f}{\sigma_m^2}=\dfrac{E(\tilde{r}_i)-r_f}{\sigma_{im}}$

$$E(\tilde{r}_i)=r_f+[E(\tilde{r}_M)-r_f]\beta_{iM}$$

$$\beta_{iM}=\frac{\sigma_{iM}}{\sigma_M^2}=\frac{\operatorname{cov}(\tilde{r}_i,\tilde{r}_M)}{\sigma_M^2}$$

其中，β_{iM} 就是贝塔系数，衡量的是任意资产和市场组合的协方差，即任意资产和整个系统的同向性风险，因此是对该资产系统风险的衡量。其中市场组合的贝塔值为 1，无风险资产的贝塔值为 0。

$$\beta_M = \frac{\operatorname{cov}(\tilde{r}_M, \tilde{r}_M)}{\sigma_M^2} = \frac{\sigma_M^2}{\sigma_M^2} = 1$$

$$\beta_F = \frac{\operatorname{cov}(r_f, \tilde{r}_M)}{\sigma_M^2} = \frac{0}{\sigma_M^2} = 0$$

本章中，为了表示期望收益和系统风险的关系，坐标系发生了变化，纵坐标依然是期望收益率，横坐标变成了代表系统风险的贝塔值。

在 β – 期望收益平面上，$E(\tilde{r}_i) = r_f + [E(\tilde{r}_M) - r_f]\beta_{iM}$ 所表述的直线就是证券市场线（SML）（见图 4–10）。

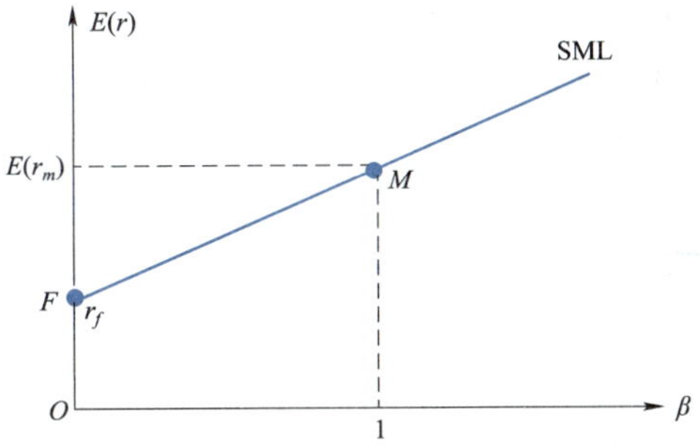

图 4–10　证券市场线

市场组合 M 的 β 值为 1，期望收益率为 $E(r_m)$，因此其坐标为$(1, E(r_m))$。无风险资产 F 的 β 值为 0，期望收益率为 r_f，坐标为$(0,\ r_f)$。

证券市场线包括了所有证券和所有组合，因此也一定包含市场组合和无风险资产。由于期望收益率与证券价格成反比，因此证券市场线实际上也给出了风险资产的定价公式。

证券市场线与资本市场线的不同之处：

1. SML 的横坐标由标准差变成了 β 系数，代表系统风险；CML 的横坐标是 σ（标准差），代表总风险。

2. 资本市场线（CML，Capital Market Line）——确定有效组合期望收益率和标准差之间的均衡关系。

3. 证券市场线（SML，Security Market Line）——确定任意资产（包括非有效组合、单个证券）的期望收益率与其系统风险之间的关系。

由 SML 表示的均衡关系是市场供需共同作用的结果：

给定一组证券的价格，投资者先计算期望收益率和协方差，然后求最优的证券组合。如果对某种证券的总需求量不等于市场上存在的数量，就会使得该证券的价格上涨或者下跌。给定一组新的价格，投资者将重新评估期望收益率和协方差。这种调整一直持续到对所有证券的总需求量等于市场上存在的数量，即满足资本市场均衡的三个条件、市场达到均衡为止。市场均衡时的切点组合才是市场组合，才能用 SML 给所有的证券或组合定价。

4.6 β值的含义

扫码观看 课程视频

由贝塔值的计算公式可知，

$$\beta_{iM}=\frac{\sigma_{iM}}{\sigma_M^2}=\frac{cov(\tilde{r}_i,\tilde{r}_M)}{\sigma_M^2}$$

贝塔值是一个由资产和市场组合的收益率的协方差除以市场组合的方差。现在对市场组合的方差进行分解。

$$\begin{aligned}\sigma_M^2&=cov(\tilde{r}_M,\tilde{r}_M)=cov(w_1\tilde{r}_1+w_2\tilde{r}_2+\cdots+w_n\tilde{r}_n,\tilde{r}_M)\\&=cov\,(w_1\tilde{r}_1,\tilde{r}_M)+cov(w_2\tilde{r}_2,\tilde{r}_M)+\cdots+cov(w_n\tilde{r}_n+\tilde{r}_M)\\&=w_1cov(\tilde{r}_1,\tilde{r}_M)+w_2cov(\tilde{r}_2,\tilde{r}_M)+\cdots+w_ncov(\tilde{r}_n,\tilde{r}_M)\\&=\sum_{i=1}^{n}w_icov(\tilde{r}_i,\tilde{r}_M)=\sum_{i=1}^{n}w_i\sigma_{iM}=\sigma_M^2\end{aligned}$$

两边同除以σ_M^2，得：

$$\sum_{i=1}^{n}w_i\frac{\sigma_{iM}}{\sigma_M^2}=1$$

$$\Rightarrow 在市场组合中\sum_{i=1}^{n}w_i\beta_{iM}=\beta_M=1$$

从市场组合方差的分解中，可以看出单个资产对市场组合风险的贡献：相当于把市场组合整体的风险单位化为 1，为组合中各个证券β值的加权平均，权重为各个证券在市场组合中的比例。即，市场组合的风险由各个证券的系统风险加权构成。

从对市场组合方差分解，可以看出单个证券对组合方差的贡献可以用该证券和市场之间的协方差来衡量。

如果市场组合的风险是 1，单个证券对市场风险的贡献可以用该证券的 β 值乘以该证券在市场组合中的权重。

单个股票或组合对市场风险的贡献取决于两个因素：（1）该股票在市场组合中的权重；（2）该股票本身的系统风险特征。

贝塔值的含义：如果把市场组合的方差单位化为1，那么贝塔值是单个证券和市场组合的“协方差”，$\beta_i=\frac{\sigma_{im}}{\sigma_m^2}$，这个“协方差”是经过市场组合方差“调整”过的协方差。所以归根到底，贝塔值就是资产和市场组合（系统）的收益率同向性变化的衡量，表示的是资产或组合的系统风险。因此 CAPM 表示的就是：市场均衡时，资产的均衡期望收益率与其系统风险的线性关系。

4.7　对总风险的分解

如果把 CAPM 中的期望收益的期望符号打开，那么单一证券的随机收益率满足：

扫码观看　课程视频

$$\tilde{r}_i = r_f + \beta_{im}(\tilde{r}_m - r_f) + \tilde{\varepsilon}_i$$

因为打开了期望符号，所以在后面加上随机扰动项 $\tilde{\varepsilon}_i$，且 $E(\tilde{\varepsilon}_i) = \text{cov}(\tilde{\varepsilon}_i, \tilde{r}_m) = 0$，意味着随机扰动项的期望值为零，随机扰动项代表的随机收益与市场组合的随机收益之间不相关。

证券 i 的随机收益可以用上式表示，那么可以求出证券 i 的方差如下：

$$\begin{aligned}
\sigma_i^2 &= \text{cov}(\tilde{r}_i, \tilde{r}_i) \\
&= \text{cov}[r_f + \beta_{im}(\tilde{r}_m - r_f) + \tilde{\varepsilon}_i, r_f + \beta_{im}(\tilde{r}_m - r_f) + \tilde{\varepsilon}_i] \\
&= \beta_{im}^2 \sigma_m^2 + \sigma_{\tilde{\varepsilon}_i}^2
\end{aligned}$$

则投资组合 i 的风险（方差）可以由两部分组成：非系统风险 $\sigma_{\tilde{\varepsilon}_i}^2$ 与系统风险 $\beta_{im}^2 \sigma_m^2$。

性质 1：高度多样化的组合，其非系统风险几乎被完全分散，其系统风险趋向两两协方差的平均值。

证明：

$$\tilde{r}_p = w_1 \tilde{r}_1 + \cdots + w_n \tilde{r}_n = \sum_{i=1}^{n} w_i \tilde{r}_i$$

$$\begin{aligned}
\sigma_p^2 &= \text{cov}(\tilde{r}_p, \tilde{r}_p) = \text{cov}(w_1 \tilde{r}_1 + \cdots + w_n \tilde{r}_n, w_1 \tilde{r}_1 + \cdots + w_n \tilde{r}_n) \\
&= w_1^2 \sigma_1^2 + w_1 w_2 \sigma_{12} + \cdots + w_1 w_n \sigma_{1n} \\
&\quad + w_2 w_1 \sigma_{12} + w_2^2 \sigma_2^2 + \cdots + w_2 w_n \sigma_{2n} \\
&\quad + w_3 w_1 \sigma_{31} + w_3 w_2 \sigma_{32} + \cdots + w_3 w_n \sigma_{3n} \\
&\quad + \cdots \\
&\quad + w_n w_1 \sigma_{n1} + w_n w_2 \sigma_{n2} + \cdots + w_n^2 \sigma_n^2 \\
&= \sum_{i=1}^{n} w_i^2 \sigma_i^2 + \sum_{\substack{i=1 \\ i \neq j}}^{n} \sum_{j=1}^{n} w_i w_j \sigma_{ij}
\end{aligned}$$

当组合 p 充分分散化，$n \to \infty$ 时，不妨设每个证券的权重均为 $\frac{1}{n}$，且 $\bar{\sigma}_i^2$ 为平均的方差，$\bar{\sigma}_{ij}$ 为平均的协方差。则组合 p 的非系统风险和系统风险分别为：

$$\sum_{i=1}^{n} w_i^2 \sigma_i^2 = n \frac{1}{n} \frac{1}{n} \bar{\sigma}_i^2 = \frac{1}{n} \bar{\sigma}_i^2 \underset{n \to \infty}{\to} 0$$

$$\sum_{\substack{i=1 \\ i \neq j}}^{n} \sum_{j=1}^{n} w_i w_j \sigma_{ij} = (n^2 - n) \frac{1}{n} \frac{1}{n} \bar{\sigma}_{ij} = \frac{n-1}{n} \bar{\sigma}_{ij} \underset{n \to \infty}{\to} \bar{\sigma}_{ij}$$

性质 2：如果单一证券的非系统风险是有界的，即：

$$\sigma_{\tilde{\varepsilon}_i}^2 \leqslant k, i = 1, 2, \cdots, n$$

且不同证券之间的误差项不相关，即：

$$\forall i \neq j, \text{cov}(\tilde{\varepsilon}_i, \tilde{\varepsilon}_j) = 0$$

则在一个高度多样化的投资组合 p 中，投资组合的方差与 $\sigma_{\tilde{\varepsilon}_i}^2$ 无关，即 $\sigma_{\tilde{\varepsilon}_i}^2$ 在投资组合中被分散了。

证明：

单因素模型：$\tilde{r}_i = r_f + \beta_{im}(\tilde{r}_m - r_f) + \tilde{\varepsilon}_i$

p 为有 n 个 i 这样的资产形成的充分分散化的组合，

$$\tilde{r}_p = w_1\tilde{r}_1 + \cdots + w_n\tilde{r}_n = \sum_{i=1}^{n} w_i\tilde{r}_i = \sum_{i=1}^{n} w_i[r_f + \beta_i(\tilde{r}_m - r_f) + \tilde{\varepsilon}_i]$$

$$= r_f + \beta_p(\tilde{r}_m - r_f) + \sum_{i=1}^{n} w_i\tilde{\varepsilon}_i$$

其中 $\beta_p = \sum_{i=1}^{n} w_i\beta_i$，

$$\sigma_p^2 = \text{cov}(\tilde{r}_p, \tilde{r}_p)$$

$$= \text{cov}[r_f + \beta_p(\tilde{r}_m - r_f) + \sum_{i=1}^{n} w_i\tilde{\varepsilon}_i, r_f + \beta_p(\tilde{r}_m - r_f) + \sum_{i=1}^{n} w_i\tilde{\varepsilon}_i]$$

$$= \beta_p^2\sigma_m^2 + \text{cov}\left(\sum_{i=1}^{n} w_i\tilde{\varepsilon}_i, \sum_{i=1}^{n} w_i\tilde{\varepsilon}_i\right)$$

$$= \beta_p^2\sigma_m^2 + \text{cov}(w_1\tilde{\varepsilon}_1 + \cdots + w_n\tilde{\varepsilon}_n, w_1\tilde{\varepsilon}_1 + \cdots + w_n\tilde{\varepsilon}_n)$$

$$= \beta_p^2\sigma_m^2 + \sum_{i=1}^{n} w_i^2\sigma_{\tilde{\varepsilon}_i}^2 + \sum_{i=1}^{n} \sum_{\substack{j=1 \\ i \neq j}}^{n} w_i w_j \sigma_{\tilde{\varepsilon}_i\tilde{\varepsilon}_j}$$

由于公司层面的非系统风险带来的随机收益之间不相关，且随机扰动项收益与市场组合收益也不相关，所以：

$$\sigma_p^2 = \beta_p^2\sigma_m^2 + \sum_{i=1}^{n} w_i^2\sigma_{\tilde{\varepsilon}_i}^2$$

当 $n \to \infty$ 时，$\sum_{i=1}^{n} w_i^2\sigma_{\tilde{\varepsilon}_i}^2 \to 0$

$\sigma_{\tilde{\varepsilon}_i}^2$ 是只和资产 i 有关的非系统风险，即投资者可以通过高度多样化的投资组合分散这部分风险。那么在均衡定价时，这部分风险是不会被市场所承认的，所以对单一证券定价时，只有系统风险才被市场所承认，获得相应的风险补偿。

说明：

1. 高度多样化的投资组合与前沿边界上的投资组合的关系。

n 种风险资产和一种无风险资产的线性前沿边界上的组合是没有非系统风险的，这是由有效前沿边界组合的性质决定的。因为线性前沿边界有效组合上的所有组合都在一条线上，所以是完全线性相关的。可以回忆 3.8 节“两种风险资产”的情形，两种风险资产相关系数为 1 时，可行集是两者的连线。

2. 组合的贝塔值是组合中各个资产贝塔值的加权平均：$\beta_{pm} = \sum_{i=1}^{m} w_i\beta_{im}$。$\beta$ 值具有线性

可加性。

证券市场线的含义：

$$E(\tilde{r}_i)=r_f+[E(\tilde{r}_M)-r_f]\beta_{iM}$$

1. 市场组合将其承担风险的报酬$[E(\tilde{r}_M)-r_f]$按照每个证券对其系统风险承担的大小β_{iM}（单位化的协方差）分配给各证券。

2. 市场组合的风险溢价$[E(\tilde{r}_M)-r_f]$是证券市场线的斜率，可以看成单位市场风险的价格。

3. 市场组合的总风险只与各项资产与市场组合的风险相关性有关，而并不依赖于各项资产的总风险（各项资产的方差）。

4. β值越大，则该项资产对市场组合的影响就越大，在市场均衡时，该项资产应该得到的风险补偿也就越多。

4.8　根据β值对股票的分类

贝塔值代表的是资产所承担的系统风险的大小，资产根据所承担系统风险的大小要求得到相应的均衡收益率。而贝塔值是一个经过市场组合方差单位化的协方差，所以它数值上的正负表示如图 4－11 所示。

扫码观看　课程视频

1. 当$\beta>0$时，资产的收益率变化与市场组合同向。

2. 当$\beta<0$时，资产的收益率变化与市场反向。但在实际市场中与市场反向运动的证券并不多见。

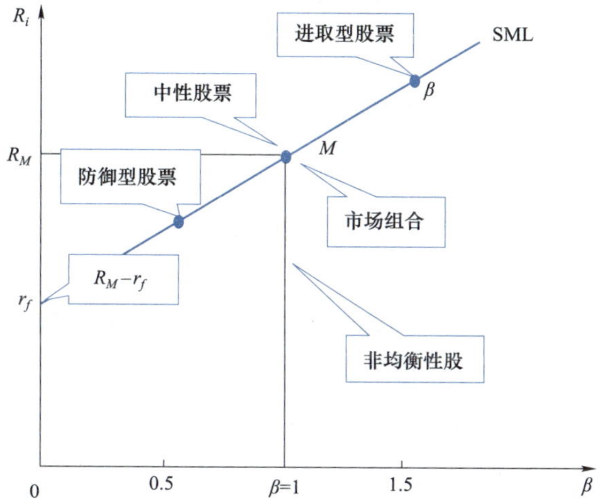

图 4－11　按贝塔值对资产的分类

3. $|\beta|>1$，进取型资产（Aggressive Securities）

$$\beta_{im}=\left|\frac{E(\tilde{r}_i)-r_f}{E(\tilde{r}_m)-r_f}\right|>1$$

进取型资产贝塔值的绝对值大于 1，这种资产的风险溢价大于市场组合的风险溢价，它们的收益波动大于市场组合的收益波动。也就是说，市场组合收益变化一个百分点，则

进取型资产收益有超过 1%的变化。$|\beta|$值越大，进取性越强。

如果贝塔值小于负 1，也是进取型的。如果在组合中卖空这类资产，仍可以得到高于市场组合风险溢价的收益。

通常周期性的股票，比如钢铁股、汽车股、原材料行业的股票属于进取型资产。

4. $|\beta|=1$，证券价格波动与市场的平均价格波动一致。

资产收益率和市场组合收益率的变动是完全正相关或者完全负相关的。

对于贝塔值等于 −1 的资产，可以通过卖空该资产的方式，获得正的收益率。

对于贝塔值等于 1 的资产，得到和市场组合相同的收益率。

通常市场指数作为现实中对市场组合的近似，各种指数产品就是贝塔值等于 1 的资产。

各种指数型基金的投资组合是对构成市场指数的组合的复制，因此指数基金会得到和指数一样的收益率。

5. $|\beta|<1$，防御型资产（Defensive Securities）

贝塔值的绝对值小于 1 的资产为防御型资产。这种资产的风险溢价小于市场组合的风险溢价。同时，防御型资产收益的波动也要小于市场组合收益率的波动。

防御型资产也包括贝塔值在 0 和 −1 之间的资产，在组合中同样可以通过卖空这类贝塔值为负的资产，从而得到正的收益率。

现实中，往往债券、现金等值资产、黄金、食品饮料行业、零售百货行业的股票的波动性低于大盘，是防御型的证券。

4.9 资本市场线和证券市场线

对资本市场线和证券市场线的分析

扫码观看 课程视频

第一，从最直观的坐标系来看，两条线的纵坐标都是期望收益率，但资本市场线的横坐标是标准差，表示的是总风险；而证券市场线的横坐标是贝塔值，表示的是系统风险。

第二，两条线包括的资产不同。资本市场线本身就是包括无风险资产的线性有效集，因此资本市场线只包括有效的资产，而非有效的资产不在资本市场线上，在资本市场线的右下方。而证券市场线包括所有被均衡定价的资产，证券市场线之外的资产都是没有被均衡定价的。也就是说，不论资产是否是有效集上的资产，只要被均衡定价都会在证券市场线上。

第三，资本市场线上的组合只有系统风险，没有非系统风险。因为资本市场线上的组合之间呈线性关系，所以线上的组合和市场组合之间完全线性正相关，没有非系统风险。而证券市场线只根据系统风险贝塔来进行定价，无法判断在证券市场线上的组合是否有非系统风险。如果两个资产具有同样的系统风险，在均衡定价时，它们均在证券市场线上，即使它们具有不同的非系统风险，它们在证券市场线上也会重合到一点。

第四，资本市场线是均衡时为有效组合定价的线，虽然其横坐标是总风险，但由于资本市场线上的组合没有非系统风险，因此资本市场线上组合的总风险中全部是系统风险。

第五，它们的纵坐标都是期望收益率，在均值—标准差坐标系中，某个期望收益水平上的不同组合，具有不同的期望收益率，也具有不同的总风险。其中总风险最小的点在资本市场线上，而有非系统风险的组合位于资本市场线的右边。离资本市场线越远，其非系统风险就越大。

第六，虽然资本市场线上的组合都是被均衡定价的有效组合，但是无法判断出资本市场线右下方的组合是否被均衡定价。只有证券市场线才能判断它们是否被均衡定价。

第七，证券市场线上的组合要多于资本市场线上的组合，证券市场线上包括所有被均衡定价的组合。

提问：

1. 图 4－12 中哪条线包括的组合多？
2. *CML* 中 *A* 和 *A′* 对应着 *SML* 中的哪一点？为什么？
3. *CML* 中 *A* 和 *A′* 有什么不同？

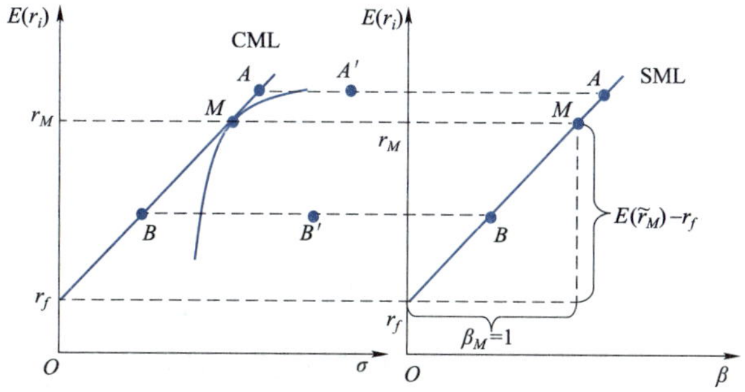

图 4－12 资本市场线和证券市场线

回答：

1. 证券市场线包括的组合更多，不仅包括有效的组合，还包括非有效的组合。

2. 在图 4－12 左侧坐标图中，由于 *A* 和 *A′* 的期望收益一样，说明它们承担的系统风险一样，所以它们在证券市场线中就是同一点 *A*。

3. *A* 点在资本市场线上，说明 *A* 是有效组合，是没有非系统风险的。而和 *A* 同样高度、具有同样期望收益的资产 *A′* 在 *A* 的右边，说明它们具有同样的系统风险，不同的是 *A′* 具有非系统风险。*A* 和 *A′* 的水平距离就是 *A′* 的非系统风险。*A* 和 *A′* 点的不同在于非系统风险的不同。

问题：

根据图 4－13 给出的数据，求出 *A* 点组合的总风险、系统风险和非系统风险。

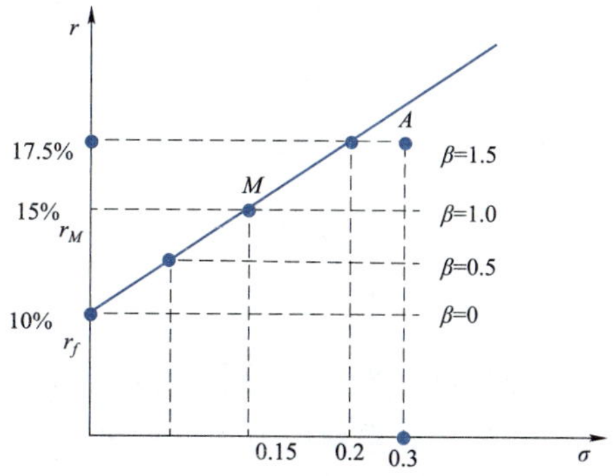

图 4－13 贝塔值和组合风险

回答：

$$\sigma_A^2=\beta_A^2\sigma_M^2+\sigma_{\varepsilon A}^2$$
$$0.090\,0=1.5^2\times0.15^2+0.039\,4$$
$$0.090\,0=0.050\,6+0.039\,4$$

因此，A 点组合的方差是 0.09，是总风险；系统风险为 0.050 6；非系统风险为 0.039 4 。

相关系数与资本市场线

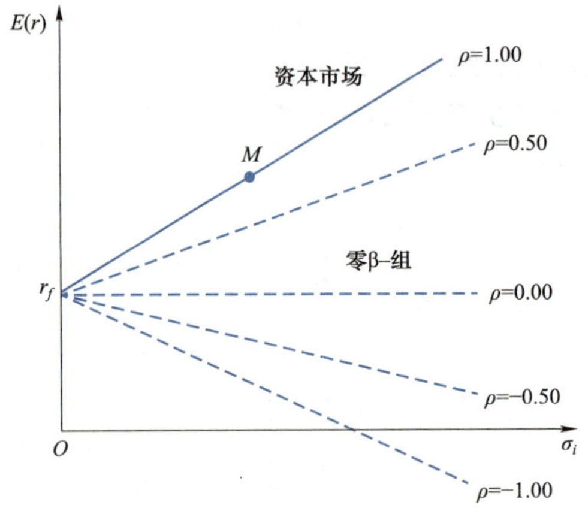

图 4–14　相关系数与资本市场线

基于资本市场线的模型：$E(\tilde{r}_i)=r_f+\dfrac{E(r_M)-r_f}{\sigma_M}\sigma_i$

将式子右边第二项中的分母分子同乘以 σ_M：

$$E(\tilde{r}_i)=r_f+\frac{E(r_M)-r_f}{\sigma_M^2}\sigma_i\sigma_m$$

由于资本市场线上组合的相关系数为 1，可得：

$$E(\tilde{r}_i)=r_f+\frac{E(r_M)-r_f}{\sigma_M^2}\sigma_i\sigma_m\times1$$

$$E(\tilde{r}_i)=r_f+\frac{E(r_M)-r_f}{\sigma_M^2}\sigma_i\sigma_m\rho_{im}$$

从而得到：

$$E(\tilde{r}_i)=r_f+\frac{E(r_M)-r_f}{\sigma_M^2}\sigma_{iM}$$

$$E(\tilde{r}_i)=r_f+\left[\frac{E(r_M)-r_f}{\sigma_M}\rho_{iM}\right]\sigma_i$$

由上式，在期望收益—标准差平面，期望收益和标准差的线性关系的斜率大小，取决于资产 i 与市场组合的相关系数。不同相关系数对应着经过无风险资产的一系列射线。可见，CML 上组合的相关系数为 1，是最大值，而其他非有效组合均在相关系数小于 1 的射线上。

4.10　资产定价的高估与低估问题

学习 CAPM 的目的不仅仅在于找到资产的均衡收益率，更有意义的是找到投资机会。把由 CAPM 得到的均衡收益率和现实收益率进行比较，会发现被错误定价的资产，从而对错误定价的资产进行交易获取从错误定价回归均衡定价的投资收益，促进资产回归均衡定价。在后面学习了有效市场假说后会发现，正是由于“勤劳而理性”的投资者不断发现错误定价并进行投资套利，才使得市场上的资产价格大部分维持在均衡状态，促进市场达到有效。

扫码观看　课程视频

从期望收益—贝塔值平面来看，在证券市场线和期望收益轴之间的点，如图 4−15 中的 *U* 点，表示定价过低的证券（Underpriced Securities）。组合 *U* 表示证券在其承担的系统风险之外还有异常收益，这样的资产需求旺盛，会使得其价格上涨，直到回到证券市场上 *U*′ 的均衡收益率。

同理，证券市场线和系统风险轴之间的资产是被定价过高（Overpriced）的资产。例如图 4−15 中的 *O* 点上的资产就没有达到理性投资者承受其系统风险所应该得到的收益。资产 *O* 的价格将会因为需求小于供给而下降，直到收益达到图中证券市场线上的 *O*′ 点。

当资产落在证券市场线上时就达到了均衡。均衡价格会保持不变，直到出现资产系统风险变动、无风险利率变动，或其他变动打破均衡。

注意：这里的定价过低中的“定价”指的是资产现实中的价格低于由 CAPM 定出的均衡价格。由 CAPM 直接定出的是均衡收益率 $E(\tilde{r}^e)$，而投资者对某资产的未来价格有一致性的预期 $E(\tilde{p}_1)$，所以面对的未来价格的期望值是一样的，因此由 $E(\tilde{r}^e)=\dfrac{E(\tilde{p}_1)-p_0^e}{p_0^e}$ 可算出均衡的当前价格 p_0^e 应该是：$p_0^e=\dfrac{E(\tilde{p}_1)}{E(\tilde{r}^e)+1}$。能够求出理论的均衡 p_0^e，再和现实中的当前价格 p_0 进行对比，如果两者不一样就找到了错误定价。参见 1.1 节中“**定价模型的作用**”。

定价过低（U 组合）意味着，现实中的现价 $p_0 < p_0^e$，因此现实中的实际收益率高于均衡收益率（SML 上的组合），$E(\tilde{r}) > E(\tilde{r}^e)$，因此定价过低的组合位于 SML 之上。同理，定价过高的组合（O 组合）位于 SML 之下，其现实中的现价 $p_0 > p_0^e$，$E(\tilde{r}) < E(\tilde{r}^e)$。

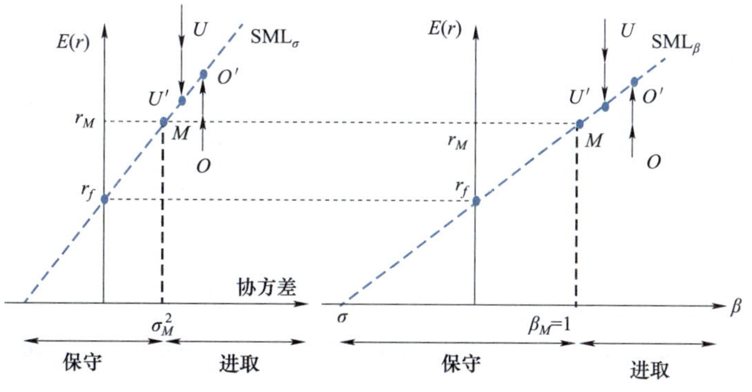

图 4−15　资产定价的高估与低估

对 CAPM 的评述：

1. CAPM 塑造了资产管理行业

如图 4－16 所示，CAPM 奠定了资产管理行业的基础，大量基于贝塔的基金发行，已在资产管理行业中占到重要的比重。近年来，比纯粹贝塔更多一点主动性的 smart β也扩大了被动投资的规模。

另一方面，CAPM 中的 α 成为资产管理行业评价主动型基金经理的一个标准。近年来，比纯α多一点被动性的因子投资，也在向主动的被动式管理方向发展。

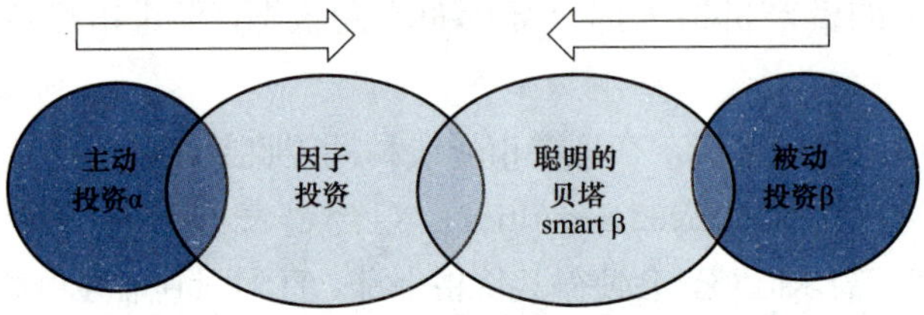

图 4－16　CAPM 重塑了资产管理行业

2. 对 CAPM 的挑战

市场组合

Roll（1976）在对 CAPM 的批评中指出，人们无法找到现实中包括了所有风险资产的组合。风险资产不仅包括股票、债券，还包括房地产、大宗商品、各种金融衍生品，甚至比特币，等等，只要可在金融市场上交易的具有不确定未来现金流的资产都应该包括在市场组合中。而且也无法证明用某个股票指数就能代替市场组合。

收益和风险的不对称性

最新的学术研究和业界实践挑战了 CAPM。Hendrik Bessembinder（2018）[①]发现只有4%的股票创造了美国一百年来的股票收益率增长。背后的原因是个股的收益率并不是正态分布，而是存在重大的偏态分布。根本的经济原因是，技术进步导致的规模收益递增、零边际成本和企业指数型增长。在实践中，近年来业绩卓著的资产管理公司 BG（Baillie Gifford）认为，收益和风险存在不对称性，并不是 CAPM 认为的高风险高收益，低风险低收益，拥抱非对称性收益是构建投资组合的关键，组合里几个仓位集中的股票是新的自然秩序。

实证对 CAPM 的违背

James Montier 在其所著的《价值投资——通往理性投资之路》一书中指出，大量证据已经无可辩驳地说明了 CAPM 在实践中是行不通的。CAPM 所代表的收益和风险间的线性关系也被市场中的各种“异象”所违背，比如“贝塔异象”[②]（具有较低贝塔值的股票具

① Hendrik Bessembinder. Do Stocks Outperform Treasury Bills? [J]. Journal of Financial Economics, September 2018, 129(3): 440-457.

② Andrea Frazzini, Lasse Pedersen. Betting Against Beta [J]. Journal of Financial Economics, 2014, 111(1): 1-25.

有较高的期望收益率），“低波动率异象”[①]等。

贝塔系数如何代表风险

本杰明·格雷厄姆（Ben Graham）曾指出：“贝塔系数所衡量的只不过是普通历史价格的波动性而已。但最让我不解的是，某些权威人士竟然把贝塔思想与风险概念混为一谈。价格具有波动性，但风险不存在波动性。真正的投资风险并不是以股票下跌幅度在既定时期相对于整个市场的百分比来衡量的，而是体现为经济形势变化或管理不当而导致质量或收益能力下降的风险。”当然，这更多体现的是价值投资者的观点。

人为将收益进行阿尔法和贝塔的分解

投资中阿尔法和贝塔的分解并不是资本市场天生的产物，而是在 CAPM 提出后人为地将收益分解成和市场风险有关的贝塔以及体现获取超额收益能力的阿尔法。而实际上，投资者应该将注意力放在以最低风险创造最大收益上。比如对于集中于少数资产上的投资，还是需要聚焦于总风险带来的最大化收益。

本章在线测试

思考和练习题

计算题：

1. 证券 X 的期望收益率为 0.11，贝塔值是 1.5。无风险收益率为 0.05，市场期望收益率为 0.09。根据资本资产定价模型，这个证券是被低估、高估，还是定价公平？

2. 股票 A 的 β_A 为 1.1，$E(r_m)$=7.5%，r_f=4.5%，如果实际的 $E(r_A)$=11%，则 A 被高估还是低估？

3. 如果某投资者投资了 600 元于证券 A，其贝塔值为 1.2；投资 400 元于证券 B，其贝塔值为 −0.20。则投资者的资产组合的贝塔值为多少？

4. 假设无风险收益率为 0.07，市场组合的期望收益率为 0.15。证券 X 期望收益率为 0.12，贝塔值为 1.3。那么你应该买入还是卖出证券？原因是什么？

单选题：

5. 证券市场线描述的是：（　　）

A. 证券的期望收益率与其系统风险的关系

B. 证券的期望收益率与其总风险的关系

C. 证券收益与指数收益的关系

D. 由市场资产组合与无风险资产组成的完整的资产组合

6. 资本资产定价模型假设：（　　）

① 具有较低波动性的资产，其期望收益高于具有较高波动性的资产。

A. 所有的投资者都是价格的接受者
B. 所有的投资者都有相同的持有期
C. 投资者为资本所得支付税款
D. A 和 B 正确
E. A、B 和 C 都正确
7. 对市场资产组合，哪种说法不正确？（　　）
A. 它包括所有风险证券
B. 市场达到均衡时，它在有效边界上
C. 市场资产组合中所有证券所占比重与它们的市值成正向关系
D. 它是资本市场线和无差异曲线的切点
8. 根据 CAPM 模型，下列哪个说法不正确？（　　）
A. 如果无风险利率降低，单个证券的收益率将成正比降低
B. 市场风险溢价不变时，单个证券的风险溢价的增加与贝塔成正比
C. 当证券的价格为公平定价时，阿尔法为零
D. 均衡时，所有证券和组合都在证券市场线上
9. 一个充分分散化的资产组合的（　　）。
A. 市场风险可忽略　　B. 系统风险可忽略
C. 非系统风险可忽略　　D. 不可分散化的风险可忽略

简答题：

10. 在一个只有两种股票的资本市场上，股票 A 的资本是股票 B 的 2 倍。A 的收益的标准差为 30%，B 的收益的标准差为 50%。两者收益的相关系数为 0.7。请问：

（1）市场指数资产组合的标准差是多少？

（2）每种股票的贝塔值是多少？

（3）每种股票的残差是多少（标准差）？

（4）若市场达到均衡，根据资本资产定价模型，如果股票 A 期望收益超过无风险收益率 11%，那么市场组合的风险溢价是多少？

11. 请说出资本市场线和证券市场线的联系与区别。

12. 请说出资本资产定价模型的假设与投资组合理论的假设的不同之处。

13. 市场均衡的条件有哪些？

14. 请举出几个现实中贝塔值大于 1 的资产和贝塔值小于 1 的资产。

案例与讨论

案例

查理·芒格说过，“最好的公司不在美国，而在中国，中国的公司发展得更快”。芒格和巴菲特的投资组合中，很早就有中国的比亚迪等优质创新公司[①]。查理·芒格作为 Daily

① 资料来源：李录.文明、现代化、价值投资与中国[M].北京：中信出版社,2020.

Journal 的董事会主席在 2021 年的股东大会中谈道："中国调控经济的方式比美国高明，美股泡沫终将惨烈破灭。"[①]中国资本市场三十年来在中国共产党领导下的健康发展，离不开中国经济改革开放后的腾飞。中国经济日新月异的发展，使得中国成为世界第二大经济体，世界第一贸易大国。中国在共产党领导下的迅猛发展，是投资中国、选对赛道的坚强基石。经济发展带来的是人民生活的富余，更是民族自信心的提升。

2021 年 3 月 18 日至 19 日举行的中美高层战略对话，双方围绕各自内外政策、中美关系以及重大国际地区问题展开了激烈的交锋。中方代表团不卑不亢、据理力争、尽显大国风范。在中美首轮对话结束之后，一张对比图在社交媒体上引发了热议。有网友称"同是辛丑年，世界没变，中国变了。"[②]低声下气、丧权辱国的时代一去不复返了。我们已经完全可以平视这个世界了，我们充满自信，充满底气。

这正是强大的祖国给每个中国人的底气，正如孟晚舟女士 2021 年 9 月归国在深圳机场的讲话中提到："回首三年，我更加明白，个人利益、企业命运和国家的命运是十指相连的，祖国是我们最坚强的后盾，只有祖国的繁荣昌盛，企业才能稳健发展，人民才能幸福安康。"[③]

投资中国正是投资蓬勃发展、日新月异的中国赛道，投资中国优秀企业能获得中国赛道上的中国加速度。

问题与思考

1. 图 4－17 是中美工业指数累计收益率走势图。二十年前投资 1 元在不同的市场，也就是不同的系统，在中国和美国所获得的收益。请从图中分析，投资"中国赛道"和"美国赛道"的区别，并分析原因。

数据来源：万得数据库。

图 4－17　中美工业指数累计收益率走势图

2. 请举出现实中系统风险和非系统风险的例子，并运用所学投资学知识寻找中国的优秀企业，利用公司历史收益率数据，计算该企业的"赛道加速度"（超额收益）。

① 新浪财经，https://finance.sina.com.cn/stock/usstock/c/2021-02-25/doc-ikftpnny97 26802.shtml.

② 中共中央纪律检查委员会网站.两个辛丑年的对比刷屏背后：底气在这！https://www.ccdi.gov.cn/yaowen/202103/t20210319_238219.html，2021-03-19.

③ 中国日报网

第5章

因素模型

本章学习目标

● 价值目标——通过本章的教学，使学生在掌握构造因子方法的基础上，理解因子和系统风险的含义，提升学生的思辨性思维能力，懂得风险和收益是事物的两面，因子既代表承担某种系统风险，又能为投资者带来承担该种风险所获得的收益。

● 知识目标——通过本章的教学，使学生了解因素模型产生的背景和优势；理解因素模型描述的是收益受因素影响的生成过程，是通过回归分析建立的收益和风险关系的模型；认识因素模型与资本资产定价模型的关系；知晓三因素模型等常见的因素模型，并掌握构造因子的方法。

● 能力目标——让学生在学习本章知识的基础上，掌握投资实践中构造因子的方法；在了解因素模型构造逻辑后，能够根据不同时期、不同市场特征，构建相应的因素模型；学会分析因子的经济学含义，如了解资本市场中基于不同“异象”构造因子的方法，能进一步寻找和构造中国特色的投资因子。

本章学习内容

- 因素模型所代表的收益生成模式
- 单因素模型
- 多因素模型
- 因素模型的应用

本章思维导图

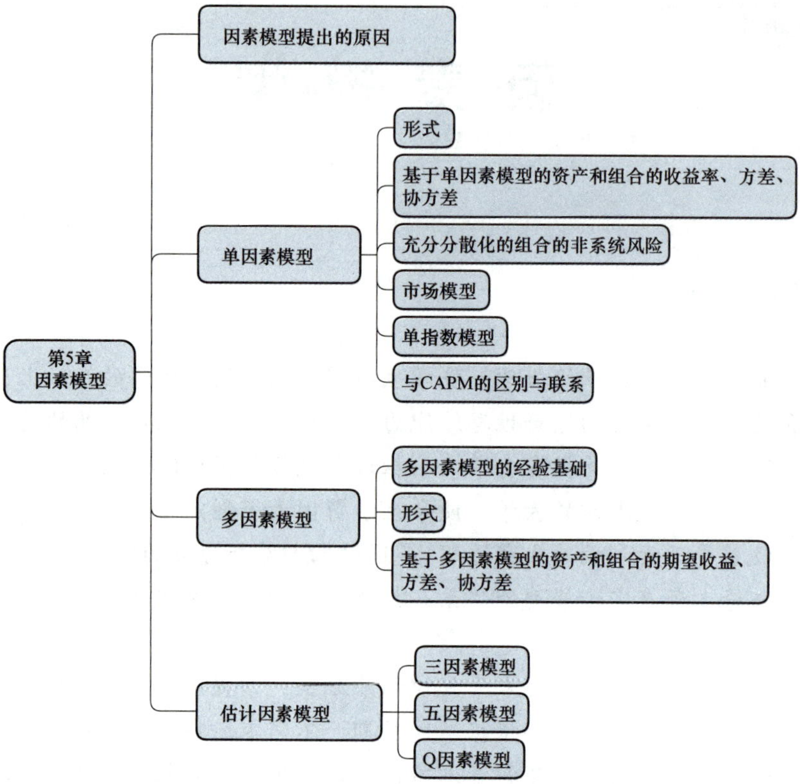

5.1 单因素模型

因素模型是对资产收益率生成形式的假设，是下一章套利定价理论的前提假设条件之一。上一章介绍的资本资产定价模型的形式是线性的单因素模型，可以看成资产的收益来自市场组合这个因素的收益。

扫码观看 课程视频

首先，需要了解在投资组合理论和资本资产定价模型出现之后，为什么还要引入因素模型呢。

因为投资组合理论和资本资产定价模型存在着以下问题：

1. 无法实际地计算有风险的市场组合（Roll（1976）对 CAPM 的批评）。

2. 根据投资组合理论，最优资产组合的成功选择取决于所运用数据的质量。为了得到二次规划问题的解，需要对所有资产的期望收益、方差协方差矩阵等进行估计。如果证券人员要分析 50 种股票，则需要进行的计算是什么？若 $n=100$，需要估计多少数据？

如果 n=50 的话，需要 50 种资产期望收益率，50 个方差，（$50\times50-50$）/2 个不同的协方差，共 1 325 个数据。如果是 100 种资产，则需要 5 150 个数据。这在 20 世纪 60 年代计算机技术还不太发达的时期，这么大的数据量，会面临计算上的巨大困难。

3. 证券市场线只考虑了市场组合的风险溢价对资产风险溢价的影响，即把市场风险全部集中地体现在一个因素里，而现实中，影响总体市场环境变化的宏观因素很多，它们都可以对资产的收益率产生影响。只考虑市场风险是不够的。

威廉·夏普（Sharpe）于 1963 年提出了“单指数模型”，将“均值－方差模型”进行了简化。夏普认为马科维茨的投资组合分析中，方差－协方差矩阵太过复杂不易计算，所以提出单因素模型，不用计算方差－协方差矩阵，计算量明显减少。

这些影响大多数证券的因素可能是宏观因素，如股票市场的指数、国民生产总值、原油价格、物价指数或任何对资产收益产生普遍影响的因素；也可能是规模、账面市值比、动量这样的公司特征层面的因素。

夏普提出的单指数模型认为，任一证券收益率都可由单一的外在指数来决定，这大大简化了马科维茨资产组合模型的分析工作。

因素模型细分系统风险的意义

1. 防范金融系统性风险

因素模型细分了普遍影响证券收益的系统因素，包括总体影响市场环境的宏观因素和公司层面普遍具有的特征因素等，如国民收入、通胀率、利率、能源价格、公司规模、账面市值比等。

党的二十大报告指出，“强化金融稳定保障体系，依法将各类金融活动全部纳入监管，守住不发生系统性风险底线。”而系统风险具有难以分散、波动不可避免和难以预测等特点，因此，要防范金融系统性风险，就可以利用因素模型中的系统因素去刻画系统风险的来源。进行系统风险的细分和量化不同资产收益率对不同种类风险的敏感度非常有必要，有利于预防和避免系统风险。

因素模型能在分解系统风险来源的基础上，掌握不同资产和对应系统风险的关系，从而能在危机和系统风险发生的时候，对相关资产进行重点监测，并有利于防范系统性风险进一步扩大。

2. 优化资产配置

不同资产对不同系统风险的敏感度不同，对某种系统风险的敏感度越大，在这种系统风险上的风险暴露就越大，如航空业对油价风险的暴露，房地产行业对利率波动风险的暴露等。而承担某种因素风险的同时，也意味着能从该因素的波动中，获得相应的风险溢价。因此，根据投资者对风险的主观偏好，可利用因素模型进行因子量化投资，配置符合投资者风险偏好的组合，使偏好某种风险的投资者能从该因素风险中获得风险溢价。如 ESG（Environmental，Social，and Governance，指环境、社会和公司治理）因子投资。

单因素模型的定义

单因素模型是描述证券收益率生成过程的一种模型，因素往往以指数形式出现，如股票市场指数、国民经济增长指数、通货膨胀指数等。

因素模型提供了关于证券收益率生成过程的一种新视点。可以用一元或者多元回归统计分析，以一个或者多个变量来解释资产的收益，从而比仅仅以市场来解释证券的收益更准确。

因此，单因素模型相对 CAPM 解决了两个问题，一是提供一种简化地应用 CAPM 的方式；二是细分影响总体市场环境变化的宏观因素，如国民收入、通胀率、利率、能源价格等具体带来风险的因素，以及影响大多数资产收益率的其他因素。

例子：以一元回归分析得出单指数或单因素模型

假设经济增长（GDP 增长率）对股票收益率有普遍影响，且只考虑 GDP 变化对资产收益率的影响。

通过历史数据库，可以得到表 5-1 中的数据。这是 10 年 GDP 增长率和某证券收益率的数据，是时间序列的数据。我们可以把六年的两个变量的数据点在横轴是证券收益率，纵轴是 GDP 增长率的坐标系中。这样可以得到图 5-1 中散落的十个点。

表 5-1　　某证券各年收益率和 GDP 增长率

序号	年份	GDP 增长率	某证券收益率
1	2018	9.69%	15.6%
2	2017	10.30%	17.3%
3	2016	7.99%	20.5%
4	2015	7.00%	17.8%
5	2014	13.21%	12.3%
6	2013	9.50%	18.9%
7	2012	9.80%	17.9%
8	2011	17.92%	12.5%
9	2010	17.69%	19.8%
10	2009	8.55%	15.3%

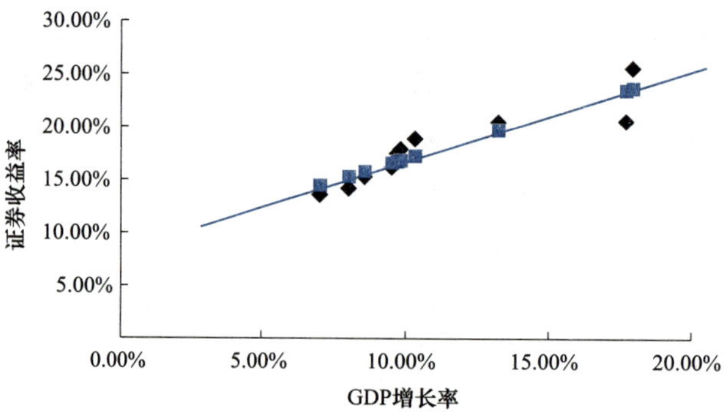

图 5-1　某证券收益率和 GDP 增长率的线性拟合图

基于证券收益率和 GDP 历史的数据，可以利用一元回归的方法，回归出样本回归直线，即图 5-1 中的直线，其回归方程为 $r = 0.085 + 0.85\text{GDP}$ 。

给定任一证券的实际收益率，由于含有非因素收益率而位于拟合直线的上方或下方。对例子中的单因素模型反映的关系的完整描述为：

$$\tilde{r}_t = 0.085 + 0.85\text{GDP}t + \tilde{\varepsilon}_t$$

斜率 0.85 的含义是，当 GDP 变动 1%的时候，证券的收益率变动是 0.85。所以斜率表示证券的收益率对因素变动的敏感度，斜率越大，该资产的因素敏感度就越大。截距项 0.085 表示不随时间变化的其他因素对证券收益率的固定影响，包括无风险收益率对证券收益的影响。$\tilde{\varepsilon}_t$ 为随机扰动项，表示在某个时间 t 时，证券收益率落在回归直线的上方或下方，离直线的距离。其含义是证券收益率中不随因素变化而变化，除固定影响之外的由公司特有风险带来的随机收益。

单因素模型的一般形式为：

$$\tilde{r}_i = a_i + b_i\tilde{F} + \tilde{\varepsilon}_i$$

一般地，单因素模型认为有一个因素 $\tilde{F}$ 对证券收益产生广泛影响，这里 $\tilde{F}$ 也是随机变量，它是宏观因素或其他有广泛影响的因素变化。

从方程中可以看出，任何一个证券的收益由三部分构成：

1. a_i 是宏观因素的期望为零时，该证券的期望收益；

2. $b_i\tilde{F}$ 是系统性风险收益，即随宏观因素 $\tilde{F}$ 变化而变化的不确定的收益，且资产收益率随因素 $\tilde{F}$ 变化的敏感度是 b_i，也常被称为因子载荷（Factor Loading），能够直接通过回归方法估计出来。由于敏感度体现的是证券或组合相对于因素变化而变化的程度，所以也是该证券或组合承担的系统风险的衡量，或者说是该证券或组合在风险因子上的暴露程度。例如，说某个资产在宏观经济波动上风险暴露程度很大，指的是这个资产的收益会因宏观经济波动而具有更大的波动性，来自宏观经济波动因子的系统风险较大。

3. $\tilde{\varepsilon}_i$ 是与 GDP 无关因素的作用，是非系统性风险带来的随机收益，即只与单个资产相关的非预期事件形成的非预期收益。它是均值为零的随机变量。

这里有两个重要的假设：

1. 随机误差项 $\tilde{\varepsilon}_i$ 与因素不相关，$\text{cov}(\tilde{\varepsilon}_i, \tilde{F}) = 0$，意味着因素对随机误差没有任何影响。

2. 任意两种资产的随机误差之间不相关，$\text{cov}(\tilde{\varepsilon}_i, \tilde{\varepsilon}_j) = 0$，意味着一种资产的随机误差对任意其他资产的随机误差不产生任何影响。即，两种资产的收益率仅仅通过对因素的共同反应而相关联。

基于单因素模型的计算：资产 i 的期望收益、方差和两种资产之间协方差。

期望收益率：$E(\tilde{r}_i) = a_i + b_iE(\tilde{F})$

单因素模型中，可以得出资产 i 的方差为：$\sigma_i^2 = b_i^2\sigma_F^2 + \sigma_{\varepsilon i}^2$

方差也分成两部分：（1）和因素相关的部分 $b_i^2\sigma_F^2$；（2）非系统风险的随机扰动部分 ε_i^2 。

协方差：协方差中不包括随机扰动项之间以及随机扰动项和因素之间的协方差，是因为资产之间的随机扰动项的协方差为零，随机扰动项代表的收益变化和因素变化也不相关。

$$\begin{aligned}\sigma_{ij} &= \text{cov}(a_i + b_i\tilde{F} + \varepsilon_i, a_j + b_j\tilde{F} + \varepsilon_j) \\ &= b_i b_j \sigma_F^2\end{aligned}$$

基于上式也可以这样来理解由因素模型生成的资产收益之间的协方差：

资产之间的相关性，或者说资产收益率的同向性，来自它们共同受到同一个因素的影响。因为它们的公司层面上的风险是独立的，不相互影响。所以资产之间的联系，就是受共同因素的影响。

因此，可以总结出因素模型的两个重要特征：

1. 因素模型能够克服马科维茨模型的庞大计算量的困难。如果组合里有 n 项资产，计算组合的方差—协方差矩阵需要进行 $\frac{1}{2}(n^2+n)$ 个方差和不同协方差的测算。但因素模型中，由因素模型生成的两个资产的协方差等于 $b_i \times b_j \times \sigma_F^2$，因此，只需要测算 n 个 b_i 和 1 个 σ_F 就可以了，大大减少了计算量。

2. 分散化。根据资产 i 的方差 $\sigma_i^2 = b_i^2\sigma_F^2 + \sigma_{\varepsilon i}^2$，资产的方差可以分成两部分：一部分是和因素敏感度相关的系统风险项 $b_i^2\sigma_F^2$，另一部分是后面的随机扰动项方差，即非系统风险部分 $\sigma_{\varepsilon i}^2$。

由因素模型生成的资产收益的方差中，随机扰动项方差是非因素风险也是非系统风险，非系统风险会随着股票数目的增加而逐渐被分散掉。证明过程和上一章 4.7 中的 n 趋于无穷大时非系统风险被分散掉的证明是一样的。

5.2 市场模型

在因素模型的实际应用过程中，人们常用市场指数来作为影响证券价格的单因素，此时的单因素模型被称为市场模型。市场模型实际上是单因素模型的一个特例，比如可以用沪深 300 指数来作为单因素解释中国 A 股股票的收益率变化。

扫码观看 课程视频

假设一种股票在某一特定时期内的收益率与同一时期市场指数（如沪深 300 指数、上证 180 指数、美国的 S&P 500、标准普尔 500 指数等）的收益率相联系，即如果行情上扬，则很可能该股票价格会上升，市场行情下降，则该股票很可能下跌。因此，可以用市场模型的方程表示这一关系：

$$\tilde{r}_i = a_i + b_i\tilde{r}_I + \tilde{\varepsilon}_i$$

式中：$\tilde{r}_i$ 代表某一给定时期证券 i 的收益率；

I 代表市场指数；

$\tilde{r}_I$ 代表相同时期市场指数 I 的收益率；

$\tilde{\varepsilon}_i$ 是随机扰动项。

例子：

考虑股票 A，其单因素模型中的 a_i=4%（不随时间变化的其他因素对股票 A 收益率的固定影响是 2%），β_i=1.5（股票 A 的收益率对市场指数收益率变化的敏感度是 1.5，根据上一章所讲的根据贝塔值来分类股票，股票 A 的贝塔值大于 1，说明是进取型的股票）。根据这些给定值，可以写出股票 A 的市场模型：

$$\tilde{r}_A = 4\% + 1.5\tilde{r}_I + \tilde{\varepsilon}_{Ai}$$

根据市场模型，如果市场指数收益率为 10%，则证券 A 的收益率预期为 19%（等于固定影响的 4%，再加上随市场指数变化带来的收益率 1.5 乘以 10%）。可见，由于 A 是进取型股票，在市场涨 10%的情况下，股票 A 的收益率高于市场的收益率，能涨 19%。

同样，如果市场期望收益率为 –10%，由于股票 A 的进取性，它的期望收益率为 –11%，也随着市场一起下跌。

这里需要注意的是，由于随机误差项的存在（表示证券收益率中没有被市场模型所完全解释的部分），当市场指数上升 10%或下降 10%时，证券 A 的收益率将不会准确地为 19%或 –11%。也就是说，实际收益率和指数模型算出的期望收益率之间的差将归结于随机误差项的影响，是由公司个体风险带来的随机收益。

例子：

假定股票 A 与 B 的指数模型由下列式子估计：

$$\tilde{r}_A = 1.0\% + 0.9\tilde{r}_M + \tilde{\varepsilon}_A$$
$$\tilde{r}_B = -2.0\% + 1.1\tilde{r}_M + \tilde{\varepsilon}_B$$

已知市场组合的标准差 $\sigma_M = 20\%$，股票 A 和股票 B 的随机扰动项的标准差为：$\sigma_{\varepsilon A} = 30\%$，$\sigma_{\varepsilon B} = 10\%$。求每个股票的方差和它们之间的协方差，若将股票 A 和股票 B 组成等权重的组合，那么组合的非系统风险是多少？

由基于单因素模型证券的方差可以写成系统风险和非系统风险相加，可求出：

$$\sigma_A^2 = \beta_A^2\sigma_m^2 + \sigma_{\varepsilon_A}^2 = 0.9^2 \times 0.2^2 + 0.3^2 = 0.122\,4$$
$$\sigma_B^2 = \beta_B^2\sigma_m^2 + \sigma_{\varepsilon_B}^2 = 1.1^2 \times 0.2^2 + 0.1^2 = 0.058\,4$$

A 和 B 的协方差为：

$$\sigma_{AB} = \beta_A\beta_B\sigma_m^2 = 0.9 \times 1.1 \times 0.2^2 = 0.039\,6$$

这里就没有随机扰动项之间的协方差了。

由 A 和 B 组成等权重的组合：$\tilde{r}_p = 0.5\tilde{r}_A + 0.5\tilde{r}_B$

$$\tilde{r}_p = 0.5\tilde{r}_A + 0.5\tilde{r}_B = 0.5(1.0\% + 0.9\tilde{r}_m + \tilde{\varepsilon}_A) + 0.5(-2.0\% + 1.1\tilde{r}_m + \tilde{\varepsilon}_B)$$
$$\tilde{r}_p = -0.5\% + \tilde{r}_m + 0.5\tilde{\varepsilon}_A + 0.5\tilde{\varepsilon}_B$$

组合 p 的方差：

$$\sigma_p^2 = \text{cov}(\tilde{r}_p, \tilde{r}_p)$$
$$= \text{cov}(-0.5\% + \tilde{r}_m + 0.5\tilde{\varepsilon}_A + 0.5\tilde{\varepsilon}_B, -0.5\% + \tilde{r}_m + 0.5\tilde{\varepsilon}_A + 0.5\tilde{\varepsilon}_B)$$
$$\sigma_p^2 = \sigma_m^2 + 0.5^2\sigma_{\tilde{\varepsilon}_A}^2 + 0.5^2\sigma_{\tilde{\varepsilon}_B}^2$$

组合 p 的方差也分成两个部分，σ_m^2 是其中的系统风险部分，$0.5^2\sigma_{\varepsilon_A}^2 + 0.5^2\sigma_{\varepsilon_B}^2$ 是非系统风险部分。由于随机扰动项之间是不相关的，所以非系统风险部分只包括两个股票的方差部分：$0.5^2\sigma_{\varepsilon_A}^2 + 0.5^2\sigma_{\varepsilon_B}^2 = 0.0225 + 0.0025 = 0.025$。

资本资产定价模型、因素模型以及市场模型的关系

1. 资本资产定价模型与因素模型

资本资产定价模型实际上是一种特殊的单因素模型，但资本资产定价模型是一个资产定价的均衡模型，而因素模型却不是。

例如，比较分别由资本资产定价模型和因素模型得到的证券的期望收益率：

$$E(r_i) = r_f + [E(r_m) - r_f]\beta_{im}$$

$$E(r_i) = a_i + b_i E(F)$$

第一个式子是 CAPM，第二个式子是对因素模型两边求期望得到的期望收益率形式的因素模型。CAPM 可以看成是一个特殊的单因素模型或特殊的市场模型，CAPM 中的市场组合的风险溢价 $\tilde{r}_m - r_f$ 实质上就是一个单因素 $\tilde{F}$。

可以把 CAPM 的期望符号去掉，右边加上一个随机扰动项，得到：

$$\tilde{r}_i - r_f = \beta_i(\tilde{r}_m - r_f) + \tilde{\varepsilon}_i$$

进一步整理成：$\tilde{r}_i = a_i + b_i\tilde{r}_m + \tilde{\varepsilon}_i$

这里 $a_i = (1-\beta_i)r_f, b_i = \beta_i$，就是单因素模型的形式。

观察上面的单因素模型，实际上这是证券 i 对市场组合收益的回归方程，其回归直线就是证券 i 的**特征线**，是用证券 i 和市场指数的历史时序数据回归出来的样本回归直线。

2. 资本资产定价模型与市场模型

资本资产定价模型和市场模型都有一个斜率，表示资产收益率对市场组合收益率的敏感度，并且这两个模型都包含了市场。但是，它们之间依然有明显的区别：

（1）资产定价模型是一个均衡模型，它描述均衡时资产的价格如何确定；而市场模型是一个因素模型，其形式是通过历史的时序数据回归出来的，所以不一定是均衡的。

（2）资本资产定价模型是相对于整个市场组合而言的，包括市场中所有风险资产的集合；而市场模型是相对于某个市场指数而言，是基于市场中的一个样本。

（3）虽然从严格意义上讲，资本资产定价模型中的β值和市场模型中的 b 值是有区别的，但是在实际操作中，由于不能确切知道市场组合的构成，所以一般用市场指数来代替，可以用市场模型中测算的 b 值来代替资本资产定价模型中的β值。当然，从形式来讲，它们都是线性模型。

5.3　多因素模型

因素模型将收益分为系统和公司两个层面是很有道理的，但将系统风险限定为由某一个因素造成的就难以和现实情况相符了。

扫码观看　课程视频

我们注意到，影响市场收益的系统性或宏观因素有许多风险来源，如经济周期的不确定性、利率或通货膨胀，甚至公司的某些特征等。我们应该考虑能够影响资产收益的多种普遍因素。如果不同资产对各种普遍经济因素都有不同的敏感度，那么多因素模型就能更好地刻画和解释资产的收益。

多因素模型的经验基础

在现实中，影响资产价格的普遍因素有很多，这些因素影响着大部分上市公司的未来现金流。这些普遍因素中有影响经济状况的因素，如国内生产总值、利率水平、原材料价格等。这些宏观因素可能通过人们对经济前景预期的变化影响绝大多数证券的收益。

普遍因素中还有体现上市公司特征的因素，比如小规模公司通常比大规模公司有更高的收益（Banz，1980）；账面市值比高的公司比账面市值比低的公司有更高的收益（Fama 和 French，1992）；前期收益较高（动量高）的上市公司比前期收益较低的上市公司有更高的收益（Carhart，1997），等等。可见公司的某些特征也可以成为普遍影响证券收益的因素。

多因素模型相对于单因素模型对现实的近似程度更高。多因素模型是多元线性形式的资产收益生成模型，其和单因素模型类似，使得复杂的投资组合理论中的计算得以简化。方差—协方差矩阵的得出不再需要 n 的平方级别的数据量，而只需要知道 n 种风险资产对各个因素的敏感度就可以得出。这使得证券组合理论广泛应用于实际资本市场。尤其是 20 世纪 70 年代以来计算机技术的发展和普及，极大促进了现代投资组合理论在实践中的应用。

多因素模型（Multifactor Models）

与单因素模型不同，由于多因素模型考虑了更多普遍影响证券收益率的因素，相当于更加细化了影响收益率的因素，因此也更加清晰明确地解释了系统风险的来源，必然更为清晰和精确地描述了证券收益率的生成过程。多因素模型的缺陷是并没有明确宏观因素具体是哪些因素（也是 APT 模型的缺陷）。但与其说是缺陷，不如说是灵活性，因为多因素的形式能为投资者发现总结更多普遍影响因素提供更多的想象空间。

例子：

考虑一个双因素模型，假设收益率生成过程中包含有两个因素：

$$\tilde{r}_i = a_i + b_{i1}\tilde{F}_1 + b_{i2}\tilde{F}_2 + \tilde{\varepsilon}_i$$

$\tilde{F}_1$ 和 $\tilde{F}_2$ 是两个对证券收益率具有普遍影响的因素，b_{i1} 和 b_{i2} 分别是证券 i 对两个因素的敏感性（Factor Sensitivity），有时也称为因子载荷（Factor Loading）或因子贝塔（Factor Beta）。注意，这里因素敏感度的角标有两个，第一个角标 i 表示证券 i，第二个角标 1 或 2 表示证券 i 对因素 1 或因素 2 的敏感度。

和单因素模型一样，$\tilde{\varepsilon}_{it}$ 是随机误差项，a_i 是当两个因素的期望值都取值为 0 时，证券 i 的期望收益率。

在双因素模型中，需要为每种证券估计几个参数：a_i, b_{i1}, b_{i2}。对每个因素，需要估计两个参数：因素的期望值以及因素变化的方差。此外，还要估计两个因素的协方差 $\text{cov}(\tilde{F}_1, \tilde{F}_2)$。在这一章并没有假设因素之间不相关，所以要估计因素之间的协方差。而下一章套利定价理论中，假设因素之间是不相关的。

双因素模型的主要特征

1. 计算的简化

可以利用因素模型回归得出期望收益率、方差和协方差，然后将这些变量代入到第 3 章所讲的二次规划中，就可以导出投资组合的有效集。再结合给定的无风险利率，就可以确定出切点组合，在此基础上，投资者可以确定最优投资组合。计算方差—协方差矩阵需要的参数数量大为减少，只需要：n 个风险资产的期望收益，一个无风险收益率，$n \times K$ 个（K 为因素数量，K 远远小于 n）因素敏感度，K 个因素的期望值和方差，远远小于 $\frac{n^2+n}{2}$ 个方差协方差以及 $n+1$ 个期望收益的数据量。

2. 分散化

同样，对于一个充分分散化的组合，非因素风险将被分散掉，只剩下由多个因素带来的系统风险。

双因素模型的例子

同单因素模型一样，在双因素模型中，一个组合对某一宏观因素的敏感性是组合中各个资产对这个宏观因素敏感度的加权平均，权重为各个资产的投资比例。

假设有这样一个双因素模型，两个因素分别为 GDP 增长率和通货膨胀率，$\tilde{r}_i = a_i + b_{i1}\text{GDP} + b_{i2}\text{INF} + \tilde{\varepsilon}_i$。在表 5－1 的基础上加入了十年的通货膨胀率数据，见表 5－2。

表 5－2　某证券各年收益率和 GDP 增长率及通货膨胀率

序号	年份	GDP 增长率	通货膨胀率	某证券收益率
1	2018	9.69%	4.6%	15.6%
2	2017	10.30%	4.8%	17.3%
3	2016	7.99%	3.8%	20.5%
4	2015	7.00%	3.6%	17.8%
5	2014	13.21%	5.2%	12.3%
6	2013	9.50%	4.5%	18.9%
7	2012	9.80%	5.0%	17.9%
8	2011	17.92%	7%	12.5%
9	2010	17.69%	6.1%	19.8%
10	2009	8.55%	4.2%	15.3%

将表 5–2 的这十个时间点的数据描在图 5–2 的三维坐标系中，就是十个点。

这个三维坐标系的三个坐标分别表示 GDP 增长率、通货膨胀率和股票的收益率，其中纵轴是股票的收益率。

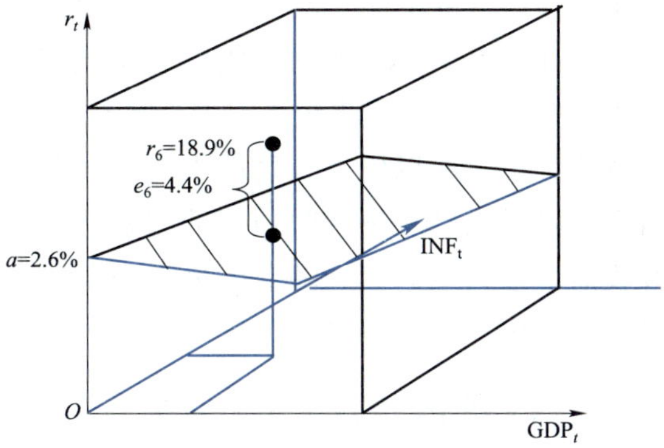

图 5–2　股票 A 和两个宏观因素的十年历史时序数据

用十年的数据可以回归出该双因素模型的形式（当然现实中回归的样本数据会更多，此处只是简化举例）：

$$\tilde{r}_i = 0.26 + 0.65\tilde{F}_1 - 3.5\tilde{F}_2 + \tilde{\varepsilon}_i$$

股票 A 的收益率受 GDP 的增长率和通货膨胀率预期值的影响。图 5–2 中的每一点描述了在特定的一年，股票 A 的收益率、GDP 增长率和通货膨胀率之间的关系。通过线性回归，可以确定一个平面。

平面在 GDP 增长率方向的斜率为 0.65，表示股票 A 的收益率对 GDP 增长率变化的敏感度为 0.65。如果 GDP 增长率变化 1%，则股票 A 的收益率变化为 $0.65 \times 1\%$，为 0.65%。

平面在通货膨胀率方向的斜率为 –3.5，表示股票 A 的收益率对通货膨胀率变化的敏感度为 –3.5。

敏感度符号说明，当预期 GDP 增长率或者通货膨胀率增加时，股票 A 的收益率相应地增加或者减少。对于大部分公司来说，通货膨胀率上升是坏消息，因此通常通货膨胀率的敏感度是负数。

平面的截距表示 A 的零因子收益率为 2.6%，也就是说两个宏观因素如果期望值取值为零的话，股票 A 仍具有的期望收益率为 2.6%，这是不受时间和因素影响的其他因素对股票 A 的收益率带来的固定的影响。

A 的实际收益率与平面上对应点的差为收益率的随机扰动项部分。例如，A 在第六年由双因素模型生成的期望收益率为 14.5%（在样本回归平面上的点），而第六年的实际收益是 18.9%，那么随机项为 4.4%，是由股票 A 公司层面上的个体非系统风险带来的随机收益。

多因素模型的优势

考虑两个公司，一个是旅游行业的公司，另一个是电力公司。由于经济周期对居民旅游的需求影响较大，因此旅游公司的收益率对 GDP 的敏感度较高，但是旅游行业的股票价格对通货膨胀率有着较低的敏感性。而具有相对稳定的未来现金流的电力公司，通常情况下与通货膨胀率呈反方向变化。

如果某个经济时期，大家预期经济会回暖，GDP 将会增长，而通货膨胀率也会上升。那么宏观因素的如此预期，对旅游行业的公司和电力公司有什么影响呢？

对于旅游公司来说，因为对 GDP 增长率更加敏感，而对通货膨胀率不太敏感，所以旅游公司的股票收益会上升。而对于电力公司来说，因为其对 GDP 增长率不太敏感，而对通货膨胀率比较敏感，且敏感度为负，所以电力公司的收益率会下降。

通过以上分析可以看出，随着对影响证券收益率的因素进行细分，能更精确刻画经济因素变化对不同特性证券收益率的影响。而且随着因素进一步细分，可能找出更多的影响因素，通过多因素模型能够进行更为细致准确的分析。

基于双因素模型的证券和组合的均值、方差、协方差

假设证券 i 的收益率由双因素模型生成，可以算出证券 i 的**期望收益率**为：$E(\tilde{r}_i)=a_i+b_{i1}E(\tilde{F}_1)+b_{i2}E(\tilde{F}_2)$，还可以算出证券 i 的**方差**：

$$\tilde{r}_i=a_i+b_{i1}\tilde{F}_1+b_{i2}\tilde{F}_2+\tilde{\varepsilon}_i$$

$$\begin{aligned}\sigma_i^2&=\mathrm{cov}(\tilde{r}_i,\tilde{r}_i)\\&=\mathrm{cov}(a_i+b_{i1}\tilde{F}_1+b_{i2}\tilde{F}_2+\tilde{\varepsilon}_i,a_i+b_{i1}\tilde{F}_1+b_{i2}\tilde{F}_2+\tilde{\varepsilon}_i)\end{aligned}$$

$$\sigma_i^2=b_{i1}^2\sigma_{\tilde{F}_1}^2+b_{i2}^2\sigma_{\tilde{F}_2}^2+2b_{i1}b_{i2}\sigma_{\tilde{F}_1\tilde{F}_2}+\sigma_{\tilde{\varepsilon}_i}^2$$

包括三项与宏观因素方差协方差有关的系统风险项，和一项与公司个体风险有关的非系统风险项。

接下来计算资产 i 和资产 j 的协方差：

$$\tilde{r}_i=a_i+b_{i1}F_1+b_{i2}F_2+\tilde{\varepsilon}_i$$

$$\sigma_{ij}=\mathrm{cov}(\tilde{r}_i,\tilde{r}_j)=\mathrm{cov}(a_i+b_{i1}F_1+b_{i2}F_2+\tilde{\varepsilon}_i,a_j+b_{j1}F_1+b_{j2}F_2+\tilde{\varepsilon}_j)$$

$$\sigma_{ij}=b_{i1}b_{j1}\sigma_{F_1}^2+b_{i2}b_{j2}\sigma_{F_2}^2+b_{i1}b_{j2}\sigma_{F_1F_2}+b_{j1}b_{i2}\sigma_{F_1F_2}$$

由于公司个体风险两两之间不相关，同时和宏观因素也不相关，所以资产 i 和 j 的协方差中没有随机扰动项带来的风险。

但是多因素模型并没有指明如何找出相关风险因素及其风险溢价。Chen、Roll 和 Ross（1986）提供了多因素模型的一个现实例子，他们选出了几个宏观经济因素，包括：

IP：工业产量变化的百分比

EI：预期通货膨胀率的百分比

UI：未预期通货膨胀变化的百分比

CG：长期公司债券相对于长期政府债券的超额收益

GB：长期政府债券相对于国库券的超额收益

由此可以得到五因素的多因素模型：

$$\tilde{r}_{it}=a_i+b_{iIP}IP_t+b_{iEI}EI_t+b_{iUI}UI_t+b_{iGB}GB_t+\tilde{\varepsilon}_t$$

5.4　三因素模型

关于现实中因素模型的估计，通常首先通过对宏观经济层面和公司特征层面的分析找到影响证券收益率的因素。宏观方面的因素如 GDP 增长率、通货膨胀率、利率和石油价格等，公司微观方面如上市公司层面的证券特征。

扫码观看　课程视频

确定出影响证券收益的因素后，需要收集多个时期因素的值以及各个证券的收益率。然后根据时间序列数据，对各个因素和证券收益率进行回归分析，得出每个证券收益率对各因素的敏感度及证券的零因素收益率。每个证券都需要做一个这样的回归和估计。

在众多的多因素模型中，有一类普遍影响证券收益的因素是公司特征因素，包括公司的规模、公司的账面市值比（Book to Market Ratio）、公司的前期收益、公司的盈利指标等。其中最著名的因素模型是三因素模型。

三因素模型是由学者 Fama 和 French（1993）[①] 提出的关于影响证券收益率的多因素模型，其中的三个因素是 CAPM 中的市场组合风险溢价、规模因素和账面市值比因素。为什么要选取证券规模和账面市值比作为因素呢？是由于 Fama 和 French（1992）在研究中发现了如表 5－3 所示的规律：

表 5－3　　按规模和账面市值比分组的组合收益

	Book－to Market Portfolios										
	All	Low	2	3	4	5	6	7	8	9	High
All	1.23	0.64	0.98	1.06	1.17	1.24	1.26	1.39	1.40	1.50	1.63
Small－ME	1.47	0.70	1.14	1.20	1.43	1.56	1.51	1.70	1.71	1.82	1.92
ME－2	1.22	0.43	1.05	0.96	1.19	1.33	1.19	1.58	1.28	1.43	1.79
ME－3	1.22	0.56	0.88	1.23	0.95	1.36	1.30	1.30	1.40	1.54	1.60
ME－4	1.19	0.39	0.72	1.06	1.36	1.13	1.21	1.34	1.59	1.51	1.47
ME－5	1.24	0.88	0.65	1.08	1.47	1.13	1.43	1.44	1.26	1.52	1.49
ME－6	1.15	0.70	0.98	1.14	1.23	0.94	1.27	1.19	1.19	1.24	1.50
ME－7	1.07	0.95	1.00	0.99	0.83	0.99	1.13	0.99	1.16	1.10	1.47
ME－8	1.08	0.66	1.13	0.91	0.95	0.99	1.01	1.15	1.05	1.29	1.55
ME－9	0.95	0.44	0.89	0.92	1.00	1.05	0.93	0.82	1.11	1.04	1.22
Large－ME	0.89	0.93	0.88	0.84	0.71	0.79	0.83	0.81	0.96	0.97	1.18

资料来源：Eugene F.Fama，Kenneth R.French. The Cross－Section of Expected Stock Returns［J］. The Journal of Finance，1992，47（2）：427－465.

① Fama, E.F., K.R.French. Common Risk Factors in the Returns on Stocks and Bonds[J]. Journal of Financial Economics, 1993, 33(1): 3－56.

这个表格中的样本是 1963 年 7 月至 1990 年 12 月美国的纽交所、美交所和纳斯达克的股票。表格纵向按照规模从小到大分成十组，每个规模组别中，横向按照账面市值比从低到高分成十组，共 10×10，分了 100 组。在每年的 6 月，利用上一年的账面市值比（用某一股票上一年末的资产净值除以上一年 12 月底的股票市值）和规模值将股票分成十组，再分别计算每一组的等权重的 7 月到下一年 6 月收益率。

图 5－3 中任意找一行都会发现，账面市值比越大，组合收益越高。同样，任意找一列会发现，规模越小的组合收益越高。说明证券的收益率受到证券的市值规模和账面市值比的影响。所以，三因素模型在市场组合风险溢价之外，又加上了规模和账面市值比因素。

三因素模型的估计步骤：

1. 构建股票组合。按照每年 6 月末，所有纽约股票交易所、美国股票交易所以及纳斯达克交易所股票的市值规模的中值分为两组：大公司股票 B 和小公司股票 S。同时按照上一年的账面市值比将所有股票分为 3 组，最高 30%的 H 组，中间 40%的 M 组，最后 30%的 L 组。

然后同时按照规模和账面市值比把所有股票分成 6 个组合，分别是：S/L，S/M，S/H，B/L，B/M，B/H，再计算这 6 个组合从 7 月份到下一年 6 月的价值加权平均月收益。

2. 计算影响股票收益的风险因素值：

（1）SMB 为与规模相关的风险因素，等于小型公司股票组合的平均收益与大型公司股票组合的平均收益的差：SMB=(S/L+S/M+S/H)/3－(B/L+B/M+B/H)/3。

（2）HML 为与账面市值比相关的风险因素，等于高账面市值比组合的平均收益率与低账面市值比组合的平均收益率的差。

$$HML=(S/H+B/H)/2-(S/L+B/L)/2$$

（3）（r_m-r_f）是市场组合因素的收益，为市场组合收益率与无风险收益的差。回归方程：

$$\tilde{r}_{it}-r_{ft}=a_i+b_{im}(\tilde{r}_{Mt}-r_{ft})+b_{is}SMB_t+b_{ih}HML_t+\tilde{\varepsilon}_t$$

b_{im}，b_{is} 和 b_{ih} 分别是证券 i 对三个因素的敏感度，也被称为因子载荷。

Davis，Fama 和 French（2000）用 1929—1997 年 816 个月的数据基于这个模型进行了回归。他们发现，回归的截距项（每一资产组合 a_i 的估计值）非常小且整体统计不显著。R 方统计量的值大于 0.91，意味着三因素模型对超额收益具有很强的解释能力；规模和账面市值比的敏感度都有很高的 t 值，说明这些因素对模型的解释能力显著。

应该如何解释三因素模型的检验结果呢？

这三位教授提出的三个因素，可能更多的是数据挖掘的结果，至于其后的经济学解释可能并不是十分明确。可能的解释是，规模和账面市值比能解释没有被市场组合贝塔值所完全解释的系统风险。而另一个解释将这些没有被市场组合贝塔值解释的风险溢价视为投资者非理性行为偏差引起的错误定价。

基于风险的解释：

小规模公司因为流动性和信息不对称性，本身就比大规模公司具有更高的风险，且这种由规模带来的风险性质普遍影响着所有证券，所以解释了由规模带来的风险溢价。同理，账面市值比等其他财务或公司层面特征也代表了相应的风险来源，都需要相应的风险溢价。这些公司层面的特征因素表现为不同投资风格的组合。

基于行为的解释：

有学者认为账面市值比高的股票具有高收益，是一种价值型溢价。证券收益因账面市值比不同而不同，体现的是投资者对证券的一种错误定价。行为金融中的代表性启发法引致的心理和行为偏差正是这种错误定价的来源。因为使用代表性启发法决策的投资者倾向于将股票近期表现推及未来，认为近期表现好的股票未来也表现好，致使某些股票持续地被低估，那么在长期大概率会发生反转。而账面市值比作为代表价值的指标正是这种反转策略的指征。在长期发生反转时，这些前期被低估的账面市值比较高的证券就会有更好的收益。而近期表现好的股票也会在投资者的代表性启发法下，产生短期的动量效应，这就产生了另一个因素——动量因素。Jegadeesh 和 Titman（1993）发现短期内，表现较好的股票会继续上涨，表现较差的股票会继续下跌，表现为价格或收益短期的惯性（Momentum）。Carhart（1997）将动量因素作为第四种因素加入到三因素模型中，并用其评价共同基金的业绩。

因素模型的推广

五因素模型：三因素提出后，不断有实证发现三因素模型并没有完全解释证券的收益率，仍然有三因素模型解释不了的超额收益或异象存在。Fama 和 French（2015）又提出五因素模型，在三因素模型的基础上增加了盈利能力和投资两个因素。

$$\tilde{r}_{it} - r_f = a_i + b_i(\tilde{r}_{mt} - r_f) + s_i SMB_t + h_i HML_t + r_i RMW_t + c_i CMA_t + \tilde{\varepsilon}_{it}$$

q 因子模型①：Kewei Hou Chen Xue 和 Lu Zhang（2015）提出了 q 因子模型，其中的因子选择了市场因子、规模因子、投资因子、盈利因子。q 因子模型（q－factor Model）可以在横截面上很大程度解释股票的平均收益率。该模型检验了将近八十种异象，其中一半的异象在截面上。在很大程度上，q 因子模型在异象方面的解释力度好于 Fama－French（1993）三因素模型以及 Carhart（1997）②四因素模型，尤其在解释价值—成长异象（Value－Growth Anomaly）方面比 FF5 更好。

q－5 因子模型：Kewei Hou，Haitao Mo，Chen Xue 和 Lu Zhang（2018）③在 q 因子模型基础上提出 q－5 因子模型。该模型构建了横截面上成长性预期因素，且这个因素的风险溢价为月 0.82%，体现了对证券横截面收益很强的解释能力，比 Fama－French（2018）六因素模型解释力更强。

① Hou, Kewei, Chen Xue, Lu Zhang. Digesting Anomalies: An Investment Approach[J]. The Review of Financial Studies, 2015, 28(3): 650－705.

② Carhart, M. On Persistence in Mutual Fund Performance[J]. Journal of Finance, 1997, 52: 57－82.

③ Charles A. Dice Center Working Paper No. 2018－10. Fisher College of Business Working Paper No. 2018－03－010.

Hou，Xue 和 Zhang（2018）[①]指出有些不同的因素看起来是相关的，q－factor 模型大部分能归入 Fama－French（2015）五因素模型和六因素模型，而 q－5 模型可归入 Stambaugh－Yuan（2017）[②]四因素模型。

本章在线测试

思考和练习题

单选题：

1. 单指数模型是（　　）。

A. 单因素模型　　B. 多因素模型

C. 可以为任意资产定价　　D. 法玛提出的

2. 多因素模型：（　　）

A. 其多种因素都是能带来非系统风险的因素

B. 其多种因素都是能影响所有风险资产收益率的因素

C. 其中的因素都是可以明确的

D. 其中的因素只能是影响宏观经济的因素

3. 收益生成于一个因素模型的资产：（　　）

A. 其总风险就是所有因素的方差之和

B. 其总风险只有系统风险

C. 其非系统风险也是受这些因素影响的

D. 其总风险包括系统风险和非系统风险

4. 下面是两只股票的估计数据：

股票	期望收益	贝塔值	非系统风险（标准差）
A	0.12	0.5	0.2
B	0.18	1.2	0.3

市场指数的标准差为 20%，无风险收益率为 6%。组合 P 由 20%的 A、40%的 B，以及 40%的无风险资产构成，则 A 股票的标准差为多少？股票 A 和 B 的协方差为多少？组合 P 的期望收益率、标准差是多少？（　　）

A. 0.05；0.12；0.07；0.03　　B. 0.224；0.024；0.12；0.172

① Hou, K., Mo, H., Xue, C., Zhang, L. Which Factors?[J]. Review of Finance, 2019, 23: 1－35.

② Stambaugh, R., Yuan, Y. Mispricing Factors[J]. The Review of Financial Studies, 2017, 30(4): 1270－1315.

C. 0.025；0.14；0.07；0.17　　D. 0.03；0.12；0.096；0.03

5. 因素敏感度和标准差对于资产风险的描述有什么不同？（　　）

A. 因素敏感度只描述了非系统性风险，而标准差描述了总风险

B. 因素敏感度只描述了系统性风险，而标准差描述了总风险

C. 因素敏感度描述了系统性风险和非系统性风险，而标准差只描述了非系统性风险

D. 因素敏感度描述了系统性风险和非系统性风险，而标准差只描述了系统性风险

6. 市场指数收益的标准差为 20%，对于单因素模型，股票 A 的因素敏感度为 0.9，个体风险标准差为 0.3；股票 B 的因素敏感度为 1.1，个体风险标准差为 0.1。则两种股票的标准差和两者的协方差为多少？（　　）

A. 0.35；0.24；0.039 6　　B. 0.122 4；0.058 4；0.039 6

C. 0.35；0.24；0.200　　D. 0.122 4；0.058 4；0.200

判断题：

7. 因素模型是均衡定价模型。（　　）

A. 对　　B. 错

8. 特征线模型也是一种因素模型。（　　）

A. 对　　B. 错

9. 市场模型中的因素是指市场组合的收益，一般用现实中某个市场指数收益来代替。（　　）

A. 对　　B. 错

简答题：

10. 请说出单因素模型和资本资产定价模型的区别与联系。

11. 请说出三因素模型中规模因子和账面市值比因子的构建方法。

案例与讨论

2020 年 9 月 22 日，习近平主席在联合国大会一般性辩论上向全世界宣布，“中国将提高国家自主贡献力度，采取更加有力的政策和措施，二氧化碳排放力争于 2030 年前达到峰值，努力争取 2060 年前实现碳中和”。时隔一年，2021 年 9 月 21 日，习近平主席在同样场合再次强调，“中国将力争 2030 年前实现碳达峰、2060 年前实现碳中和，这需要付出艰苦努力，但我们会全力以赴”，充分表达了中国实现这一战略目标的决心①。

党的二十大报告在“加快发展方式绿色转型”部分，强调“推动经济社会发展绿色化、低碳化是实现高质量发展的关键环节。”“完善支持绿色发展的财税、金融、投资、价格政策和标准体系，发展绿色低碳产业，健全资源环境要素市场化配置体系，”而投资者对 ESG 评分的关注和基于 ESG 评分的投资，将有助于促进中国绿色金融和经济的可持续发展。

ESG 评级数据来源：

① 资料来源：中华人民共和国国家发展和改革委员会网站，https://www.ndrc.gov.cn/wsdwhfz/202111/t20211111_1303691.html?code=&state=123.

1. 明晟指数（MSCI 指数）中的 ESG 指数 MSCI ESG[1]；

2. Sustainalytics[2]；

3. Wind：商道融绿、社会价值投资联盟、OWL、华证指数、嘉实、华政指数、富时罗素的 ESG 评级；

4. CSMAR：上市公司披露的社会责任信息；

5. Bloomberg：商道融绿、标普、IdealRatings、Arabesque、Sustainalytics、ATMI-MedAccess、ISS-Gov、CDP 的评级或数据；

6. 沃顿商学院数据库 WRDS（Wharton Research Data Services）：RepRisk 数据库[3]。

全球主流 ESG 评级机构见表 5－4。

表 5－4　全球主流评级机构评级指标体系

机构	环境（E）	社会（S）	公司治理（G）
明晟（MSCI）	气候变化；自然资源；污染和浪费；环境机遇	人力；产品责任；利益相关方否决权；社会机遇	公司治理；公司行为
汤森路透（Thomson Reuters）	资源利用；减排；环保产品创新	员工；人权；社会；产品责任	管理；股东；社会责任战略
碳信息披露项目（CDP）	气候变化；水安全；森林		
富时罗素（FTSE Russell）	生物多样性；污染排放和资源利用；气候变化；企业供应链；水资源使用	客户责任；人权及团队建设；供应链；产品健康与安全；劳动标准	反腐败； 风险管理； 企业管理； 纳税透明度
道琼斯（DJSI）	环境信息披露；与运营相关的生态效益；气候政策	社会信息披露；劳工实践关键绩效指标；人权；人力资源发展；人才吸引与留存；企业公民与慈善；职业健康与安全	企业管制；重大性；风险及危机管理；商业行为准则；政策影响；供应链管理；税务策略

中国 A 股上市公司 ESG 评级：

1. 华证 ESG 评级（A 股上市公司）

2. 富时罗素 ESG 评级

3. 商道融绿 ESG 评级（中证 800 成分股）

4. 社会价值投资联盟 ESG 评级

5. Wind ESG 评级

6. Bloomberg ESG 评级

7. 嘉实 ESG

基于 ESG 评级的投资策略构造策略：

将个股层面的 ESG 评级作为因子指标并据此进行单变量排序，从而获得 ESG 评级高

① 资料来源：明晟指数网站，https://www.msci.com/zh/esg-ratings。

② 资料来源：Company ESG Risk Ratings，https://www.sustainalytics.com/esg-data。

③ 资料来源：沃顿商学院数据库，https://wrds-www.wharton.upenn.edu/pages/about/data-vendors/reprisk/。

低不同的组合。通过构建交易策略并考察不同 ESG 评级组合的平均收益率，可以得出不同 ESG 评级股票的收益差异。

根据 ESG 不同评分股票的收益差异，构造投资策略。具体地，根据 Bloomberg 发布的 ESG 评级的高低进行单变量分组。首先，在 Bloomberg 第一次发布 ESG 评级时形成组合，依据上市公司的 ESG 评级从低至高的升序排序并分为三组，每一个组合内以个股的市值作为权重。然后，计算每一个组合的持有期月均收益率，在该机构下一次更新评级时按照同样的评级单变量排序方式进行组合再平衡，并循环这一过程直到最后一个持有期结束。评级最高和最低的两组，分别为“High”和“Low”组，通过做多 ESG 评级最高组（High）、做空 ESG 评级最低组（Low）的方式构建一个多空组合（HLM，High Minus Low）（所有股票的权重之和等于 0），可得到多空投资策略收益。为了策略收益的稳健，排除了具有以下特征的样本：（1）上市时间少于一年的公司；（2）缺失财务和会计数据的观测；（3）在主板和创业板之外的股票市场中上市的股票。

股票交易数据来源于国泰安数据库，构建策略的组合建仓日为 2011 年 6 月底，组合再平衡周期为 12 个月，依据个股在再平衡日的市值赋予个股权重，样本时间窗口截至 2022 年 6 月。

表 5－5 报告了不同形成期和持有期的 ESG 评级策略的收益结果。其中纵向为不同形成期，横向为不同持有期，数据频率为月度。

表 5－5　　基于 Bloomberg ESG 评级的交易策略收益

形成期		持有期	1	3	6	12	
0	Low		0.161	−0.281	−0.403**	−0.107	
			(0.56)	(−1.02)	(−2.37)	(−0.84)	
0	High		0.283***	0.418***	0.508***	0.383***	
			(2.65)	(3.05)	(6.20)	(6.00)	
0	HML		0.122	0.699*	**0.911*** **	**0.490*** **	
			(0.38)	(1.83)	**(4.11)**	**(3.01)**	
12	Low		0.112	−0.197	−0.301*	−0.070	
			(0.34)	(−0.82)	(−1.91)	(−0.59)	
12	High		0.248*	0.423***	0.514***	0.386***	
			(1.85)	(2.87)	(5.95)	(6.06)	
12	HML		0.136	0.621*	**0.815*** **	**0.456*** **	
			(0.33)	(1.79)	**(3.79)**	**(2.95)**	

结果显示，较高 ESG 评级的股票组合（High 组）具有更高的持有期收益，且在短、中、长的持有期“High”组均呈现出了统计显著的正收益。同时，多空策略组合（HML 组）在 6 个月和 12 个月都有显著正收益。

表 5–6 报告了持有期为 12 个月的，基于 Bloomberg ESG 评级的多头（High）、空头（Low）、多空（HML，High Minus Low）组合的，分别经过 Fama-French 三因素模型（FF3）、五因素模型（FF5）、五因素+动量因素模型（FF5+UMD）、五因素+非流动性因素模型（FF5+IML）调整后的超额收益。基于 ESG 评分的多头组合（High）和多空组合（HML 组）在 12 个月的持有期都有显著为正的超额受益。

表 5－6　Bloomberg ESG 投资组合经风险调整后的超额收益（持有期 12 个月）

	FF3	FF5	FF5＋UMD	FF5＋IML
Low	－0.081	－0.063	－0.057	－0.039
	（–0.65）	（–0.50）	（–0.44）	（–0.32）
High	0.329***	0.318***	0.398***	0.370***
	（4.17）	（3.97）	（6.49）	（4.45）
HML	0.410***	0.382**	0.455***	0.410***
	（2.6）	（2.47）	（3.02）	（2.59）

问题与思考

请构造基于其他绿色金融指标的因子投资策略。

第6章 套利定价理论

本章学习目标

● 价值目标——通过本章的教学，使学生在掌握构造套利组合的基础上，理解现实中寻找投资机会的内在逻辑，理解宏观经济和微观企业层面通过的投资机会。通过案例的学习，理解中国的绿色金融、双碳政策，进而掌握寻找投资中国的特色因子的方法。加深学生对中国资本市场发展的理解和自信。

● 知识目标——通过本章的教学，使学生了解无套利均衡的含义；知晓无套利均衡下的资产定价方法；掌握套利的含义和构造套利组合的方法；理解套利定价模型的推导过程；学会辨析套利定价理论与资本资产定价模型。

● 能力目标——在学习本章知识的基础上，通过套利组合构建方法的练习，让学生学会在投资实践中找到套利机会，并构建投资策略；结合对系统风险和市场异象的理解，能在已知的系统风险和市场异象因子基础上，寻找新的因子并构建套利投资策略。

本章学习内容

● 无套利均衡与套利
● 套利定价理论的假设条件
● 套利定价模型的证明
● 套利定价模型的性质
● 套利定价模型和资本资产定价模型的区别与联系

本章思维导图

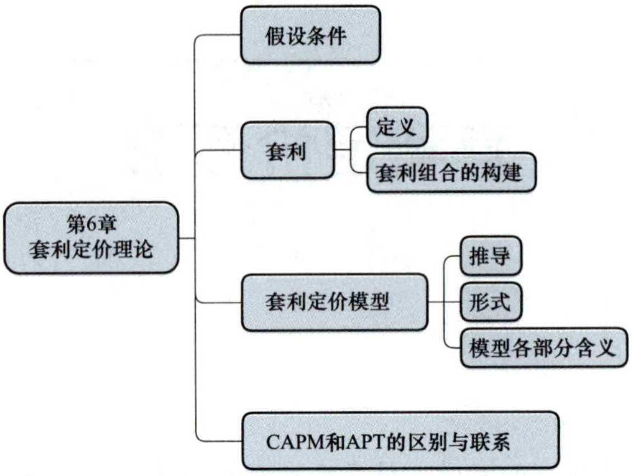

6.1 套利组合

扫码观看 课程视频

套利定价理论是由斯蒂芬·罗斯（Stephen Ross）于1976年提出的。这个理论直接利用了MM定理中提出的无套利均衡，解出了当市场均衡无套利机会时，证券的均衡定价公式。

资本资产定价模型是一个描述为什么不同的证券具有不同的期望收益率的均衡模型。证券之所以具有不同的期望收益率是因为它们具有不同的贝塔值，承担不同的系统风险。而由斯蒂芬·罗斯（Stephen Ross）提出的套利定价理论，从某种程度上说，它没有资本资产定价模型的推导那么复杂，也无须利用供需均衡机制，只在无套利均衡下就可以推导出来。

套利定价理论认为，套利行为是现代有效市场即市场均衡价格形成的一个决定因素。由于套利行为获得的是无风险利润，所以投资者一旦发现这种机会就会设法利用。随着投资者的套利行为的发生，这些获利机会将被消除，从而推动市场的均衡。

> 套利定价理论基于三个基本假定：
> 1. 因素模型能够描述证券收益；
> 2. 市场上有足够的证券来分散风险；
> 3. 完善的证券市场不允许任何套利机会存在。

套利的概念

套利是指没有期初净投资却能得到无风险收益的行为，可以分为三类套利。

第一类套利：成本为负，未来支付为 0。比如借钱不用还。

第二类套利：成本为 0，未来支付为正。简言之，第二类的套利机会让投资者不花费任何成本就能有机会获得未来正的收入，正是俗话说的“空手套白狼”。

第三类套利：成本为负，未来支付为正。是前两类套利的叠加。

三类套利虽然都说明了没有正的投入却得到正的收益，但是要想成为真正意义上的套利还需要加一个约束：在套利的同时，不承担任何风险。如果一个金融资产因为承担了风险而获得了正的风险溢价，也不能称其为套利。套利的一个典型例子就是同一只股票在两个不同的交易中以不同的价格交易。

例如，假设 AH 股青岛啤酒在 A 股市场的价格低于经过汇率等调整后的在港股市场的价格。那么你可以在买进 A 股市场该股票的同时，在港股市场卖出该股票，通过套利策略的构造赚取无风险收益。说明同样的商品应该有一样的价格，这就是一价定律，否则就有套利机会。

一价定律（Law of One Price）指出，如果两项资产在所有的经济性方面均相同，那它们应该具有相同的市场价格。一价定律被套利者所利用：一旦发现违背了这一定律，他们将进行套利活动，在价格低的地方买进资产的同时在价格高的地方售出资产。

在这一过程中，他们将促使低价资产的市场价格上升，而高价资产市场价格下降，直到套利机会消失。无风险套利投资组合最重要的性质是，不管投资者的风险厌恶程度和财富水平如何，投资者都愿意拥有一个充分套利的持仓。由于大量的套利交易使得价格上涨或下跌至套利机会完全消失，证券价格将满足“无套利条件”，所有证券的价格将被公平定价，最终达到一个不存在任何套利机会的价格水平。

套利定价理论的假设条件

1. 市场是完全竞争的，无摩擦的；
2. 投资者是非满足的，当投资者发现套利机会，他们一定会构造套利组合来赚钱；
3. 所有投资者的预期都相同，任何证券 i 的收益率满足 k 因子模型
   $\tilde{r}_i = a_i + b_{i1}\tilde{F}_1 + b_{i2}\tilde{F}_2 + \cdots + b_{ik}\tilde{F}_k + \tilde{\varepsilon}_i$；
4. $E(\tilde{\varepsilon}_i) = 0, \mathrm{cov}(\tilde{\varepsilon}_i, \tilde{\varepsilon}_j) = 0, i \neq j, \mathrm{cov}(\tilde{F}_i, \tilde{F}_j) = 0$；
5. 市场上证券种类个数大于因子种类个数。

注意：

1. APT 没有对个体风险偏好做任何假设。因素模型说明，所有具有相等因素敏感度的证券或证券组合，除去非因素风险外，具有相同的期望收益。因此，所有具有相等因素敏感度的证券或证券组合的期望收益率是一样的。否则，就会存在套利机会，投资者就会利用它们，直到这些套利机会消失为止。这就是 APT 的实质。

2. APT 的假设条件中也没有要求每个投资者都是套利者，只要存在某些套利者能构筑

足够大的头寸将套利机会抹平就可满足模型要求。

3. 要求因素之间是不相关的，如果因素之间相关，则可以通过因子提取法等计量方法，将因子之间相关性调整为零。

套利组合的定义

如果一个证券组合满足下列三个条件，就为套利组合：

1. 初始价格为零（期初不花钱）；
2. 对各个因素的敏感度为零（也就是因素风险为零）；
3. 期望收益率为正。

满足上面几个条件的组合期初没有正的投入，不承担任何系统风险，但期末收益为正，这样的组合就是套利组合。根据套利组合的定义，可以列出下面的不等式方程组：

$$\begin{cases} w_1 + w_2 + \cdots + w_n = 0 \\ b_{11}w_1 + b_{21}w_2 + \cdots + b_{n1}w_n = 0 \\ b_{12}w_1 + b_{22}w_2 + \cdots + b_{n2}w_n = 0 \\ \cdots\cdots \\ b_{1K}w_1 + b_{2K}w_2 + \cdots + b_{nK}w_n = 0 \\ E(\tilde{r}_1)w_1 + E(\tilde{r}_2)w_2 + \cdots + E(\tilde{r}_n)w_n = 0 \end{cases}$$

$$(n > K)$$

这个不等式方程组的解就是一个套利证券组合。这里 w_1 到 w_n 是 n 种风险资产的投资比例，是投资权重。b_{iK} 表示证券 i 对因素 k 的因素敏感度，b_{iK} 的第一角标表示第 i 个证券，i 从 1 到 n，有 n 种风险资产。b_{iK} 的第二个角标表示第 k 个因素，k 从 1 到 K，有 K 个宏观因素。假设 $n > K$，意味着市场中，证券的种类要多于因素的数量。如果反过来，因素的数量多于证券的种类，那就没有办法来用因素为证券定价了。

套利不等式方程组的第一行式子表示 n 种风险资产权重之和等于零，说明各种资产的权重有的为正，有的为负，但它们的和为零。我们把权重之和为零的组合称为自融资组合。相当于期初时，投资者对这个组合不用任何投入，可以用卖空一些资产得来的资金投资在另一些资产上。卖空的这些资产权重为负数，投资的另一些资产权重为正数，只要保证它们的和为零，就是期初零投入的自融资组合。

第二行的式子表示组合对第一个因素的敏感度为零。组合的因素敏感度，是组合中各个资产对这个因素敏感度的加权平均，权重是各个资产的投资权重。b_{11} 是第一个资产对因素 1 的敏感度，b_{21} 是第二个资产对因素 1 的敏感度，b_{n1} 表示第 n 个资产对因素 1 的敏感度。第二个式子中，所有的 n 个敏感度都是对因素 1 的敏感度，所以第二个式子中 b 的第二个角标都是 1。将它们按照 n 种资产的投资权重加起来，就是组合对第一种风险因素的敏感度，其值为零说明这个组合不承担第一个风险因素带来的风险。

同理，第三个式子说明 n 种资产组成的组合，对因素 2 的敏感度等于零。这个组合也不承担第二种因素的风险。

如果组合不承担 K 种因素的风险，那么就有 K 个这样的方程。所以中间的这 K 个方程的含义，就是这个组合不承担任何一种风险因素的风险，也就是说这个组合不承担任何系统风险。

最后一个式子是 n 种证券的组合期望收益率大于零，说明套利组合期初投入为零，不承担任何系统风险，期末还能获得一个正的收益率。

总结：一共 $K+2$ 个式子。第一个式子是自融资条件，组合期初投入为零；中间 K 个式子，表明不承担任何因素风险；最后一个式子表明期望收益率为正。

如果这个不等式组有解的话，解出来的是一个套利组合。

例子：在一个只有一个风险因素的金融市场中，假定投资者持有价值 1 200 万元的三种证券，这三种证券具有如表 6－1 所示的期望收益率和因素敏感度。问：这三种证券在这样的期望收益率与因素敏感度状态下，是否处于均衡状态呢？如果不处于均衡状态，价格应该如何变化？

表 6－1　四种证券的期望收益率和因素敏感度

证券 i	期望收益率 r_i（%）	因素敏感度 b_i
证券 1	15	0.9
证券 2	21	3.0
证券 3	12	1.8

解决这个问题的思路是：根据这三种证券的期望收益率与因素敏感度状态，看是否能由这三种证券构建一个套利组合。如果构建出了一个套利组合，则说明此时市场并没有处于均衡状态。

构造套利组合：假设在三种证券上的投资比例分别是 w_1, w_2 和 w_3，根据三种证券的期望收益率和敏感度的值，可以列出下面的不等式方程组：

$w_1 + w_2 + w_3 = 0$——自融资

$b_{11}w_1 + b_{21}w_2 + b_{31}w_3 = 0$——对因素的敏感度为零，不承担任何系统风险

$E(\tilde{r}_1)w_1 + E(\tilde{r}_2)w_2 + E(\tilde{r}_3)w_3 > 0$——期望收益为正

可以解出上面不等式方程组的一组解是（0.1，0.075，－0.175），即卖空价值 210 万元（1 200 万×0.175）的证券 3，用卖空证券 3 的资金 210 万元，购买 120 万元（0.1×1 200 万元）的证券 1 和 90 万元（1 200 万×0.075）的证券 2，因此这个组合是不需要任何期初投入的。

当然这里的初始财富 1 200 万元也是没有任何变化的，唯一的作用是作为一个财富的基数去乘以投资比例，对问题求解没有任何影响。这里的初始财富可以为零，或者其他任何数，影响的只是持有套利组合的规模和赚取的套利收益的大小。

如果按照这个套利组合进行投资的话，得到的套利收益是多少呢？

$$E(\tilde{r}_p) = 0.1\times0.15 + 0.075\times0.21 + (-0.175)\times0.12 = 0.01$$

说明这个套利组合的无风险收益率（套利收益率）是 0.01。

为了得到这个正的无风险收益率 0.01，市场中的套利者会纷纷构造这个套利组合，赚

取 1%的无风险收益率。

于是套利者都买入证券 1 和证券 2，同时卖空证券 3。如果套利者都这么做，后果是证券 1 和证券 2 的价格由于投资者的买入行为而上升，证券 3 的价格由于卖出行为而下跌。同时，证券 1 和证券 2 的收益率会随着价格提高而降低，证券 3 的收益率会随着价格下跌而上升。

但是这个过程不能永久持续下去，由于证券 1 和证券 2 的收益率下降，证券 3 的收益率上升，套利组合的无风险收益会越来越小，直到为零，那么由这三种证券组成的组合就无法形成套利组合，它们将处于无套利状态。

这一章所要介绍的套利定价模型就是要得出，在市场上没有套利机会的时候，各个资产的均衡收益率应该具有什么样的规律、符合什么样的模型。

6.2 基于单因素的套利定价模型

本节将基于单因素模型假设证明套利定价理论。

当市场达到均衡的时候，市场上是没有套利机会的，这时各资产的期望收益率会满足 APT 套利定价模型。

扫码观看 课程视频

假设只有一个因素，单因素模型可以写成：

$$\tilde{r}_i = a_i + b_i\tilde{F} + \tilde{\varepsilon}_i \tag{6-1}$$

对式（6－1）两边同时求期望得到式（6－2）：

$$E(\tilde{r}_i) = a_i + b_iE(\tilde{F}) \tag{6-2}$$

再用式（6－2）减去式（6－1）得到式（6－3）：

$$\tilde{r}_i - E(\tilde{r}_i) = b_i[\tilde{F} - E(\tilde{F})] + \tilde{\varepsilon}_i \tag{6-3}$$

再把式（6－3）中的 $E(\tilde{r}_i)$ 挪到右边，得到下面的式（6－4）：

$$\tilde{r}_i = E(\tilde{r}_i) + b_i[\tilde{F} - E(\tilde{F})] + \tilde{\varepsilon}_i \tag{6-4}$$

所以单因素模型还可以写成式（6－4）——因素对期望值偏离的形式。

式（6－4）中，如果把因素 $\tilde{F}$ 看成 $\tilde{F} - E(\tilde{F})$ 形式（因子偏离其期望的形式，或因子意外变动的形式）的话，那么 $E(\tilde{F}) = 0$，且式（6－4）可以进一步写成：

$$\tilde{r}_i = E(\tilde{r}_i) + b_i\tilde{F} + \tilde{\varepsilon}_i$$

假设所有资产的个体风险都为 0，即考虑没有非系统风险的资产，则资产的收益率可以写成：

$$\tilde{r}_i = E(\tilde{r}_i) + b_i\tilde{F}$$

$$\tilde{r}_j = E(\tilde{r}_j) + b_j\tilde{F}$$

其中，$\tilde{F}$ 是风险因素，是宏观因素对其期望偏离的形式。因此，$E(\tilde{F}) = 0$。

假设有两种风险资产有不等于 0 且不相同的因素敏感度，即 b_i 不等于 b_j。因此可以构造组合 p，把单位化为 1 的总财富分配到两种风险资产上。组合中包含 w 比例的资产 i 和

$1-w$ 比例的资产 j，于是组合 p 的随机收益为：

$$\tilde{r}_p = w\tilde{r}_i + (1-w)\tilde{r}_j$$

将 $\tilde{r}_i$ 和 $\tilde{r}_j$ 的单因素模型代入上式，得：

$$\tilde{r}_p = [wE(\tilde{r}_i) + (1-w)E(\tilde{r}_j)] + [wb_i + (1-w)b_j]\tilde{F} \tag{6-5}$$

由于有两种资产，而不确定性因素的来源只有一个，所以可以通过选择组合权重 w 来消除组合的不确定性，这样就能够使组合收益率 $E(r_p) = r_f$。

使得组合系统风险为零的权重记为 w_0，有：

$$w_0 b_i + (1-w_0)b_j = 0$$

$$w_0 = \frac{b_j}{b_j - b_i} \tag{6-6}$$

将 w_0 代回 r_p 的表达式（6－5）中，得到因素敏感度为 0 的组合 p_0 的收益率。

由于单因素模型的形式：$\tilde{r}_i = E(\tilde{r}_i) + b_i\tilde{F} + \tilde{\varepsilon}_i$

则，对因素敏感度为零的组合 p_0 的收益率为：

$$\tilde{r}_{p_0} = E(\tilde{r}_{p_0}) + 0 \times \tilde{F}$$

当市场均衡的时候，对因素敏感度为零的组合收益率一定是无风险收益率，否则会出现套利机会。

$$E(\tilde{r}_{p_0}) = w_0 E(\tilde{r}_i) + (1-w_0)E(\tilde{r}_j) = r_f$$

将 w_0 的式（6－6）代入得：

$$\frac{b_j}{b_j - b_i}E(\tilde{r}_i) + \left(1 - \frac{b_j}{b_j - b_i}\right)E(\tilde{r}_j) = r_f$$

$$\Rightarrow \frac{E(\tilde{r}_i) - r_f}{b_i} = \frac{E(\tilde{r}_j) - r_f}{b_j} = \lambda$$

因此，对任意资产 i 的期望收益率满足：

$$E(\tilde{r}_i) = r_f + \lambda b_i \tag{6-7}$$

当资产 i 的因素敏感度为 1 时，根据式（6－7），资产 i 的期望收益率为因素的期望收益率：

$$E(\tilde{r}_i) = r_f + \lambda = E(\tilde{F}) \Rightarrow \lambda = E(\tilde{F}) - r_f \tag{6-8}$$

可知，λ 为因素的风险溢价。将 λ 代入式（6－7），得到基于单因素模型的套利定价模型：

$$E(\tilde{r}_i) = r_f + b_i[E(\tilde{F}) - r_f] \tag{6-9}$$

因此，当市场不存在套利机会时，任意资产的期望收益率满足基于单因素模型的套利定价模型（6－9）。且资产的均衡期望收益率和 CAPM 一样，由两部分组成：时间价值带来的无风险收益率 r_f 和因素风险带来的风险溢价 $b_i[E(\tilde{F}) - r_f]$。

在求 λ 时，假设某资产的因素敏感度为 1，称因素敏感度为 1 的组合为**因素组合**（Factor

Portfolio）。存在多个因素时，**因素组合**的定义为对其中某一个因素的敏感度为 1，对其他因素的敏感度为零的充分分散化的组合。因此，因素组合的收益率为因素期望收益率。（8）式中的 λ 叫做因素溢价（Factor Premium），且因素组合没有非系统风险，只有系统风险，其系统风险就是某个因素的风险。

从形式上看，套利定价模型和资本资产定价模型差不多，都是单因素的线性模型，但两者的推出逻辑和含义并不一样。

套利定价模型和资本资产定价模型的区别与联系：

1. 从推出逻辑上看，资本资产定价模型基于的是供需均衡，而套利定价模型基于的是无套利均衡，只是要求市场中不存在套利的机会。

2. 在资本资产定价模型中，需要市场组合的存在为前提，市场组合的风险是整个市场唯一的风险来源，市场组合包含了所有风险资产的组合。而在单因素 APT 中，因素组合并没有明确指出哪个因素，也没有具体的经济含义。与其说这是套利定价模型的局限性，不如说这是套利定价模型的灵活性所在。

6.3　套利定价模型证明——基于多因素模型（一）

本节将考虑更一般的情况，即包含多个因素且存在公司个体风险的情况。假设有 K 个影响资产收益率的因素，市场中存在 n 种风险资产，每种资产的收益率都同时受到 K 个因素的共同影响，还假设资产的数量远远比因素的数量多 ($n > K$)。任意一种资产 i 的收益率可以用多因素模型来表示：

扫码观看　课程视频

$$\tilde{r}_i = E(\tilde{r}_i) + \sum_{k=1}^{K} b_{ik}\tilde{F}_k + \tilde{\varepsilon}_i \tag{6-10}$$

其中，$i = 1,2,\cdots,n;\ k = 1,2,\cdots,K$

这个多因素模型中的（1）式，也是因素对其期望值偏离的形式，因此，$E(\tilde{F}_k) = 0$。同时还假设资产的个体风险的期望值为 0，则 $E(\tilde{\varepsilon}_i) = 0$。

还假设因素方差为 1，公司层面的个体风险方差相等且有界，即 $E(\tilde{F}_k) = 1$，$E(\varepsilon_i^2) = \sigma_{\varepsilon_i}^2 < \infty$。

再假设任意两个因素之间、任意两个证券的公司个体风险之间，以及任意因素和个体风险之间都是相互独立的，有：

$$\mathrm{cov}(\tilde{F}_k, \tilde{F}_{k'}) = \mathrm{cov}(\tilde{\varepsilon}_i, \tilde{\varepsilon}_j) = \mathrm{cov}(\tilde{F}_k, \tilde{\varepsilon}_i) = 0$$

考虑组合 p 是由 n 种风险资产形成的，组合中资产 i 的权重为 w_i，$\sum w_i = 1$，则 r_p 等于 n 种风险资产收益率的加权和。将资产 i 的多因素模型代入 $\tilde{r}_p$ 中，得到：

$$\tilde{r}_p = \sum_{i=1}^{n} w_i \tilde{r}_i = \sum_{i=1}^{n} w_i E(\tilde{r}_i) + \left(\sum_{i=1}^{n} w_i b_{i1}\right)\tilde{F}_1 + \cdots + \left(\sum_{i=1}^{n} w_i b_{iK}\right)\tilde{F}_K + \sum_{i=1}^{n} w_i \tilde{\varepsilon}_i$$

可通过选择 n 种风险资产的权重，使得组合 p 不承担任何系统风险，要求组合 p 对每一种因素的敏感度为零。针对 K 个风险因素，得到 K 个关于风险的等式：

$$\begin{aligned}&\sum_{i=1}^{n} w_i b_{i1} = 0\\ &\vdots\\ &\sum_{i=1}^{n} w_i b_{iK} = 0\end{aligned} \tag{6-11}$$

第一个等式，是组合 p 对因素 1 的敏感度，等于组合 p 中 n 种风险资产对因素 1 敏感度的加权和。其中 $b_{i1}(i=1\cdots n)$ 表示敏感度 b 的第一个脚标代表第 i 个资产，第二个脚标代表对哪一个因素的敏感度。

同理，这 K 个式子表示组合 p 对每一种因素的敏感度都等于 0，因此组合 p 不承担任何因素风险，就是不承担任何系统风险。

这个方程组中，有 n 个未知数 w_i，有 K 个方程，当 $n>K$ 时，这个方程组有解且解不止一个。可以将解出的权重代回 r_p 的式子中，由于该组合是对所有 K 个因素的敏感度均为零的组合，得到：

$$\tilde{r}_p = \sum_{i=1}^{n} w_i \tilde{r}_i = \sum_{i=1}^{n} w_i E(\tilde{r}_i) + \left(\sum_{i=1}^{n} w_i b_{i1}\right)\tilde{F}_1 + \cdots + \left(\sum_{i=1}^{n} w_i b_{iK}\right)\tilde{F}_K + \sum_{i=1}^{n} w_i \tilde{\varepsilon}_i$$

$$\Rightarrow \tilde{r}_{p_0} = \sum_{i=1}^{n} w_i E(\tilde{r}_i) + \sum_{i=1}^{n} w_i \tilde{\varepsilon}_i$$

可知组合 p_0 的方差中没有系统风险，全部都是非系统风险。由于假设所有公司个体层面的方差都是 σ_ε^2，即 $\sigma_{\varepsilon_i}^2 = \sigma_\varepsilon^2, \forall i$，所以组合 r_{p_0} 的方差为：

$$\sigma_{p_0}^2 = \sum_{i=1}^{n} w_i^2 \sigma_\varepsilon^2$$

当资产的数量 $n \to \infty$，每个资产的权重非常小，$w_i \to \dfrac{1}{n}$，得到：

$$\sigma_{p_0}^2 = n \times \left(\frac{1}{n}\right)^2 \times \sigma_\varepsilon^2 = \frac{\sigma_\varepsilon^2}{n}$$

由于假设了公司个体层面的方差有界，因此当 n 趋向于无穷大时，组合 p_0 的方差趋向于零：

$$n \to \infty,\ \ \sigma_{p_0}^2 \to 0$$

则市场均衡时，由于组合 p_0 不承担任何系统风险，同时其非系统风险趋于零，因此其收益率应为无风险收益率：

$$\Rightarrow \tilde{r}_{p_0} = \sum_{i=1}^{n} w_i E(\tilde{r}_i) = r_f \tag{6-12}$$

式（6－12）中的 w_i 是解上面的 K 个因素敏感度为零的方程组（6－11）的解，所以 w_i 是各个敏感度 b 的函数。

因此，由式（6－12）可知，可以把各个资产的期望收益率 $E(r_i)$ 表示成无风险利率与敏感度的函数。可以证明，各种资产的期望收益率可以表示为：

$$E(\tilde{r}_i)=r_f+\sum_{k=1}^{K}b_{ik}\lambda_k \qquad (6-13)$$

同样可以假设资产 i 为某个因素 k 的因素组合（该组合只对因素 k 的敏感度为 1，对其他因素的敏感度为零）时，该资产的期望收益率为 $E(\tilde{F}_k)$，代入式（6－13）得：

$$E(\tilde{F}_k)=r_f+\lambda_k \Rightarrow \lambda_k=E(\tilde{F}_k)-r_f$$

因此，λ_k 为因素 k 的风险溢价。将 λ_k 代入式（6－13）得到基于多因素模型的套利定价模型：

$$E(\tilde{r}_i)=r_f+b_{i1}[E(\tilde{F}_1)-r_f]+b_{i2}[E(\tilde{F}_2)-r_f]+\cdots+b_{iK}[E(\tilde{F}_K)-r_f]$$

可见当市场均衡无套利机会时，资产的均衡收益率等于时间价值带来的无风险收益率 r_f，以及因承担 K 种因素风险而得到的 K 种因素带来的风险溢价：

$$b_{i1}[E(\tilde{F}_1)-r_f]+b_{i2}[E(\tilde{F}_2)-r_f]+\cdots+b_{iK}[E(\tilde{F}_K)-r_f]$$

从形式上看，基于多因素模型的套利定价模型是多元线性的形式，非常简单和易于理解。当市场均衡时，没有任何套利机会，资产的风险溢价只能来自 K 种风险因素带来的风险溢价，某个因素 k 带来的风险溢价取决于该因素 k 本身的风险溢价 $[E(\tilde{F}_k)-r_f]$，以及该资产或组合对因素 k 的因素敏感度，如果因素敏感度比较大，则承担了更多来自因素 k 的风险，从而要求更高的来自因素 k 的风险溢价 $b_{ik}[E(\tilde{F}_k)-r_f]$。

6.4　套利定价模型证明——基于多因素模型（二）

本节介绍基于多因素模型的套利定价模型的另一种推导，这种推导更加形象易懂。

市场均衡的时候，最直观的一个结论就是构建不出套利组合。即试图构造套利组合的不等式组是无解的，或市场均衡的时候，套利组合不等式组的最后一个式子不是大于零的，而是等于零的。

扫码观看　课程视频

假设如下几个列向量，分别定义 I 为 n 维单位列向量，w 为 n 维权重向量，bk 为 n 维敏感度列向量（$k=1,2,\cdots,K$），e 为 n 维期望收益列向量：

$$\begin{aligned}
&w=(w_1,w_2,\cdots,w_n)^T\\
&I=(1,1,\cdots,1)^T\\
&b1=(b_{11},b_{21},\cdots,b_{n1})^T\\
&\vdots\\
&bk=(b_{1k},b_{2k},\cdots,b_{nk})^T\\
&\vdots\\
&bK=(b_{1K},b_{2K},\cdots,b_{nK})^T\\
&e=[E(\tilde{r}_1),E(\tilde{r}_2),\cdots,E(\tilde{r}_n)]^T
\end{aligned}$$

根据期初无投入，不承担风险，组合期望收益率一定为零，可以列出不存在套利机会的方程组：

$$
\begin{aligned}
&I^T \cdot w = 0 \Leftrightarrow I \perp w \\
&b1^T \cdot w = 0 \Leftrightarrow b1 \perp w \\
&b2^T \cdot w = 0 \Leftrightarrow b2 \perp w \\
&\vdots \\
&bK^T \cdot w = 0 \Leftrightarrow bK \perp w \\
&e^T \cdot w = 0 \Leftrightarrow e \perp w
\end{aligned}
$$

根据期初无投入、自融资的条件，可以列出 $w_1 + w_2 + \cdots + w_n = 0$（$I^T \cdot w = 0$）。根据不承担第一个因素风险，可以列出 $b1^T \cdot w = 0$，还可以列出 K 个敏感度为零的式子。根据无套利组合的期望收益为零，列出最后一个式子：$e^T w = 0$。

由于两个向量相乘的内积等于零，意味着这两个向量是互相垂直的，则单位向量 I、K 个敏感度向量（$b1, \cdots, bK$），以及期望收益率向量 e 都和权重向量 w 是垂直的。

如果几个向量都和同一个向量垂直，那么这几个向量之间可以互相线性表出（见图 6－1）。

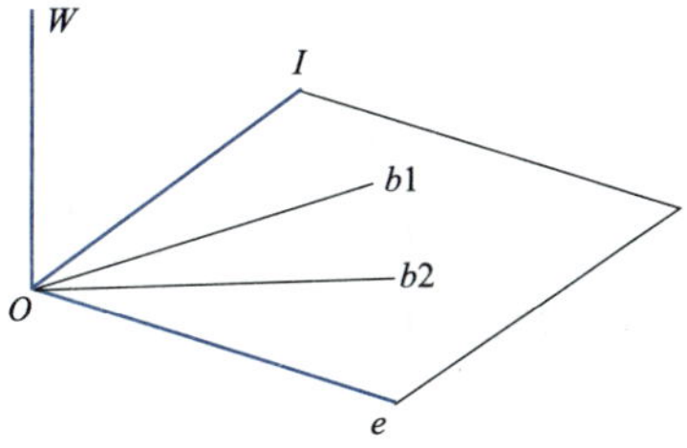

图 6－1　向量空间示意图

在向量空间中，如果向量 I、b 正交于 w，蕴含着 e 正交于 w，则 e 必须落在由 I 和 b 组成的二维空间上，e 可以由 I、b 线性表出。如果 e 用 I，$b1$ 到 bK 线性表示的话，可以列出下面的式子：

$$e = \lambda_0 I + \lambda_1 b1 + \lambda_2 b2 + \cdots + \lambda_K bK$$

将这个式子的列向量展开：

$$
\begin{pmatrix} E(\tilde{r}_1) \\ E(\tilde{r}_1) \\ \vdots \\ E(\tilde{r}_i) \\ \vdots \\ E(\tilde{r}_n) \end{pmatrix}
= \lambda_0 \begin{pmatrix} 1 \\ 1 \\ \vdots \\ 1 \\ \vdots \\ 1 \end{pmatrix}
+ \lambda_1 \begin{pmatrix} b_{11} \\ b_{21} \\ \vdots \\ b_{i1} \\ \vdots \\ b_{n1} \end{pmatrix}
+ \lambda_2 \begin{pmatrix} b_{12} \\ b_{22} \\ \vdots \\ b_{i2} \\ \vdots \\ b_{n2} \end{pmatrix}
+ \cdots + \lambda_K \begin{pmatrix} b_{1K} \\ b_{2K} \\ \vdots \\ b_{iK} \\ \vdots \\ b_{nK} \end{pmatrix}
$$

取其中的第 i 行，可以得到基于多因素模型的套利定价模型（APT）：

$$E(\tilde{r}_i) = \lambda_0 + \lambda_1 b_{i1} + \lambda_2 b_{i2} + \cdots + \lambda_K b_{iK}$$

同样可以假设 i 为无风险资产，则：

$$r_f = \lambda_0 + \lambda_k \times 0 \Rightarrow \lambda_0 = r_f$$

可以假设 i 为某个因素的因素组合，则：

$$E(\tilde{F}_k) = r_f + \lambda_k \times 1 \Rightarrow \lambda_k = E(\tilde{F}_k) - r_f$$

所以 λ_k 为因素 k 的因素风险溢价。

APT 的另一种证明，需要用到 Farkas 引理。

根据 Farkas 引理，不等式组 $A^T w \leqslant 0$ 无解

$$\Leftrightarrow \exists \lambda \geqslant 0,\quad s.t. A\lambda = e$$
$$e^T w > 0$$

可将 w 看成投资比例权重向量，由单位向量和 n 种风险资产对 K 种因素的因素敏感度矩阵 b 组成的矩阵 $[Ib]^{\mathrm{T}}$ 看成 A^T，e 看成期望收益率，则不等式组以及等价条件为：

$$\begin{cases} I^T w \leqslant 0 \\ b^T w \leqslant 0 \quad 则存在：[Ib]\lambda = e \\ e^T w > 0 \end{cases}$$

其中：$b = \begin{bmatrix} b_{11}, b_{12}, \cdots, b_{1K} \\ b_{21}, b_{22}, \cdots, b_{2K} \\ b_{31}, b_{32}, \cdots, b_{3K} \\ \cdots \\ b_{n1}, b_{n2}, \cdots, b_{nK} \end{bmatrix}_{n\times K}$，$[Ib] = \begin{bmatrix} 1, b_{11}, b_{12}, \cdots, b_{1K} \\ 1, b_{21}, b_{22}, \cdots, b_{2K} \\ 1, b_{31}, b_{32}, \cdots, b_{3K} \\ \cdots \\ 1, b_{n1}, b_{n2}, \cdots, b_{nK} \end{bmatrix}_{n\times(K+1)}$ $\lambda = \begin{bmatrix} \lambda_0 \\ \lambda_1 \\ \lambda_2 \\ \lambda_3 \\ \cdots \\ \lambda_K \end{bmatrix}_{(K+1)}$

同样，可以将 $[Ib]\lambda = e$ 中的第 i 行取出，即为基于多因素模型的套利定价模型（APT）。

6.5　套利定价模型的性质

性质 1　一个充分分散化的组合，公司层面的个体风险可以被分散掉。

性质 2　如果两个充分分散化的组合具有相同因素敏感度，那么在市场均衡时，它们一定具有相同的期望收益。

$$b_i = b_j \Rightarrow E(\tilde{r}_i) = E(\tilde{r}_j)$$

扫码观看　课程视频

性质 1 很好理解，在之前的章节中已经证明过。性质 2 是说充分分散化的组合是没有非系统风险的，那么对应的均衡期望收益率是和其承担的系统风险相对应的。而系统风险是由其因素敏感度决定的，所以因素敏感度相同的两个组合一定具有相同的期望收益，否则将存在无风险套利机会，通过套利使二者期望收益相等。

根据单因素 APT 的式子：

$$E(\tilde{r}_i) = r_f + b_i[E(\tilde{F}) - r_f]$$

其中$E(\tilde{F})$是因素的收益率。当因素组合的风险溢价$E(\tilde{F})-r_f$给定的时候，如果敏感度b相同，那么资产的期望收益率也一定相同。

例子：图 6-2 坐标系是收益率和因素对宏观因素偏离值的坐标系。

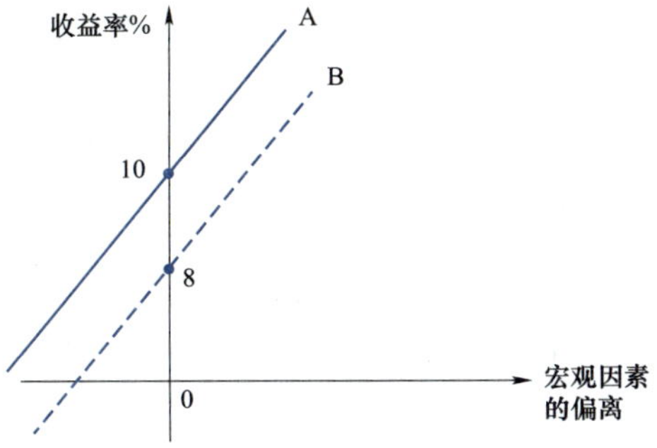

图 6-2　证券 A 和 B 的收益率和宏观因素偏离图

实线描绘了在不同的系统风险下，一个因素敏感度$b_A=1$的充分分散化的资产组合 A 的情况。A 的期望收益率为 10%。

虚线代表另一充分分散化资产组合 B 的收益，其收益率为 8%，且因素敏感度b_B也等于 1。那么市场均衡的时候，组合 A 和 B 是否能够在图中的条件下共存呢？

根据性质 2，如果两个组合的因素敏感度相同，当市场均衡的时候，它们的均衡期望收益率应该也相同。可见，图中 A 和 B，它们的特征线的斜率相同，说明它们的因素敏感度相同，所以在均衡时它们的期望收益率也应该相同。

此时，可以构建套利组合，卖空组合 B 的同时买入等资金量的组合 A，这样可以获得 10%-8%，也就是 2%的套利收益率。

随着套利者不断卖出组合 B，组合 B 的价格下降，收益率上升。而随着套利者不断买入组合 A，组合 A 的价格上升，收益率下降。直到它们期望收益率相等，套利机会消失，就满足单因素 APT 模型了。

性质 3　对任意的两个充分分散化的投资组合i和j，它们具有不同的因素敏感度，当市场均衡时，它们的风险溢价必须正比于它们各自的因素敏感度。可表述为下式：

$$\frac{E(\tilde{r}_i)-r_f}{b_i}=\frac{E(\tilde{r}_j)-r_f}{b_j}$$

同样，根据单因素 APT 的表达式：

$$E(\tilde{r}_i)=r_f+b_i[E(\tilde{F})-r_f]$$

可以变换成：$E(\tilde{r}_i)-r_f=b_i[E(\tilde{F})-r_f]$

进而，$\dfrac{E(\tilde{r}_i)-r_f}{b_i}=E(\tilde{F})-r_f$

而市场中，因素$\tilde{F}$的因素组合风险溢价$E(\tilde{F})-r_f$是给定的，所以均衡时任意资产风险和其敏感度的比值就是一个常数了，即之前所提的λ。因此，性质 3 成立。

例子：图 6-3 的坐标系是期望收益和因素敏感度坐标系。给定充分分散化的组合 A

的期望收益率是 10%，敏感度是 1；无风险收益率是 4%；充分分散化的组合 C 的期望收益是 6%，敏感度是 0.5。

问：当市场均衡时，组合 C 是否存在？

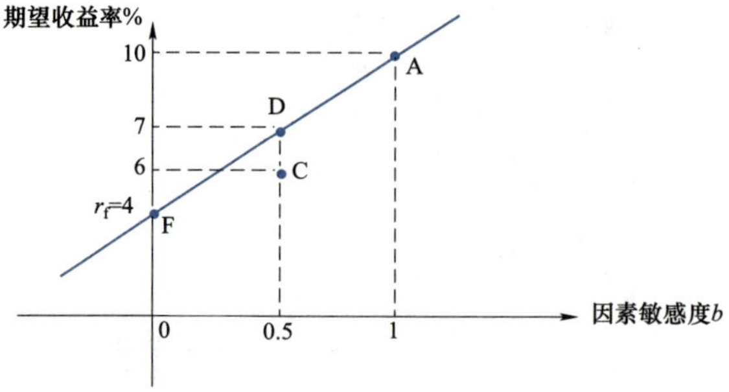

图 6-3 证券的期望收益率和因素敏感度

根据性质 3，当市场均衡的时候，充分分散化的组合的风险溢价和其因素敏感度的比值为常数。可以计算组合 A 和 C 的这个比值，组合 A：（10%－4%）/1=6%；组合 C：（6%－4%）/0.5=4%，两者不同，则存在套利机会。

可以利用组合 A 和无风险资产构造一个和 C 的敏感度一样，但却有着不同期望收益率的组合 D。例如，组合 D 由 50%的 A 和 50%的无风险资产 F 构成，那么组合 D 的敏感度是 0.5×1+0.5×0=0.5，组合 D 的期望收益为 0.5×10%+0.5×4%=7%。

可以卖空组合 C，同时用卖空组合 C 得到的资金买入组合 D，相当于用资金的一半买入组合 A，另一半买入无风险资产 F。因此，可以得到（7%－6%）的无风险套利收益率 1%。

性质 4 对绝大多数资产 i, j，其风险溢价与 b 值成比例：

$$\frac{E(\tilde{r}_i)-r_f}{b_i}=\frac{E(\tilde{r}_j)-r_f}{b_j}=\text{因素风险溢价}$$

性质 5 对于任意单个资产 i，成立性质 4，则对任意投资组合 p，也成立：

$$\frac{E(\tilde{r}_i)-r_f}{b_i}=\text{因素风险溢价}$$

性质 2～性质 5 只适用于单因素模型。

性质 1～3 都假设了组合是充分分散化且没有非系统风险的组合，所以用套利组合无解的方法可以证明出精确的均衡期望收益。而当组合并未进行充分分散化且存在非系统风险时，可以证明绝大多数资产的均衡收益率是符合 APT 的，只有有限个资产不符合。这是研究并非充分分散化的资产的渐进套利定价模型的结论。

6.6 APT 和 CAPM 的对比

APT 与 CAPM 最根本的区别在于，APT 特别强调的是无套利均衡原则。

CAPM 是典型的收益/风险权衡所主导的市场均衡，是许多投资者的行为共同作用的结果；而 APT 的出发点则是排除无风险套利机会，少数投资者会构筑大额的套利头寸产生巨大的市场压力来重建均衡。

扫码观看　课程视频

APT 不需要 CAPM 赖以成立的投资者风险偏好的假设。

APT 的成立只需要有充分分散化的投资组合，不像单因素模型一定要有对有风险市场组合有替代作用的市场指数。

APT 的定价并不是对所有的证券都成立的。考虑充分分散化的投资组合可以利用 APT，但是对于单个资产的定价，APT 并不都成立，这时 CAPM 更加实用。

多因素套利定价模型的评论：

1. 如果投资者掌握了决定资产收益率的因素，那么就能帮助投资者进行资产收益率的预测，而基于因素模型的套利定价理论提供了这样的方法。虽然 APT 没有对因素的选取和确定，甚至如何估计做出任何假设，而只是在无套利思想基础上导出了资产的均衡收益率决定模型，但投资者可以根据现实情况，如不同经济环境、不同时期，灵活地进行因素选取或删除，使得该模型更具灵活性和广泛应用性。

2. 通过多因素模型，投资者对风险的认识不仅限于市场组合波动带来的风险，而能更加深刻理解系统风险的来源和形成。

3. 对于多因素模型构建时应该考虑哪些因素，见仁见智，不仅依靠经济学理论，还可能来源于对数据的整理和挖掘。可直接观测的经济变量通常符合经济直觉和逻辑，比如 GDP 增长率、通货膨胀率、股票市场指数等，也可能是无法直接观察到的因素，比如盈利能力、投资能力，甚至分析师异常覆盖等指标。在前人文献中，已经发现了几百种市场异象，很多都是通过构造因子发现的。

4. 在运用因素来解释资产收益率时，用当前因子来解释当前资产收益率的差异，往往可以得到不错的拟合优度（R 方统计量甚至可以超过 90%）。但是，在预测模型中，用当前的因子来预测未来资产收益率，拟合优度就很低，在真实世界中预测资产收益率还是比较困难的。

CAPM 中的 Beta 与套利定价模型中的因素敏感性因子有什么样的联系？

单因素模型：

$$\tilde{r}_i = a_i + b_i\tilde{F} + \tilde{\varepsilon}_i$$

$E(\tilde{r}_i) = r_f + b_i E(\tilde{F})$ 为基于单因素模型的套利定价模型。

资本资产定价模型：

$$E(\tilde{r}_i) = r_f + \beta_i[E(\tilde{F}) - r_f]$$

根据 APT 基于的因素模型：$\tilde{r}_i = a_i + b_i\tilde{F} + \tilde{\varepsilon}_i$

将 $\tilde{r}_i$ 代入资产 i 与市场组合 m 的协方差中：

$$\mathrm{cov}(r_i, r_m) = \mathrm{cov}(a_i + b_i F + \varepsilon_i, r_m) = b_i \mathrm{cov}(F, r_m)$$

$$\beta_i = \frac{\mathrm{cov}(r_i, r_m)}{\sigma_m^2} = b_i \frac{\mathrm{cov}(F, r_m)}{\sigma_m^2}$$

可见，当市场中因素 F 与市场组合收益率的协方差给定时，CAPM 中的贝塔值与因素组合中的因素敏感度 b 呈线性的关系。

本章在线测试

思考和练习题

单选题：

1. 与 CAPM 相比，APT 的假设中没有（　　）。
   A. 市场是完全的假设
   B. 关于投资者风险偏好的假设
   C. 市场没有摩擦的假设
   D. 市场存在套利者的假设

2. 假定证券收益率由单指数模型确定，并且存在 A，B，C 三种风险资产，这三种资产的特征见表 6–2：

表 6–2

	b_{i1}	b_{i2}	$E(\tilde{r})$
A	0.8	2	0.12
B	1.0	1	0.09
C	1.2	1.5	0.06

请问用 A，B，C 构造 F1 和 F2 的因素组合的期望收益率分别是多少？（　　）

A. 0.1，0.2　　B.0.3，0.09
C. 0.09，0.24　　D.0.1，0.09

3. 假设市场满足单指数模型，市场组合方差为 0.04。

表 6–3

	b	$E(\tilde{r})$（%）	$Var(\varepsilon)$
A	0.7	7.95	0.01
B	1.2	10.65	0.014 4
C	1.5	12.25	0.022 5

（1）计算 C 资产的方差；

（2）假设市场期望收益率为 10.25%，r_f=3.75%。此时哪只股票的定价偏高？（　　）

A. 0.112 5，A　　B. 0.029 6，A 和 B
C. 0.072，B 和 C　　D. 0.112 5，ABC

4. 假设资产 1 和资产 2 的收益率生成于双因素模型：

$$\tilde{r}_1 = 0.03 + 0.5\,\tilde{F}_1 + 0.2\,\tilde{F}_2 + \tilde{\varepsilon}_1$$
$$\tilde{r}_2 = 0.02 + 0.8\,\tilde{F}_1 + 0.3\,\tilde{F}_2 + \tilde{\varepsilon}_2$$

两个因素的期望收益率分别为 0.2 和 0.3，r_f=0.02。
请计算：由 30%的资产 1 和 70%的资产 2 构成的组合 p 的均衡收益率。(　　)

A. 0.223　　B. 0.207
C. 0.310　　D. 0.304

5. 与 CAPM 相比，APT（　　）。
A. 要求投资风险中性
B. 利用基于微观变量的风险因素
C. 说明数量并确定哪些能够决定期望收益率的特定因素
D. 不需要关于市场组合的严格假设

6. 根据 APT，（　　）。
A. 高 β 值的股票经常被高估　　B. 低 β 值的股票经常被低估
C. 要求所有投资者都是套利者　　D. 正 α 值投资机会将很快消失

简答题：

7. 请说出套利定价模型和资本资产定价模型的区别与联系。

8. 请说出供需均衡和无套利定价均衡的区别与联系。

第7章
有效市场假说

本章学习目标

● 价值目标——通过本章的教学，使学生理解有效市场假说的内在逻辑是价格反映了市场上的所有信息，且在一个有效的市场中，不存在套利机会，即投资金融资产的收益都和投资者所承受的风险相对应。从而让学生形成正确的价值观，理解努力奋斗才是通向财富的正确方式。

● 知识目标——通过本章的教学，让学生了解有效市场假说形成的历史和理论基础，并理解有效市场假说的假设条件；知晓有效市场假说的内容及含义；学会有效市场假说的投资应用；掌握有效市场假说的检验方法。

● 能力目标——通过本章的教学，使学生了解有效市场假说的理论渊源并掌握有效市场假说和前几章所学的金融资产定价模型的逻辑关系；将对有效市场假说的不同理解，运用到不同的投资方法和不同的投资风格中，不仅能理解实践中的各种投资思想和流派，还能形成适合自身的投资方法。

本章学习内容

● 随机漫步与有效市场假说
● 有效市场假说的含义
● 有效市场的形式
● 有效市场假说的检验

本章思维导图

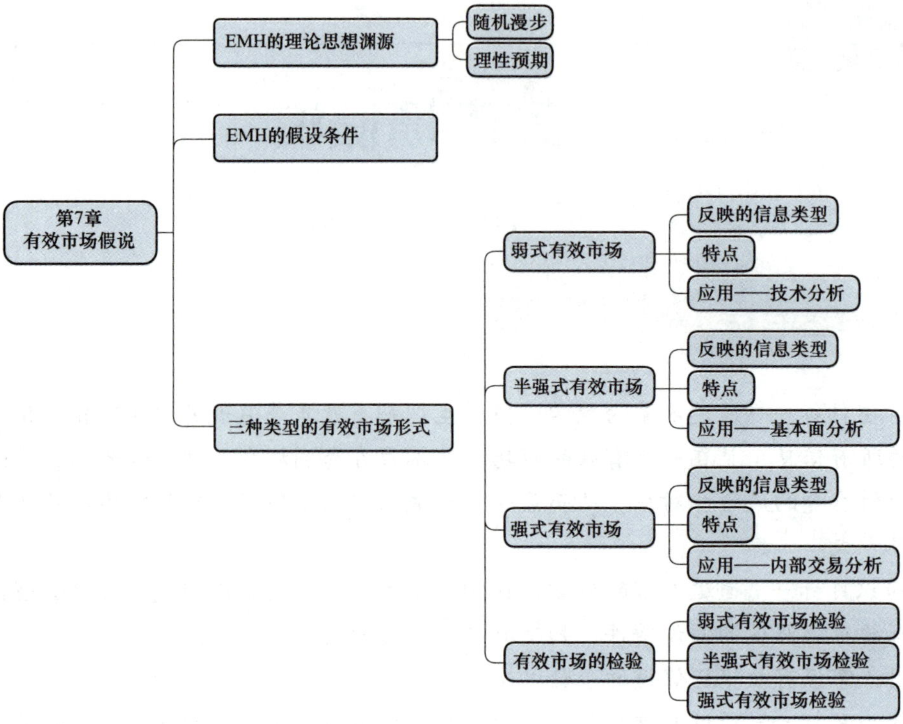

市场对普通人来说一直是神秘而变幻莫测的，但千百年来人们却没有一刻停止过试图理解它。因为发现市场存在某种挣钱规律的诱惑犹如搜寻古墓中的宝藏，令人重复试探，乐此不疲。

然而事与愿违，一个看上去随机、毫无理性可言的市场价格变化，正是完美运行市场的真正模样。从巴施里耶到考尔斯，从萨缪尔森到尤金•法玛，众多充满智慧的学者，一次又一次发现和证明，一个均衡无摩擦可尽情套利的完美市场，价格是值得信赖的。价格变化承载着过去、现在甚至可预期未来中所有的信息，而其变化竟然是毫无规律的随机漫步！

7.1　有效市场假说的提出

在前面章节的学习中，已经了解了投资组合理论、资本资产定价模型和套利定价理论等经典的投资定价模型。这一章所要讲的有效市场假说是这些定价模型成立的前提条件。

为什么这样一个前提性的假说，要放在最后来介绍呢？因为只有学习了前面的定价模型，才能充分理解有效市场的含义，并能利用金融市场运行中产生的数据，检验市场是否有效。

扫码观看　课程视频

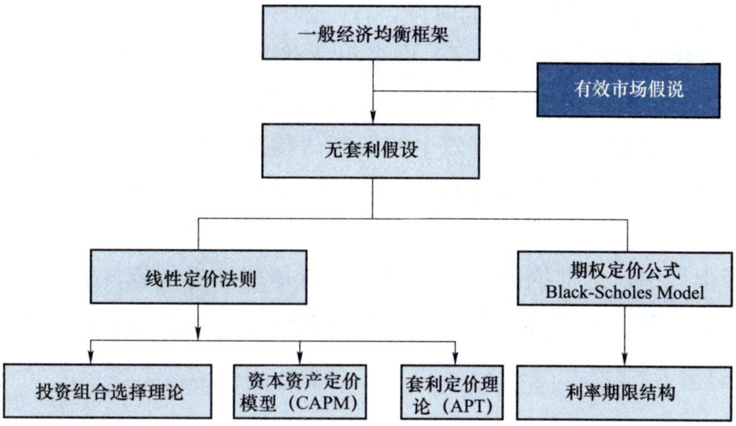

图 7-1　各章逻辑图

有效市场假说（EMH，Efficient Market Hypothesis）是尤金·法玛（Eugene Fama）教授于 1965 年在前人研究的基础上凝练总结出来的。有效市场假说假设市场中有追求利益最大化的理性投资者，他们竞争性的套利行为使得市场价格反映了所有的信息（过去、现在，甚至未来可预期到的信息）。因此有效市场是指，市场价格反映了过去和当前所有信息的一种完美市场状态。用一句话来概括："价格反映了所有的信息。"

思考： 中国 A 股市场 2010 年推出的融资融券制度在达到有效市场的过程中发挥了什么作用？

如何保证价格反映所有的信息呢？必须存在理性的投资者和市场充分套利机制，信息才能通过理性投资者的套利交易行为反映到股票价格中。如图 7-2 所示，理性投资者和市场充分套利机制是市场达到有效的缺一不可的条件，任何一个条件的缺失，都无法让信息通过投资者的交易行为最终体现到资产价格中去。

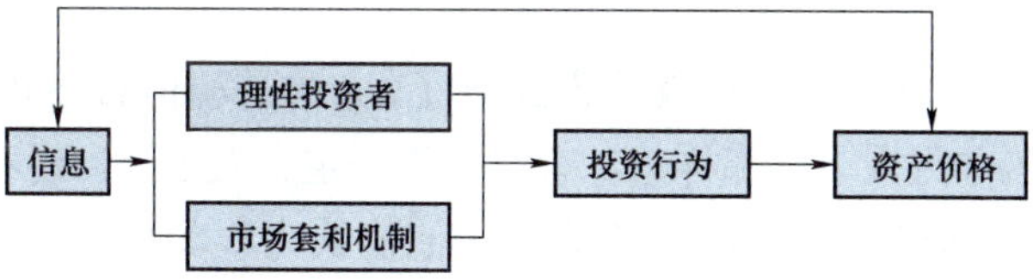

图 7-2　达到有效市场的过程

在有效市场中，既然价格已经反映了所有的信息，那么市场中就没有可以利用信息进行套利的机会了。达到有效市场的结果是市场中没有套利机会存在，也是通常说的"没有免费的午餐"。

其实，在中国古代早就有关于"有效市场"的故事了。"道边苦李"这个成语出自《世说新语》，就道出了“有效市场”的精髓。

“竹林七贤”之一的王戎在七岁的时候，有一次和小伙伴们出去玩，看到路边的李子树上结满了李子，多到都要把树枝压断了。许多小伙伴争相跑去摘李子，只有王戎纹丝不动。有人问他原因，他说：“李子生大路边而无人摘，必苦也。”后来有人摘来李子一尝，果然如此。这个故事本身说明了市场是有效率的，想“捡漏”没那么容易。这也道出了有效市场的精髓——如果人人都是理性的套利者，那么这个市场上可摘的果子就几乎没有了，套利机会也没有了。

在“道边苦李”中，之前摘甜李子的那些人就是理性投资者，看到套利机会就会获取套利利润，而甜李子的触手可得说明市场有保证充分套利的机制。聪明的王戎小朋友就是想通了这个道理！

王戎识李

出自南朝·宋·刘义庆《世说新语·雅量》：王戎七岁，尝与诸小儿游，看道边李树多子折枝，诸儿竞走取之，唯戎不动。人问之，答曰：“树在道旁而多子，此必苦李。”取之，信然。

懂得了有效市场的道理后，在现实生活中如果遇到了披着诱人“套利”外衣的诈骗行为，我们就会果断说“不”，不会盲目上当受骗。

其实上面道边苦李的故事还没有结束。话说第二年王戎又和小朋友们一起出游，又看到道边果实累累的李子树。其他小朋友有了去年尝试苦李的经历，这次竟无一人去摘。然而，王戎却摘下一颗大李子，美美地品尝了起来！其他人问他为什么这次李子不是苦的时候，王戎说：“正因为大家都知道了道边苦李这个道理，树上的甜李子就真的没人摘，就会留给我们啦！”

前后两年的结果是不是有些矛盾呢？设想下面这个情况：

马路上是否有 100 元可捡呢？

答案可能是：

——没有。因为如果有的话，早就给人捡走了。（这是相信有效市场假说的人的想法）

——不知道。因为如果人人都那样想，有钱也不一定有人去捡，说不定还真有 100 元钱。这就是著名的格罗斯曼－斯蒂格利茨悖论，他们认为收集信息是有成本的。

1980 年，格罗斯曼和斯蒂格利茨提出了有关有效市场假说的悖论（Grossman－Stiglitz 悖论）。

因此还有第三个答案：可能有钱，但一般人捡不到，因为捡钱要冒风险或有本事

（比如 100 元钱落在了汽车川流不息的公路上）。说明套利机会和有利信息的搜集是有成本的。

因此，从总体上说，大街上不会有钱等着人们去捡。如果有人捡到钱，那也是极个别的事情，或者说需要为获取信息付出相应的成本。任何“发财秘籍”都是没有普遍意义的——“没有免费的午餐”就是有效市场理论的精髓。

理解：有效市场的成立需要以一定的非有效性为前提。

有效市场的成立需要以一定的非有效性为前提：

通过上面的分析可知，如果有效市场完全有效，市场上是没有任何套利机会的，那么任何寻找套利机会并进行信息挖掘的投资者都是徒劳的。而如果挖掘信息没有任何“好处”可言，缺少了挖掘信息的分析师或投资者，信息是无法充分反映到市场价格中去的，市场最终无法到达有效。

因此，一定程度的非有效性，为信息挖掘者或套利者提供了激励，他们才有动力通过其套利行为推动信息反映到价格中。

支持有效市场的例子：

“挑战者号”航天飞机爆炸

在 1986 年 1 月 28 日的上午 11 时许，美国“挑战者号”航天飞机在飞行 73 秒后爆炸。随后成立了由各方面专家组成的调查委员会，在灾后五个多月，调查委员会得出结论，爆炸是航天飞机在固体燃料火箭助推器上的 O 型圈故障造成的。共有四家承包商参与了航天飞机计划，其中一家是生产 O 型圈的上市公司。

调查委员会花了五个月时间得到的结论，股票市场需要多长时间来消化“挑战者号”爆炸事件并体现在四家供应商的股价上呢？

两位学者 Michael T. Maloneya 和 J. Harold Mulherin 于 2003 年在 *Journal of Corporate Finance* 上发表的学术文章，回答了这个问题：股市对爆炸事件做出了迅速反应，仅仅在当天爆炸后的几分钟内，这家供应商的股价就做出了反应！虽然四家供应商的股票价格都在下跌，但跌幅最大的就是这家 O 型圈的上市公司。市场精准迅速地找到了原因！

这就是“有效市场”。

资料来源：Michael T. Maloneya, J.Harold Mulherin. The Complexity of Price Discovery in An Efficient Market: The Stock Market Reaction to the Challenger Crash[J]. Journal of Corporate Finance, 2003(9): 453 – 479.

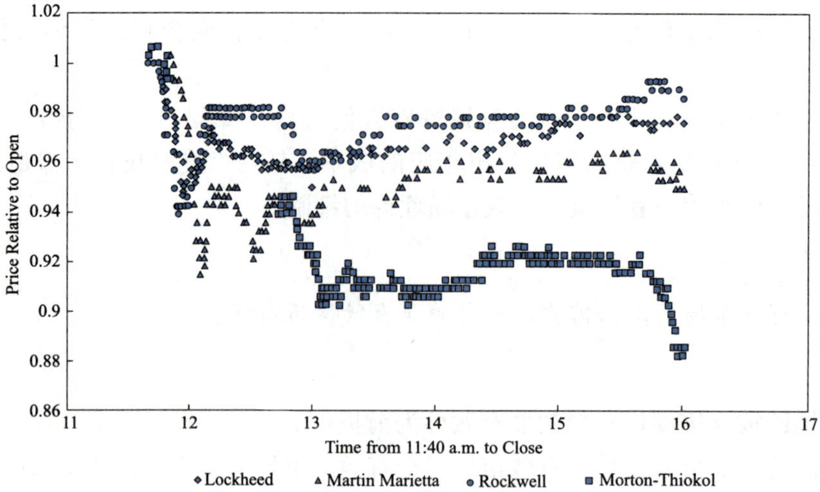

Fig. 1. Intraday stock price movements following the challenger disaster.

图 7-3　挑战者号爆炸后几分钟市场对四家供应商股票的反应
（生产 O 型圈的上市公司是 Morton-Thiokol）

这个例子中，市场对爆炸原因做出了迅速且准确的反应，甚至是完全的反应，因为几乎不可能在这个迅速反应中做任何套利交易。这正是一个非常有力的证明市场有效性的案例。

思考：为什么小规模公司的"一月效应"程度更强？

违背有效市场的例子：一月效应。

一月效应

是指一月份的平均收益高于其他月份的平均收益。很多国家以及很多金融市场上都存在"一月效应"。Wachtel（1942）[①]描述了股票市场中的"一月效应"，且在控制了其他因素后仍然存在着相对于其他月份的一月较高收益模式。"一月效应"属于"季节性效应"或"日历效应"，是市场中违反有效市场假说的异象（Anomalies）。因为当"一月效应"在几十年前被学者发现后就是一个"公开信息"了[②③]，那么投资者会在上一年的十二月份提前买入股票，由于十二月份的过多买入行为，原来的"一月效应"就会提前到"十二月效应"。当投资者预期或者发现了"十二月效应"，又会在十一月份提前买入股票，因此会变成"十一月效应"。可见当市场有效时，"一月效应"是无法长期存在的，是违背有效市场假说的众多市场异象之一。

① Wachtel, Sidney B. Certain Observations on Seasonal Movements in Stock Prices[J]. Journal of Business of the University of Chicago, April 1942, 15(2): 184－193.

② Michael S. Rozeff, William R. Kinney. Capital Market Seasonality: The Case of Stock Returns[J]. Journal of Financial Economics, 1976, 3(4): 379－402.

③ Keim, Donald B. Size Related Anomalies and Stock Return Seasonality[J]. Journal of Financial Economics, June 1983: 13－22.

思考："一月效应"产生的原因是什么？

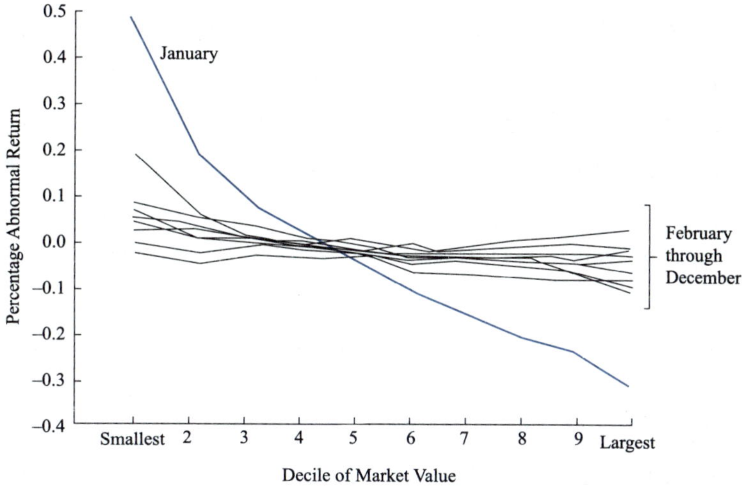

图 7-4　小规模公司具有更大程度的"一月效应"（Keim，Donald B.（1983））

有效市场假说的提出：

20 世纪 50 年代计算机在经济领域的早期应用是以分析经济时间序列数据为主的。研究经济周期的学者们发现可以在时间上分析某些经济变量的时间序列变化，且宏观经济本身存在着"冷""热"交替的经济周期，所以分析经济变量的时序变化能帮助理解并预测经济在繁荣与衰退时期的特征。

很多学者自然想到了宏观经济周期的低谷和峰顶的图形趋势和规律，在金融市场上也会类似出现并可能预测到吗？

莫里斯·肯德尔（Maurice Kendall）于 1953 年[①]对这个问题进行了研究，但他惊奇地发现：确定不出任何股价的可预测形式，股价的发展几乎都是随机的。不管过去的业绩如何，股价在任何一天都有可能上升或下跌。可见过去的数据提供不了任何可预测未来股价升跌的方法！而价格的随机变化正是市场理性和有效性的表现。

7.2　随机漫步与有效市场假说

如果说股价的变化是随机的，可以用随机漫步来描述，那么如何将股价变化的这种随机性和市场的有效性联系起来呢？

如果我们反过来思考：假设肯德尔发现股价是可预测的，会出现什么结果呢？如果投资者可以利用肯德尔的方法来预测股票价格变化，那么投资者就找到了在股票市场上"赚钱"的方法，比如在预测股票价格上涨时，

扫码观看　课程视频

① Kendall, M. G. The Analysis of Economic Time-Series-Part I: Prices[J]. Journal of the Royal Statistical Society. A (General), 1953, 116 (1): 11－34.

提前买入股票，在预测股票价格下跌时，提前卖空股票。设想一下，如果大家找到了同样的预测方法，那么会因为竞相买入或卖出的竞争行为，让这种预测价格“能力”顿时变得毫无作用。

可以看出，股价不可预测的原因正是在于好消息的预测会在大家做出同样预测的时候，通过投资者的竞争行为而及时完全反映在股票价格中，即任何可以用于预测股票表现的信息已经在股价中反映出来。由于经济中的好消息或者坏消息是随机出现的，所以股票价格的变化也是随机的。而这种随信息变化而变化的股票收益背后的驱动，是投资者的套利竞争行为。

随机漫步（Random Walk）：新信息出现的随机性和不可预测性，导致了价格变化的随机性。

具体而言，如果信息中有某一部分是可以预测的，那么这一部分一定会通过预测到这一部分的投资者进行相应的套利交易，使得这一可预测的部分作为当时信息的一部分反映到股价中。因此股价随着新信息的变动必然是不可预测的。

有效市场假说（Efficient Market Hypothesis，EMH）：把股价已反映所有已知信息的这种观点称为有效市场假说。

总结：市场的有效性来自投资者的竞争交易行为。

投资者什么样的行为属于竞争交易或者谁是竞争交易者呢？由于收集信息或找到别人忽视的好消息或坏消息，或者寻找其他投资者未预期到的信息，是需要花费时间和精力的，所以那些主动做研究的主动投资者和对信息进行挖掘的分析师都是市场中的竞争交易者。

格罗斯曼和斯蒂格利茨认为，只要投资分析的行为能产生更多的收益，投资者就会有激励收集和挖掘新信息。因此，在市场均衡时，有效的信息收集行为应是有回报的。

因此，如果市场中存在大量的专业机构投资者，包括共同基金、对冲基金、养老基金、独立研究机构等，同时具有完善的禁止内部交易以及促进信息披露的相应法律法规，那么这个市场中的信息不对称程度会相对较小，市场价格会更加及时和充分反映所有信息的变化，市场更具效率。

7.3　有效市场假说的形成历史与假设条件

有效市场假设的理论渊源：

回溯历史，有效市场假说起源于法国数学家巴施里耶 1900 年的博士论文《投机理论》（Bachelier，1900），他对布朗运动的数学定义比爱因斯坦（1905）还要早。

扫码观看　课程视频

随机游走最简单的模型就是二叉树模型。可以想象一个喝醉酒的人，随机地在雪地上朝一个方向行走。在每个时间点所在的地点出发，他下一个时间点都有两个选择，每一步他都会随机地选择其中一个方向。把这个喝醉的人在雪地上的脚印连接起来就是一个二叉树模型形成的随机游走。

比如，某只股票的价格变化从每个时间点来看，下一期都有上升（U）或下降（D）两种可能，那么将实际发生的情况连接起来就是一条随机游走的轨迹（见图 7－5）。

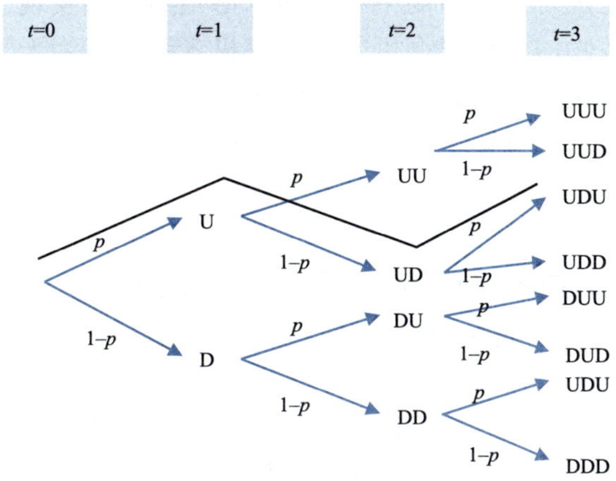

图 7－5

价格变化在每一时刻都可能上升或者下降，于是在第 n 个时间点，价格有 2^n 种可能。如果将价格变化这个变量的每一个时间点的实际值连接起来，就是随机游走，也叫随机漫步（Random Walk）。

这个和时间有关的随机序列的特点是，序列增量所对应的随机序列的每一项是独立同分布（二项分布）的随机变量，每个时刻，这个变量往两个方向任意走一步。随机游走序列的特点是，每一个时间点序列的均值都等于其上一个时间的位置，随机游走序列上下波动的方差与时间成正比。如果把时间连续化，其实就是布朗运动，苏格兰生物学家布朗（R.Brown，1827）在显微镜下发现的花粉颗粒在空气中扩散的不规则运动轨迹，在数学上是一个随机过程（随机过程是指与时间相关的一系列变量，在每一个时刻的取值都是随机的，比如某地的气温）。而巴施里耶的工作，就是识别出股票价格变化也是随机过程。

接下来，经济学家考尔斯（Cowles，1933）发表了《股市预测家能预测吗？》，统计学家沃金（Working，1934）的论文也对商品价格作了类似研究，都发现价格变化是随机过程。统计学家坎德尔（Kendall，1953）研究了 19 种英国工业股票价格和纽约、芝加哥商品交易所的棉花、小麦的即期价格的变化规律，也得出了类似的结果。还有统计学家罗伯特（Robert，1959）和天文学家奥斯本（Osborne，1959、1962）发现股价的波动符合普通布朗运动，呈随机游走规律，不存在某种确定性规律，同样发现股价的对数序列是随机游走。萨缪尔森（Samuelson，1965）在巴施里耶研究的基础上，在《认股权证定价的理性理论》和《恰当预期价格随机涨落的证明》中进一步得到股票价格变化的随机游走特性，并首次提出了有效市场以及其价格反映信息的特性①。如果说巴施里耶提出

① Samuelson, P. Proof that Properly Anticipated Prices Fluctuate Randomly[J]. Industrial Management Review, Spring 6, 1965: 41－49.

Roberts, H. Statistical versus Clinical Prediction in the Stock Market. Unpublished Manuscript, Center for Research in Security Prices, University of Chicago, May, 1967.

Osborne, M. Brownian Motion in the Stock Market. Operations Research, 1959, 7: 145－173; Osborne, M. Periodic Structures in the Brownian Motion of Stock Prices. Operations Research, 1962, 10: 345－379.

Kendall, M. The Analysis of Economic Time Series-Part 1: Prices[J]. Journal of the Royal Statistical Society, 1953, 96: 11－25.

Cowles, A. A Revision of Previous Conclusions Regarding Stock Price Behavior[J]. Eonometrica, 1960, 28: 909－915.

了股价随机游走模型的基本机制，那么萨缪尔森则解释了为什么市场价格的变化是随机的。萨缪尔森观察了芝加哥期货市场中小麦的价格走势，并发现了一个悖论：如果天气影响了粮食的价格，谷物的价格怎么可能出现随机走势？因为天气模式虽然复杂，但季节交替等天气变化并不是随机的。但很快萨缪尔森运用数学工具证明，资产过去价格变动的所有信息都与资产的现价紧密相连，即现价已经包含了资产迄今为止的所有已知信息，如天气变化、储存成本等。因此，过去的价格变动在预测资产下一个时间的价格时不能提供任何信息[①]。

1965 年，芝加哥大学的尤金·法玛[②]在前人研究的基础上，系统提出了有效市场假说，并于 2013 年和研究行为金融的罗伯特·席勒教授、拉尔斯·皮特·汉森教授一起分享了诺贝尔经济学奖的殊荣。法玛教授曾在本科学习非经济类专业的最后一年，搜集了 30 种道琼斯工业股票指数的每日数据，构建基于数学模型的股票预测模型。虽然当时没有找到一种战胜市场的方法，但由数据驱动的统计分析方法成为法玛在经济学领域中的个人标志[③]。这可以从后来 Fama－French 三因素、五因素模型的提出得到体现。法玛在芝加哥大学攻读博士学位研究股市的过程中，通过计算机进行金融学研究，发现了强有力的统计证据，表明股票是随机波动的。法玛在 1965 年博士论文中首次将“有效市场”加入金融词汇（Fama，1965b）[④]。

“有效市场”是指这样的市场：市场中存在着大量理性投资者，他们是以利润最大化为目的的主动竞争者，并且他们每个人都试图预测每个证券的价值，当时市场上的全部重要信息对所有市场参与者都几乎触手可得。

在有效市场中，聪明投资者之间的竞争将导致在任何时点，每个证券的价格都已经反映了过去、现在和将来被预期到的事件（信息）。或者说，有效市场中的任何时点，证券的实际价格都是其内在价值的最好估计。

——尤金·玛法（1965b）

有效市场是这样一个市场：有大量理性的利润最大化并积极参与市场竞争的投资者组成的市场，每位投资者都试图预测每一个证券的未来市场价值，并且每位投资者都能自由获取市场中几乎所有现存的信息。平均来说，投资者之间的竞争会使得新信息对资产内在价值的所有影响都立刻反映在价格中。

---

① Andrew W. Lo. Adaptive Markets: Financial Evolution at the Speed of Thought[M]. Princeton University Press, 2017.

② Fama, E. The Behavior of Stock Market Prices[J]. Journal of Business, 1965, 38: 34－105.

Fama, E.F. Efficient Capital Markets: A Review of Theory and Empirical Work[J]. The Journal of Finance,1970, 25: 383－417.

③ Andrew W. Lo. Adaptive Markets: Financial Evolution at the Speed of Thought[M]. Princeton University Press, 2017.

④ Fama, Eugene F. Random Walks in Stock Market Prices[J]. Financial Analysts Journal,1965b, September/October: 55－59.

有效市场假说是理性预期理论在金融市场的平行发展。

约翰·缪斯（John Muth）在 20 世纪 60 年代初提出理性预期理论，认为人们对未来的预期不仅依赖于过去的经验，而且与所有可以收集到的信息有关，即人们对未来的预期和人们依据一切可以收集到的信息所做出的最优预测相同。

理性预期是可以“自我实现”的。比如经济中如果大家都根据掌握的信息，预期下一年通货膨胀率是 10%，那么工人会要求 10%的工资上涨，老板会将商品提价 10%，那么到了下一年，通货膨胀就真的是 10%了。

同样，在金融市场，当投资者根据掌握的信息预期某股票的收益率会上涨 10%，那么当投资者们形成这个预期的时候，由于投资者之间的竞争行为，投资者们会在预期形成的那一刻就购买该股票，使得股票价格立刻上涨 10%，实现了这个预期。由于市场中不断出现的新信息是随机的，所以投资者对价格变化的预期也是随机的，就形成了股票价格变化的随机过程。

所以股票价格表现出来的随机性，毫无规律可言的特性，甚至是无理性都体现了市场的有效性。一个正常运行的信息完全的市场，投资者竞争的投资行为会使得过去和现在的信息，甚至对未来信息的预期都反映在股票价格的变化上，因此“无理性随机”的价格变化正是市场有效性的最佳体现。

有效市场假说的假设条件：

假设条件一：信息成本为零。是说信息的获取成本和传播成本为零。所有投资者的信息都是同时知道的，并且也互相知道各自的信息情况，不存在高阶信息。

假设条件二：完全市场假设。关于市场无摩擦等假设。

假设条件三：完全理性假设。关于投资者是理性人的假设。

导致市场效率的三个条件：

1. 投资者的理性
2. 偏离理性的独立偏差
3. 套利

有效市场假说的三道防线：

1. 市场上所有投资者都是理性的，能够对金融资产进行理性的评价，其理性的交易行为使得市场达到有效。

2. 当存在非理性投资者（并不是根据关于资产未来现金流信息来进行决策的噪音交易者）时，非理性投资者的非理性交易会因随机的“错误”而互相抵消，不会对资产价格产生影响，因此不会形成系统性的价格偏差。

3. 即使非理性投资者的非理性交易形成了某种趋势，即以相同的方式偏离理性价值，市场中的理性套利交易者会和非理性投资者进行对手交易，从而消除噪音者系统性行为偏差对价格的影响，使资产价格回归价值，市场保持有效性。而持续“犯错”的非理性投资者的财富会逐渐减少，最终从市场上消失。

7.4　有效市场的三种形式

有效市场是指价格反映了所有信息的市场，那么市场的有效程度就取决于市场价格在多大程度上反映了信息。根据市场价格反映的信息多少，可以将有效市场分成三种类型：弱式有效市场、半强式有效市场和强式有效市场。

扫码观看　课程视频

根据信息的不同范围可将信息分成三类：

第Ⅰ类信息范围最广，既包括有关公司、行业、国内及世界经济的所有公开可用的信息，也包括个人、群体所能得到的所有私人的、内部的信息。因此这类信息包括公开信息和私人信息。

第Ⅱ类信息是第Ⅰ类信息中已公布的公开可用的信息：比如国际金融市场的信息，如美元加息、汇率变动等；国内宏观经济信息，如央行公布利率调整、存款准备金率的调整、货币政策报告的发布、财政政策的调整、税率调整等；产业信息，包括行业的规定等，如对新能源汽车的补贴政策等；还包括公司层面的公开信息，如盈余公告、并购公告、分红公告等。

第Ⅲ类信息是第Ⅱ类信息中从证券市场历史交易数据中得到的信息，比如股票的历史交易量、换手率、价格、收益率等信息。这些历史的交易信息在交易软件中都可以得到。

根据市场价格反映的信息集不同，有三种有效市场的形式：

弱式（Weak Form）有效市场。弱式有效市场假说认为，市场价格完全反映了所有关于资产历史交易的信息（第三类信息）。历史交易信息包括从证券市场历史交易数据中能够得到的信息，包括历史股价、交易量、交易日期、未平仓量等。

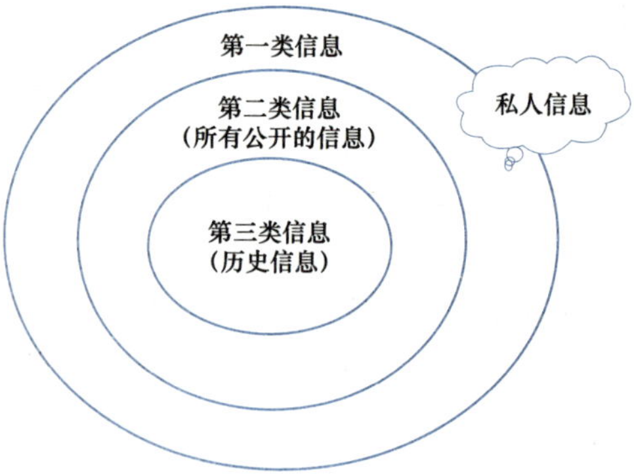

图 7-6　信息分类

半强式（Semi-Strong Form）有效市场。半强式有效市场假说认为市场价格完全反映了所有的公开信息。这些信息不仅包括证券交易的历史交易数据，还包括各种公司和行业层面的信息，就是上面提到的第二类信息，如公司盈余公告、产业政策变化、汇率、利率信息等。

强式（Strong Form）有效市场。强式有效市场假说认为市场价格反映了全部公开的信息和非公开的私人信息，即第一类信息。这是最高程度的有效市场，市场价格完全反映了所有相关信息，不仅包括历史交易信息和所有公开可用的信息，而且包括仅为公司内部人掌握的私人信息，比如未公开前的公司并购信息、未公开前的公司盈利信息、分红信息等。

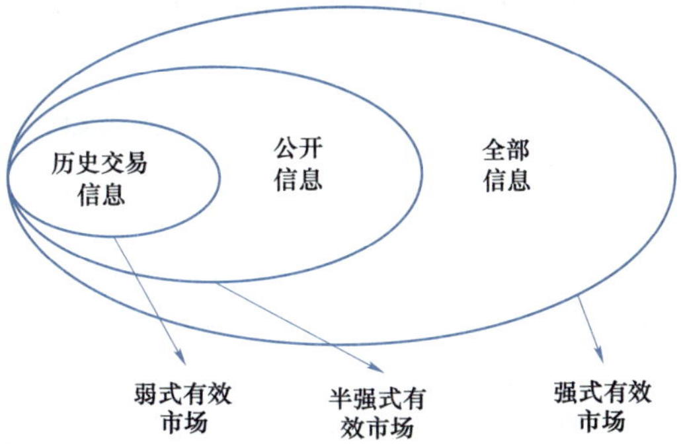

图 7–7　有效市场的形式

判断题：

1. 如果你发现某公司的 CEO 因投资于自己公司的股票而获得了高额收益，这是否违背了强式有效市场的形式？又是否违背了弱式有效市场的形式呢？

2. 如果你在研究股票收益率的走势后，购买前期上涨的股票的同时卖空前期下跌的股票，这种交易总是能获得超额收益，这是否违背了弱式有效市场？又是否违背了强式有效市场的形式？

分析：

1. 某公司 CEO 对自己任职的公司来说，属于内部人（Insider），其掌握的关于任职公司的信息属于内部信息（私人信息），因此一个强式有效市场中的价格应该反映这类私人信息。如果市场是强式有效的，那么该 CEO 是无法根据私人信息获取超额收益的。而弱式有效市场只要求价格反映历史交易信息，并不要求反映私人信息，所以 CEO 根据私人信息获取超额收益并不违背弱式有效市场。

2. 如果购买前期上涨股票的同时卖空前期下跌的股票总是能获得超额收益，显然前期上涨或者下跌的信息属于第三类信息（历史交易信息），这是违背弱式有效市场形式的。因为弱式有效市场中的价格反映了所有的历史交易信息，如果你发现历史交易信息中的规律，那么作为理性投资者的其他人也能发现，因此这种挣钱的价格模式会在所有人发现并构筑相应投资策略的时候就立刻反映到市场价格中，没有人能从有利的价格模式中获得超额收益。既然这一现象违反了弱式有效市场，那么也一定违背了强式有效市场。强式有效市场要求价格反映所有的信息，包括历史交易信息。

有效市场的特征：

关于有效市场的特征，价值投资的奠基人格雷汉姆（Graham）先生以绝妙的想象力，用“市场先生”（Mr.Market）这个比喻定义了股票价格。

> 有这样一位市场先生，他每天来敲你的门，风雨无阻。对你手中的东西提个买价，对他的提个卖价。这位先生是很情绪化的，他报的价有时很高，有时又低得离谱。如果你不理他，不要紧，他也不生气，明天再来敲你的门，给你一个新的、同样情绪化的报价。买卖的决定权完全在你，他只干两件事：报价，然后等你回答Yes或者No。
>
> ——格雷汉姆，《聪明的投资者》，1949

可见，一个有效市场中的“市场先生”：

1. 健忘——市场的无记忆性；
2. 每天都是新的一天——证券价格从一个阶段到下一阶段的变化应该是随机的；
3. 市场价格可信赖——包含了过去、现在和未来可预期的所有信息。

当然格雷汉姆眼中的“市场先生”更加“任性”一些，有时抑郁暴躁，有时活泼兴奋，也许并不是随机游走的“醉汉”，而是有自己“小心思”的“稚童”。针对市场先生，有人的应对方法是避开市场先生（价格波动），转而研究企业的内在价值、安全边际。格雷汉姆说自己把握不住这“神经病”的股票价格，于是就避开股票价格，只针对能够把握得住的企业的价值。但也有人选择与市场先生共舞，骑上价格泡沫冲浪。

7.5 有效市场假说的应用

如果投资者不相信市场有效，则会成为一个主动寻找投资机会的积极投资者；如果投资者相信市场是有效的，那么就会成为一个被动投资者。

不相信市场有效的**积极投资者（主动投资者）**会采用技术分析方法（Technical Analysis）和基本面分析方法（Fundamental Analysis）来选择金融资产投资。

扫码观看　课程视频

主动投资

技术分析的本质是对历史交易信息的分析，试图找到资产历史价格变化的某种规律或模式。技术分析奏效的前提是市场并非弱式有效，价格不能完全反映历史交易信息，因此当某个主动投资者成功地发现了某种挣钱的价格变化模式，而市场对这种有用信息反映不足或者迟钝，那么这种价格模式就能挣到超额收益。

技术分析家也称为图表分析家(Chart Analysts)，因为他们研究历史股价的记录或图表，希望在图形中找到股价变化规律，基于规律构造可以套利的投资组合。

事实上，人类从算命、占卜，到夜观天象，都是预测未来的方式。有句名言：预测是困难的，尤其是预测未来。人类对未来非常好奇，但又别无他法，病急乱投医，实在是情有可原。况且，基于过去预测未来，也是一种正常的思维方式。

所以，在投资思想的演进中，太阳黑子、看图说话、图表分析也都体现了人类的努力。

图表法和技术分析法通过研究参与者的行为在股票价格上的表现获得信息，从而预测全体参与者将来的行动方向。技术分析的基本信仰，建立在“历史会不断重演”的假设上，借由大量的价格形态，来预测股票未来走势。

技术分析的鼻祖查尔斯·道是《华尔街日报》的创始人，也是道琼斯指数的发明者，提出了关于图表分析著名的“道理论”（Dow Theory）。

技术分析基于如下认识：

1. 金融资产的价格由供求关系决定；

2. 供求关系由理性或者非理性的因素影响，理性因素包括基于现金流分析的基本面分析，非理性因素包括市场情绪、故事传染、风尚变化等；

3. 忽略细小波动，资产价格会按照一定趋势持续一段时间；

4. 无论什么原因，当前的趋势是对供求关系变化的反应；

5. 新的信息不能立即影响市场价格，由于投资者认知能力的差异和获取信息的时间和来源不同，价格对信息的反应需要时间。

上面这些假设或观点普遍被分析师或技术分析投资者所接受和认同，从信息出现到反映于价格之中的时间差，为基于技术分析的套利者提供了时间和套利空间。

基本面分析（Fundamental Analysis）：金融资产的真实价值取决于资产的未来现金流（如股票所代表的上市公司的盈利和股利）。基本面分析需要分析上市公司未来的现金流状况，包括未来利率的预期以及风险评估等财务指标，也就是能够影响公司未来现金流的所有因素。

基本面分析一直致力于对上市公司或金融资产进行正确的估值，包括绝对估值和相对估值，而绝对估值基于 1938 年威廉姆斯提出的股利折现模型：$p=\sum_{t=1}^{\infty}\frac{CF_t}{(1+r)^t}$。

为了准确估值，做基本面分析的投资者或分析师需要尽量准确估计出未来各期的现金流和折现率。因此，财务报表分析、行业分析和宏观经济分析是基本面分析中的重要工作。

被动投资

对于**相信有效市场假说的投资者**而言，既然价格已经反映了所有的信息，市场不存在任何套利机会，那么任何信息挖掘和套利行为都是徒劳，不需要白费力气去选择股票。随机选择就不如购买指数产品，获得指数收益。要知道长期来说，指数的收益也是非常可观的。

消极投资者的投资需求，催生了指数基金的产生。另外，单个股票不能分散非系统风险，所以市场产生了组合投资方式的需求，也就是指数基金的产生。

指数投资的标志是1976年先锋公司（Vanguard）的第一只指数基金，开创了被动投资。近年来，被动投资发展迅猛，大有与主动投资分庭抗礼之趋势。从主动到被动或指数基金的转变，是资产管理行业一个显而易见却又经常被忽略的事实。被动投资、指数基金、ETF、聪明的Beta等逐渐成为投资行业中的主流。指数投资的真正原因，并不源于学术上金融理论的有效市场假说，也不来源于马尔基尔所著《漫步华尔街》中的随机游走和节省成本，而是来源于查理·芒格的“优胜劣汰、适者生存”规则。如今的指数中的指标股和百年前的指标股已大相径庭，之前的煤炭公司、铁路公司是构成股指的重要公司，但如今股指被互联网公司、高科技公司所引领。指数正是以达尔文式的进化随着时代技术和经济的进步而变化着。

思考：指数在1896年就已经出现，但指数基金却晚了八十年，到1976年才出现，为什么？

表7-1　指数投资的演进

时间	指数	产品
1896	道琼斯工业平均	第一个指数，无产品
1970s—1990s	市值加权指数	基于指数的共同基金和ETFs
2003	策略性Beta	单因子ETFs
2014	聪明的Beta	多因子等权重ETFs
2016	聪明的Beta	多因子、消费者主导权重ETFs

表7-2　美国主动投资和被动投资收益率对比（1985—2014）

	主动投资	被动投资
投资目标	战胜市场	满足于市场平均回报
平均回报（30年）	美国Dalbar统计结果 每年3.69%（1985—2014）	S&P 500 每年11.06%（1985—2014）
策略	选股，选时，选基金经理，选行业	指数化投资，定期再平衡，长期持有
交易量	非常高，一年平均约为62%	比较低，一年平均约为10%
支持者	几乎所有券商、基金管理公司、投资专家、对冲基金和金融媒体	约翰·博格尔，查尔斯·埃利斯，巴菲特等
分析工具	投资是艺术，对未来的预测，直觉，大师手笔	投资是科学，证据主义，基于长期的历史回报和规律

表 7－3　　美国股票市场每十年的领头羊（1960—2020）

市值排名	1960	1970	1980	1990	2000	2010	2020
1	美国电话电报公司	IBM	IBM	埃克森石油	微软	埃克森美孚	苹果公司
2	通用汽车	美国电话电报	美国电话电报	通用电气	通用电气	微软	微软
3	杜邦公司	通用汽车	埃克森石油	IBM	思科公司	沃尔玛	亚马逊
4	埃克森石油	柯达公司	通用汽车	美国电话电报公司	沃尔玛	苹果公司	谷歌
5	通用电气	埃克森石油	美国石油公司	菲利普·莫里斯公司	埃克森美孚	强生公司	脸书
6	IBM	西尔斯	美孚石油	默克公司	英特尔	宝洁公司	伯克希尔·哈撒韦公司
7	得克萨斯石油	得克萨斯石油	通用电气	百时美施贵宝	朗讯科技	IBM	VISA
8	联碳公司	施乐公司	雪佛龙	杜邦公司	IBM	摩根大通集团	摩根大通集团
9	柯达公司	通用电气	大西洋富田	美国石油	花旗集团	美国电话电报公司	强生公司
10	西尔斯	海湾石油	壳牌石油	贝尔南方公司	美国在线	通用电气	沃尔玛

资料来源：作者整理。

有效市场假说的缺陷

有效市场假说体现了理性投资者和完全市场假设下的市场均衡，但是该理论是在给定的完美市场假设下推导出来的结果。显然现实的市场不尽完美，有很多与假设不符的情况：

1. 交易客体是同质的；
2. 交易双方可以自由进出市场；
3. 交易双方都是价格的接受者，不存在操纵市场的行为；
4. 所有交易者都具备完全知识和安全信息。

金融市场上，即使同一家上市公司的股票，还分成流通股和非流通股，可见交易客体并非同质；世界上的金融市场之间存在着分割和进入限制，投资者并不能自由交易不同国家的金融资产；市场价格并非完全弹性，资金量较大的投资者，比如机构投资者往往为了不对价格造成太大影响，会将一笔较大交易分成多个小单；专业投资者显然比普通中小投资者具有更多信息、专业知识和投资经验等方面的优势。

由于有效市场假说并不能积极地指导投资者行为，有效市场的结果会引导人们什么也不要做，因为在有效市场下，无论做什么都是徒劳。但是如果人们什么也不做，那么信息如何反映在价格上？市场又如何有效呢？此外，金融市场上存在各种与有效市场假说相悖的现象，也许这些并不是有效市场假说的缺陷，只是事物存在的不同方式。在一个不完美的市场环境下，会出现很多与有效市场非常不同甚至相反的情形。但如何理解真实世界，在不同市场中获得投资收益，需要投资者对市场、对自身有更为深刻的认识。

7.6　有效市场假说的检验

自有效市场假说这颗金融学理论上的明珠出现以来，自始至终都伴随着来自金融市场数据、来自业界实践的反复检验和挑战。

扫码观看　课程视频

对有效市场假说的检验也跟随三类有效市场而分成对弱式、半强式、强式有效市场的检验。而学者和业界在检验有效市场假说的过程中，发现了不少违背有效市场假说的异象（Anomalies）。

弱式有效市场假说的检验

如果弱式有效市场假说成立，那么资产的价格将反映所有历史交易信息，任何所谓价格趋势、图形规律等都已反应到市场价格中。因此对弱式有效市场的检验通常是金融资产收益或价格模式是否能带来未来超额收益的检验。具体而言，即研究金融资产收益、价格、交易量，甚至交易时间等历史信息规律是否能产生超额收益，比如短期动量效应的检验和长期反转效应的检验。

过滤器法则

这个规则是如果某一证券的价格上涨了至少百分之 x，则购买并持有该证券，直到其价格上升到某一顶点或者下跌至少百分之 x。当证券价格从峰值下跌了百分之 x 后，抛售变现持有的多头头寸，并且在价格开始下降时卖空该证券。如果这个简单的交易规则能获得超额收益，那么显然市场并未达到弱式有效。

弱式有效市场检验：周内日效应

过滤器法则检验的是资产价格和收益的历史规律，而基于交易时间或日期的检验也是检验弱式有效市场是否成立的方法。

思考：中国的 A 股市场是否存在“日历效应”？

如：Kenneth R.French（1980）发现[①]美国股票市场周一的收益率要低于其他交易日的收益率。

① Kenneth R. French. Stock Returns and The Weekend Effect[J]. Journal of Financial Economics, 1980, 8(1): 55 – 69.

表 7-4　　美国股票市场一周中每个交易日的平均收益率

		周一	周二	周三	周四	周五
1953—1977	均值	−0 1681	0 0157	0 0967	0 0448	0 0873
	标准差	0 8427	0 7267	0 7483	0 6857	0 6600
	t 值	−6 823[c]	0 746	4 534[c]	2 283[b]	4 599[c]
	观测数	1170	1193	1231	1221	1209
1953—1957	均值	−0 2256	−0 0096	0 1592	0 0553	0 1413
	标准差	0 8998	0 7498	0 7141	0 6751	0 6222
	t 值	−3 851[c]	−0 197	3 497[c]	1 287	3 533[c]
	观测数	236	238	246	247	242
1958—1962	均值	−0 1691	0 0537	0 0777	0 0652	0 1131
	标准差	0 8512	0 7223	0 6503	0 6347	0 6097
	t 值	−3 045[c]	1 149	1 885[b]	1 624	2 892[c]
	观测数	235	239	249	250	243
1963—1967	均值	−0 1389	0 0385	0 1008	0 0517	0 1015
	标准差	0 5820	0 4991	0 5515	0 4933	0 4386
	t 值	−3 650[c]	1 193	2 884[c]	1 660[b]	3 600[c]
	观测数	234	238	249	251	242
1968—1972	均值	−0 1673	−0 0058	01 465	0 0003	0 1034
	标准差	0 7769	0 6233	0 7425	0 6516	0 5898
	t 值	−3 266[c]	−0 144	3 005[c]	0 007	2 705[c]
	观测数	230	239	232	225	238
1973—1977	均值	−0 1393	0 0016	0 0057	0 0470	−0 0219
	标准差	1 0379	0 9609	0 9968	0 9102	0 9304
	t 值	−2 058[b]	0 026	0 091	0 813	−0 368
	观测数	235	239	255	248	244

注：

a. 研究期间不包括节假日，收益计算为：$R_t = \ln\left(\frac{P_t}{P_{t-1}}\right)100$

b. 5%显著水平

c. 10%显著水平

资料来源：Kenneth R.French（1980）。

Michael，Gibbons 和 Hess（1981）也发现[①]同样的周一效应，周一比其他交易日显示出更低的超额收益。

表 7-5　　美国股票市场一周中每个交易日的平均收益率

研究期间	交易日	S & P 500		CRSP 价值加权		CRSP 等权重	
		均值	方差	均值	方差	均值	方差
1962.7—1978.12.28（4132）	周一	-.134	.670	-.117	.660	-.107	.794
	周二	.002	.551	.010	.518	-.013	.520
	周三	.096	.644	.105	.626	.132	.623
	周四	.028	.483	.047	.469	.099	.542
	周五	.084	.479	.106	.456	.216	.501
1962.7.3—1970.10.27（2069）	周一	-.165	.474	-.148	.491	-.131	.701
	周二	.006	.398	.020	.389	-.004	.459
	周三	.134	.476	.145	.475	.181	.568
	周四	.027	.338	.038	.339	.087	.480
	周五	.104	.277	.120	.280	.209	.385
1970.10.30—1978.12.28（2016）	周一	-.102	.871	-.086	.834	-.082	.890
	周二	-.002	.705	.001	.647	-.023	.583
	周三	.059	.804	.067	.769	.085	.672
	周四	.030	.632	.056	.603	.111	.606
	周五	.063	.680	.092	.633	.223	.617
1962.7.3—1966.8.12（1037）	周一	-.103	.292	-.085	.282	-.050	.339
	周二	.023	.362	.038	.334	.008	.308
	周三	.096	.294	.110	.277	.134	.245
	周四	.043	.211	.052	.192	.115	.212
	周五	.139	.204	.150	.193	.219	.201
1966.8.15—1975.10.27（1032）	周一	-.225	.648	-.210	.691	-.212	1.048
	周二	-.009	.432	.003	.441	-.016	.605
	周三	.175	.670	.183	.690	.233	.917
	周四	.011	.465	.023	.485	.060	.746
	周五	.070	.347	.093	.362	.199	.563
1970.10.30—1974.11.27（1030）	周一	-.218	.992	-.207	.972	-.201	1.054
	周二	.056	.769	.046	.719	-.050	.626
	周三	.030	.940	.036	.904	.018	.764
	周四	.034	.745	.047	.724	.033	.720
	周五	.025	.779	.051	.718	.157	.639
1974.10.29—1978.12.28（1031）	周一	.015	.721	.036	.666	.038	.694
	周二	-.059	.635	-.045	.572	.004	.538
	周三	.089	.664	.098	.631	-153	.570
	周四	.026	.520	.065	.482	.189	.479
	周五	.100	.577	.133	.545	.288	.587

注：括号中的数字为样本观测数。
资料来源：Michael，Gibbons 和 Hess（1981）。

① Gibbons, Michael R., Patrick Hess. Day of the Week Effects and Asset Returns[J]. The Journal of Business, 1981, 54(4): 579-596.

Jeffrey Jaffe 和 Randolph（1985）[①]还发现了日本股票市场也存在着周一效应。

表 7－6　　美国和日本股票市场一周中每天交易日的平均收益率

	周一	周二	周三	周四	周五	周六	全周
美国标普 500 指数，1970—1983							
均值	−.129	.020	.097	.032	.078		.021
标准差	1.015	.883	.924	.823	.827		.899
峰度	1.775	2.072	2.850	1.423	1.415		2.153
偏度	−.186	.434	.530	.530	.388		.260
观测数	645	685	690	673	669		3362
日本 ND 指数，1970—1983							
均值	−.020	−.090	.150	026	063	.115	.038
标准差	.876	.788	.815	.875	.788	.668	817
峰度	14.311	7.758	6.383	20.478	6.321	22.352	12.63
偏度	−1.918	.497	−.660	−1.613	.069	−1.883	−.953
观测数	623	638	631	640	631	501	3 694
TSE 指数，1970—1983							
均值	−.014	−.064	.124	.026	.057	099	.035
标准差	.701	.684	.671	.741	.626	.530	.672
峰度	13.023	13.085	6.217	24.507	5.462	24.491	14.440
偏度	−1.791	.389	.350	−1.327	−.429	−2.101	−.866
观测数	627	638	631	640	631	501	3694

注：

a. 收益计算公式为：$r_t=\left[\left(\frac{V_t}{V_{t-1}}\right)-1\right]\cdot 100$，其中 V_t 是交易日 t 的国家的股票市场指数。

b. 峰度计算公式为 $\hat{\mu}^4/(\hat{\sigma}^2)^2$，偏度计算公式为 $\hat{\sigma}^3$，其中 $\hat{\sigma}$ 为标准差，$\hat{\mu}$ 为均值。

资料来源：Jeffrey Jaffe and Randolph（1985）。

还有 7.1 节提到的一月效应，和周内效应、季节效应等一系列和交易时间有关的异象，共同称之为“日历效应”（Calendar Effect）。

除了日历效应，检验市场弱式有效的还有著名的动量效应（Momentum Effect），指的是过去上涨的股票还会继续上涨，过去下跌的股票还会继续下跌，对于中小投资者就是“追涨杀跌”。而学者和业界基于这一违背弱式有效的“动量效应”构造出了动量因子（见 5.4 节介绍的 Carhart（1997）四因素模型）。

还有很多基于技术分析来进行弱式有效市场检验的方法，比如基于换手率、交易量、融资融券余额、移动平均线等交易策略有效性的检验。

半强式有效市场的检验：

半强式有效市场是指价格反映了所有公开信息的市场，那么针对除去历史交易信息的其他公开信息对市场价格的检验就是对半强式有效市场的检验。这些公开信息包括宏观层面的世界和国家经济变动、货币和财政政策变动；产业层面的行业规定或政策变动；公司

① Jeffrey Jaffe, Randolph. Patterns in Japanese Common Stock Returns: Day of the Week and Turn of the Year Effects[J]. The Journal of Financial and Quantitative Analysis, 1985, 20(2): 261－272.

层面的每股盈余公告、分派股利公告、并购公告，等等。由于这些公开信息基本是以事件公告的形式公开，所以针对半强式有效市场的检验，通常采用“事件研究”（Event Study）的方法，检验基于公开信息的投资能否产生超额收益，即研究公开信息公布时，根据公开信息的交易是否产生累计超额收益率。

采用的事件通常有，央行的加息等宏观层面的公开信息，股票拆分和股票股息等公司层面的公开信息的影响。如果一个公司宣布了一个超过预期的盈余，这个好消息宣布后，这个公司股票接下来产生了正的累计超额收益率，那么这就给在好消息宣布当日买入的投资者提供了一个赚取超额收益的机会。

> **思考：**何谓“好消息”，何谓“坏消息”？公告了正的每股盈余就是好消息吗？

> **思考：**请考虑如何具体构造基于盈余公告后漂移异象的投资策略？

早在 1933 年，James Dolley 就利用事件研究法分析了股票拆分事件带来的市场价格反应。Mackinlay（1997）[①]总结了事件研究法，具体说明了事件研究的具体实现步骤和方法，可以参见这篇论文学习事件研究法。通过实证发现，公司盈余公告不管是好消息还是坏消息，市场价格都不会在盈余公告的当天完全反映盈余公告信息，而是在公告后有价格的漂移（Drift），说明市场并不是半强式有效的。投资者在盈余公告当天就能根据好消息还是坏消息构造投资策略进行基于盈余公告后漂移异象（PEAD，Post Earning Announcement Drift）的套利交易。

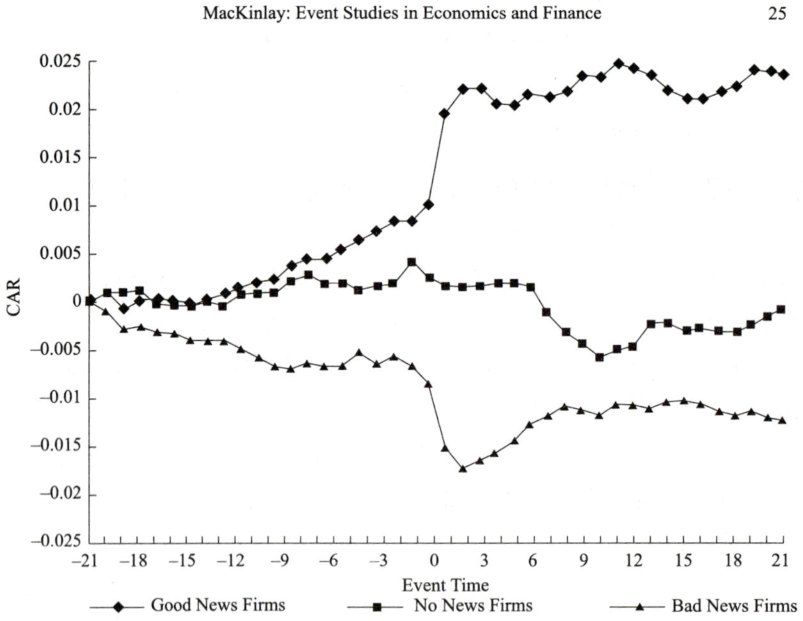

注：公司盈余公告事件前后 20 天的累计超额收益率。超额收益率的计算使用的是市场模型计算的正常收益率。纵轴 CAR 为累计超额收益率，横轴为盈余公告事件前后相对时间，“0”为公告日。
资料来源：Mackinlay（1997）。

图 7−8　公司盈余公告事件的累计超额收益率（Mackinlay（1997））

① A. Craig MacKinlay. Event Studies in Economics and Finance[J]. Journal of Economic Literature, 1997, 35(1): 13 – 39.

对强式有效市场假说的检验：

强式有效市场是指信息反映了所有公开信息和所有非公开的内部信息的市场。因此对于强式有效市场的检验，主要集中于基于内部信息是否获取了超额收益的检验上。

思考：中国的 A 股市场属于什么类型的有效市场？有哪些证据？

也可以用事件研究法来检验，比如 Keown 和 Prinkerton（1981）[①]研究了并购事件引起的上市公司累计平均超额收益（Cumulative Average Abnormal Return，CAAR）。两位学者计算了某段时间内发生并购的所有公司在并购公告发布前后的累计平均超额收益率。从图 7–9 中可以看出，在“0”点（并购公告发布的时点）之前二十天左右，纵坐标的 CAR（累计超额收益）就有了明显变大，说明在并购公告之前就有了信息的泄露，内部人在并购公告之前就通过所掌握的内部信息悄悄买入，造成了并购公告前正的超额累计收益率。说明该市场没有达到强式有效。

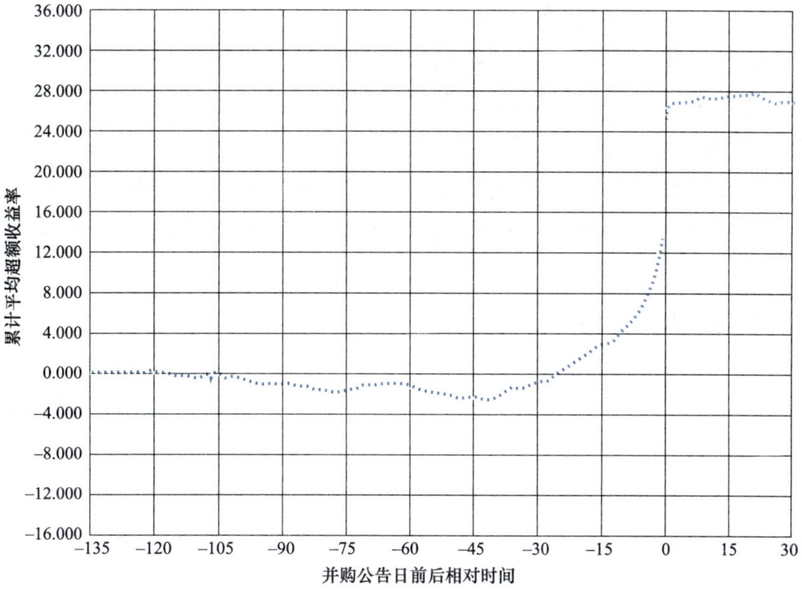

资料来源：Keown, Prinkerton（1981）。

图 7–9 并购公司在并购公告前后的累计超额收益（Keown，Prinkerton（1981））

还有评估共同基金表现的研究也可以说是对强式有效市场的检验，因为共同基金是市场上重要的机构投资者，其具有专业的投资方法和技能。并且其资金量大，往往是上市公司的大股东，还能通过基金内部买方分析师（Buy Side Analysts）[②]进行大量的调研活动获

① Keown, Prinkerton. Merger Announcements and Insider Trading Activity: An Empirical Investigation[J]. Journal of Finance, 1981, 36: 855–869.

② 买方分析师（Buy Side Analysts）一般指机构投资者中的内部分析师，如共同基金、对冲基金、养老基金等研究部任职的分析师。相对的是卖方分析师（Sell Side Analysts），是指在证券公司或咨询公司的分析师。

取更多信息，因此共同基金掌握的不仅有公开信息还有内部信息。检验共同基金是否获得超额收益也能在某种程度检验市场是否达到强势有效。但前人研究得到了关于共同基金业绩的如下结论：大基金的表现通常不如小基金；换手率高的基金表现通常比换手率低的共同基金的表现差；向投资者收取佣金的共同基金比不收取佣金的基金表现要差；管理费高的基金比管理费低的基金表现要差；美国大多数共同基金所获得的收益率不超过没有任何技术的投资组合（如指数基金）；从任何有意义的角度看，共同基金无法跑赢大盘①。

还有针对内部消息是否能获得超额收益的检验。由于内部消息不像公开消息具有可得性，所有针对内部消息的检验往往和证监会公布的内部交易信息相结合。

能够掌握内部消息的是内部人，各国法规对内部人的界定不尽相同。根据美国法律，内部人（Insider）是指任何一个公司的董事长、任何一个持有 10%或者超过 10%的权益股票的股东或者能够获得关于公司的非公开信息的任何经理管理人员。除此之外，内部人还包括所有违反诚信条例利用公司未公开信息进行公司证券交易的内部人和外部人。1934 年的《证券交易法案》禁止内部人通过交易公司股票获得任何利润②。

根据中国《证券法》第五十一条的规定③：

证券交易内幕信息的知情人包括：

（一）发行人及其董事、监事、高级管理人员；

（二）持有公司百分之五以上股份的股东及其董事、监事、高级管理人员，公司的实际控制人及其董事、监事、高级管理人员；

（三）发行人控股或者实际控制的公司及其董事、监事、高级管理人员；

（四）由于所任公司职务或者因与公司业务往来可以获取公司有关内幕信息的人员；

（五）上市公司收购人或者重大资产交易方及其控股股东、实际控制人、董事、监事和高级管理人员；

（六）因职务、工作可以获取内幕信息的证券交易场所、证券公司、证券登记结算机构、证券服务机构的有关人员；

（七）因职责、工作可以获取内幕信息的证券监督管理机构工作人员；

（八）因法定职责对证券的发行、交易或者对上市公司及其收购、重大资产交易

---

① Burton G. Malkiel. Returns from Investing in Equity Mutual Funds, 1971 – 1991[J]. Journal of Finance, 1995, 50(2): 570 – 571.

Christopher Blake, Edwin J. Elton, Martin J. Gruber. The Performance of Bond Mutual Funds[J]. Journal of Business, 1993, 66(3): 370 – 403.

Edwin J. Elton, Martin J. Gruber, Christopher Blake. Fundamental Economic Variables, Expected Returns, and Bond Fund Performance[J]. Journal of Finance, 1995, 50(4):1229 – 1956.

Mark M. Carhart. On Persistence in Mutual Fund Performance[J]. Journal of Finance, 1997, 52(1):57 – 82.

Edwin J. Elton, Martin J. Gruber, Sanjiv Das, Mathew Hlavka. Efficiency with Costly Information: A Reinterpretation of Evidence from Managed portfolios[J]. Review of Financial Studies, 1993, 6(1):1 – 22.

② 美国证券监督委员会网站：https://www.sec.gov。

③ 中国证券监督委员会网站：http://www.csrc.gov.cn。

进行管理可以获取内幕信息的有关主管部门、监管机构的工作人员；

（九）国务院证券监督管理机构规定的可以获取内幕信息的其他人员。

Jeffrey F.Jaffe（1974）①利用美国证监会（SEC，Securities and Exchange Commission）发布的《内部人交易官方摘要》中六年的数据，对内部人的交易收益进行了分析。Jeffrey 的研究发现，平均来看内部人根据其拥有的内部信息无法高度获利。H.Nejat Seyhun（1986）②的研究发现，Jeffrey 的研究对内部人盈利的估计可能偏高。Lisa Meulbroek（1992）③发现，平均来说内部人可以通过其拥有的内部消息获利反驳了市场的强式有效。但是总体上来说，内部交易的获利能力并不强。

本章在线测试

思考和练习题

单选题：

1. 下列哪一项与“股票市场是弱有效的”命题相违背？（　　）

A. 超过 25%的共同基金优于市场平均水平

B. 内部人员取得超额交易利润

C. 每年 1 月，股票市场获得异常收益

2. 假定通过对股票过去价格的分析，投资者得到以下的结论。哪一个与弱有效市场形式相违背？（　　）

A. 投资者根据账面－市值比策略，能够获得超额收益

B. 一周的收益率与下一周收益率的协方差为零

C. 采取在股票价格上涨 10%之后买进，然后在股票价格下跌 10%后卖出的策略，能够获得正的超额收益

3. 半强式有效市场假说认为股票价格（　　）。

A. 反映了以往全部价格信息

B. 反映了全部公开可得到的信息

C. 反映了包括内幕消息在内的全部相关信息

D. 是可以预测的

4. 假定某公司宣布给持股人发放未预测的大量现金分红。在一个有效市场中，假设没有信息泄露，可以预测：（　　）。

---

① Jeffrey F. Jaffe. Special Information and Insider Trading[J]. Journal of Business, 1974, July: 410－428.

② Nejat Seyhun. Insiders' Profits, Costs of Trading, and Market Efficiency[J]. Journal of Financial Economics, 1986, 16(1):189－212.

③ Lisa K. Meulbroek. An Empirical Analysis of Illegal Insider Trading[J]. Journal of Finance, 1992, 47(5):1661－1699.

A. 在宣布时没有异常价格变动　　B. 在宣布前有异常价格上涨

C. 在宣布后有异常价格下降　　D. 在宣布前后没有异常价格变动

5. 根据有效市场假说，（　　）。

A. 高贝塔股票经常被高估

B. 低贝塔股票经常被高估

C. 正超额收益的股票很快会消失

D. 负超额收益的股票对套利者来说经常获得较低收益

6. 下列哪一个为半强式有效市场提出了反对观点？（　　）

A. 将近一半的退休基金表现高于市场平均水平

B. 在确定股票价格方面的交易分析是无用的

C. 低市盈率股票在长期内倾向于获得正超额收益

7. 下列哪种情况发生时会出现“随机漫步”？（　　）

A. 股票收益随机变化但可以预测

B. 股票收益对新旧信息均反应迟缓

C. 未来收益变化与以往收益变化无关

D. 以往信息对预测未来收益是有用的

8. 如果市场半强式有效，下列方式哪个是能赚取异常高交易超额收益的合理方式？（　　）

A. 采取买入低市盈率股票的投资策略

B. 采取“买入近期上涨股票同时卖空近期下跌股票”的投资策略

C. 采取“买入高账面市值比股票同时卖空低账面市值比股票”的投资策略

D. 买进管理团队有着先进知识的股票

9. 根据有效市场假说，当一个市场允许卖空，该市场的有效性最可能（　　）。

A. 提高　　B. 降低

C. 不变

10. 技术分析表示一只股票“相对强势”（前期涨幅大于其他股票），这意味着（　　）。

A. 在有效市场中，买入“相对强势”股票会得到超额收益

B. 在弱式有效市场中，买入“相对强势”股票不会获得正的超额收益

C. 在半强式有效市场中，买入“相对强势”股票将会获得正的超额收益

D. 买入“相对强势”股票，无论在何种市场都难以获得正的超额收益

简答题：

11. 请说出有效市场的三种形式，并分别分析特征。

12. 什么是主动投资，什么是被动投资？

13. 请说出有效市场假说的理论渊源。

14. 请说出什么是市场异象，并举例说明。

15. 什么是有效市场假说的防线？

16. 请简述如何检验弱式有效市场？

案例与讨论

有效市场的道理从中国古代“道边苦李”的故事到英文成语“No pain，No gain”，我们从小就有了“没有免费午餐”、不能“不劳而获”等最初的概念，但在真实生活中，在遇到巨大利益面前，如果没有对有效市场的深刻理解和警示，很容易被诱惑、被欺骗，甚至去欺骗他人。

有效市场假说是指金融资产的价格充分、及时反应市场过去、现在以及未来可以预期到的全部信息的假说。在有效市场中，不存在任何“高阶信息”，全部可套利的信息均已反应在市场价格中，因此在一个有效市场中，是不存在任何套利机会的。那么，任何所谓的“内幕消息”、“小道消息”、“挣钱法宝”在有效市场中都无法挣钱。

案例一：非法校园贷

非法校园贷是对有效市场假说的违背。合法的校园贷是在国家法律法规允许下，争取合理利润的借贷活动。而非法校园贷总是披着“零利息”“超便捷”“零风险”等华丽的外衣来欺骗、诱惑经济还不独立，但又有消费欲的大学生群体。显然这些所谓的“低利息”“五分钟放款”等都是让学生产生不用努力就能获得金钱的违背有效市场的说法。而非法校园贷的供给方正是利用有人想“不劳而获”的想法来获取非法利益的。

非法校园贷在现实中造成了很多悲剧，下面是来自“中国大学生在线”网站上的真实案例①：

19 岁女孩小敏因家里情况不好，每月固定生活费不足以购买一部智能手机。当她得知有人可以提供小额贷款并且可以分期还款、每月只需要还几百块钱时，在虚荣心的驱使下分别向两家贷款中介公司共借款 12 500 元，而实际到手只有 8 000 元，其余都给了中介公司。并且每月需还款千元以上。到了第一次还款的日子，由于还不上这些钱并且不敢告诉家人，她开始借钱还钱。像其他借了“校园贷”的学生们一样，为了还第一笔借款，开始借第二笔，还不上再继续贷第三笔、第四笔……短短八个月，就向 30 多个校园贷机构借过钱。前后贷款总额有 11 万多元，但实际拿到手的只有 7 万多元，然而，把所有借款的本息加起来，一共要还 23 万多元。小敏为了还钱将学费都用来还钱，并且不敢去上学。但是借钱给她的人整天打电话逼债，这让她感到非常害怕。

2021 年 3 月银保监会办公厅、中央网信办秘书局、教育部办公厅、公安部办公厅、人民银行办公厅联合印发了《关于进一步规范大学生互联网消费贷款监督管理工作的通知》。《通知》中指出：“部分小额贷款公司以大学校园为目标，通过和科技公司合作等方式进行诱导性营销，发放针对在校大学生的互联网消费贷款，引诱大学生过度超前消费，导致部分大学生陷入高额贷款陷阱，侵犯其合法权益，引起恶劣的社会影响。……一、加强大学生互联网消费贷款业务监督管理；二、加大对学生的教育、引导和帮扶力度，营造良好校园环境；三、强化网络舆情监测，合理引导舆情；四、加大违法犯罪问题查处力度，营造

① 案例来源：中国大学生在线网站，http://dxs.moe.gov.cn/zx/a/lhxy_fzfp/210603/1614861.shtml。

良好金融环境。”①

可见非法校园贷的危害和影响已经引起了国家相关部门的重视，但从根本上消除非法校园贷，仍需要在校大学生能从根本上从主观上牢记市场是有效的，任何试图不劳而获的尝试终将失败。

问题与思考

请根据上述非法校园贷的案例，分析其为何违背有效市场假说，并举出其他违背有效市场假说的案例。

案例二：低价股溢价

根据资本资产定价模型和套利定价理论，决定资产均衡收益率的是资产所承担的系统风险，而非股票价格本身。但在现实中的股票市场，低价股有着比其系统风险相应收益更高的收益，这样的现象为“低价股溢价”。

Fritzemeier（1936）②在美国发现了低价股溢价现象，作者以纽交所的股票为样本，采用 1926 年至 1935 年十年数据将股票按价格高低分为六组，发现价格较低股票的收益率显著更高。对于中国 A 股市场低价股溢价的研究，罗进辉等（2017）③基于 1999 年至 2014 年中国 A 股上市公司的月度样本数据的实证分析，发现中国资本市场存在显著且持续的低价股溢价现象。

问题与思考

请判断“低价股溢价”是否违背了有效市场假说，如果与有效市场假说相违背，请说明原因。

① 资料来源：中国银行保险监督管理委员会网站，http://www.cbirc.gov.cn/cn/view/pages/govermentDetail.html? docId=971269&itemId=4215&generaltype=1。

② Fritzemeier L H . Relative Price Fluctuations of Industrial Stocks in Different Price Groups[J]. The Journal of Business, 1936, 9.

③ 罗进辉，向元高，金思静. 中国资本市场低价股的溢价之谜［J］. 金融研究，2017，000（001）：191－206.

结 语

作为本书的结束，我们从一个独特的角度来梳理金融投资思想的发展演进，即通过分析近五十年来的投资经典——《漫步华尔街》一书的修订，比较第 5 版（原版 1990 年，中文版，四川人民出版社 1994 年）、第 7 版（原版 1999 年，中文版，上海财经大学出版社 2002 年）、第 9 版（原版 2007 年，中文版，机械工业出版社 2010 年）和第 11 版（原版 2012 年，中文版，机械工业出版社 2018 年）的结构变化和内容增删，表明现代组合理论（MPT）、资本资产定价模型（CAPM）、有效市场假说（EMH）、行为金融（BF）、聪明的 Beta 等理论的传播、影响和适用性[①]。

表 《漫步华尔街》中文版（1994—2018）[②]

原书版次、时间	中文版次、时间	译者
第 5 版、1990 年	四川人民出版社、1994 年	苏云等
第 7 版、1999 年	上海财经大学出版社、2002 年	骆玉鼎等
第 9 版、2007 年	机械工业出版社、2010 年	张伟
第 11 版、2012 年	机械工业出版社、2018 年	张伟

资料来源：作者整理。

伯顿 G.马尔基尔（Burton G.Malkiel）教授的《漫步华尔街》（A Random Walk Down Wall Street）一书，自 1973 年第一版问世以来，已经修订了 11 版。《福布斯》杂志的书评是：“五十年来，有关投资的真正佳作不过五六本，《漫步华尔街》当之无愧可跻身于这些经典之中。”经济学泰斗萨缪尔森教授的书评是：“我的同事退休和我的儿子成年时，我必会送一本《漫步华尔街》给他们。”《芝加哥论坛报》《纽约时报》《华尔街日报》等名人和媒体对该书都赞誉有加。

《漫步华尔街》的影响在于，一方面，作为一本历经多年的超级畅销书，影响了广大个人投资者；另一方面，作为美国主流商学院投资学的指定教材或参考书，影响了投资界几代投研人员的理念。中国内地股票市场自 20 世纪 90 年代初重新开市后，大量股票投资书籍被介绍到国内。《漫步华尔街》无疑是其中销量最广、影响力最大的畅销书之一，同样对中国内地资本市场的投资理念、投资文化的形成和规范起到了重要作用。

---

① 这种比较方法，历史上多有先例。例如，张五常教授在《经济解释》神州版序中表明，从 1890 年马歇尔的《经济学原理》第一版到 1920 年第八版，科斯（Coase）教授对每次修订都了如指掌。

② 1994 年中文版，书名译为《漫游华尔街》。

《漫步华尔街》何以为经典？

《漫步华尔街》畅销近五十年，其逻辑条分缕析、内容深入浅出、语言幽默生动、建议切实有用，已经被各界广泛讨论过。我们认为，深入实际、高屋建瓴和与时俱进这三点，也是《漫步华尔街》一书能吸引投资者的独到之处。

（一）深入实际

马尔基尔教授当过耶鲁大学管理学院院长、普林斯顿大学经济系主任，在金融学顶级期刊发表过多篇学术论文。虽身处“象牙塔”，但马尔基尔教授也是多家业界公司的顾问，既担任过全球最大指数基金公司，即先锋（Vanguard）基金 28 年的董事，也做过国内博时基金公司的顾问。

（二）高屋建瓴

从笔者多年从事投资学教学和研究的经验看，马尔基尔教授抓住了近百年来投资思想演进的根本线索，表现为全书基本框架从第一版开始就没有变动过。从而在此基础上开出的药方，即指数投资方法，也经受住了市场的严格检验。“我在撰写本书十一个版本的过程中，有一件事最让我感到快乐和满足，很多心怀感激的投资者纷纷给我来信，因为采纳了四十余年来不变的简单建议而获益匪浅”。[①]

（三）与时俱进

马尔基尔教授通过及时吸收学界投资思想的新进展，更新业界投资实践的新动态，使得《漫步华尔街》不断沉淀、历久弥新。也恰恰是这种动态更新、增删和调整，使得我们可以看到学术投资思想各种理论的兴起、演进和式微，为我们评价各种理论的适用性、有效性，提供了难得的长期历史纪录。马尔基尔教授通过每隔几年及时更新、不断吸收股票投资思想的新进展和金融实践的新动态，使《漫步华尔街》成为历久弥新的经典。在这一点上，《芝加哥论坛报》的书评是：“即使你读过初版或之后的其他版本，最新版提供的内容也会让你获益匪浅。”《纽约时报》的书评是：“不要去看洪水般涌入书店的无数新书，只需重新阅读这部经典著作。”

《漫步华尔街》一书不变的是什么？

百余年来，股票投资的书籍可谓汗牛充栋，多数所谓的畅销书也不过是昙花一现。《漫步华尔街》一书的基本框架和鲜明观点，显然经受住了时间的检验。马尔基尔教授写道：“自第一版问世，已经过去了四十余年。初版的观点很简单：买入并持有指数基金，而不是勉为其难地买卖个股或主动管理型基金。关于股市的观点和主张一直以来众说纷纭，让人无所适从，拥有一本澄清是非、揭露真相的书可谓不二选择。”[②]

① [美] 伯顿·G. 马尔基尔. 漫步华尔街[M]. 北京：机械工业出版社，2018：395.

② [美] 伯顿·G. 马尔基尔. 漫步华尔街[M]. 北京：机械工业出版社，2018：前言.

（一）股票及其价值

《漫步华尔街》一书的第一部分是“股票及其价值”。马尔基尔教授手起刀落，把“众说纷纭”的股票投资分成两个流派：一派是基本面（内在价值）投资，另一派是空中楼阁（Castle in The Air）投机。前者的源头是格雷汉姆1934年的奠基之作《证券分析》，当代代言人是巴菲特；后者的源头是凯恩斯1936年的学术经典《就业、利息与货币通论》第12章，凯恩斯的“选美”比喻[①]，令人印象深刻。

这一部分后几章，则是脍炙人口的大众疯狂、投机泡沫和超级泡沫。在1999年第7版中，马尔基尔教授在世界主要泡沫史中，加入了有关中国的素材，即中国“君子兰传奇”（此后版本删除了）。这个案例是梅建平教授向马尔基尔教授介绍的，因为在1997年，马尔基尔教授和梅建平教授合著了《全球猎商机》一书[②]。笔者预计在下一版的这部分，马尔基尔教授会加进“比特币”泡沫的内容。

（二）专业机构投资者如何玩投资这个游戏

《漫步华尔街》一书的第二部分是“专业机构投资者如何玩投资这个游戏”。马尔基尔教授在攻读博士学位之前，在华尔街投资银行工作过多年，深谙“金钱游戏”的规则。所以对华尔街专业投资人士，无论是主流机构投资者雇佣的基本面分析师（例如CFA），还是少数机构投资者雇佣的图表分析师，马尔基尔教授都极力讽刺和批判，“专业人士的价值并没有他们所获得的报酬那样高”，[③]马尔基尔教授痛斥华尔街主流投资方法的目的，是力挺指数基金、被动投资。

（三）什么是投资新技术

《漫步华尔街》一书的第三部分是“什么是投资新技术”。自芝加哥大学博士生马科维茨1952年提出现代投资组合理论（MPT）后，一系列象牙塔金融理论分别在1990年（组合投资理论、资本资产定价模型）、1997年（期权定价公式）、2013年（有效市场假说、行为金融）和2017（行为金融）获得了诺贝尔经济学奖，成为金融投资理论的主流。

哪怕是有诺贝尔经济学奖加持，马尔基尔教授对这些同行教授的理论贡献的评价也颇有意思：“现代投资组合理论中有一些独到见解，将使你可能在获得更高投资收益的同时，也能够降低投资风险。但持其他理论的各方依然争论不断，继续为研究生提供论文材料，给他们的导师带来大量的讲座收入。”[④]

（四）随机漫步者及其他投资者实务指南

《漫步华尔街》一书的第四部分是“随机漫步者及其他投资者实务指南”。在全书第二部分痛批主流机构投资方法（基本面分析和技术分析）和第三部分温和调侃现代金融理论后，马尔基尔教授亮出近五十年来的不变药方：买低成本的指数基金。自此后，被动投资

---

① [英] 约翰·凯恩斯. 就业利息和货币通论[M]. 徐毓枬，译. 北京：商务印书馆，1963：132.

② [美] 伯顿·G. 马尔基尔，梅建平. 全球猎商机[M]. 上海：上海财经大学出版社，2000.

③ [美] 伯顿·G. 马尔基尔. 漫步华尔街[M]. 北京：机械工业出版社：2018：89.

④ [美] 伯顿·G. 马尔基尔. 漫步华尔街[M]. 北京：机械工业出版社：2018：173.

与主动投资争论了几十年，现在看来，指数基金、ETF 的规模不断扩大，大到可以与主动投资分庭抗礼，不得不佩服马尔基尔教授 50 年前穿越时空的洞见。

例如，在 2021 年美国金融协会（AFA）年会上，对冲基金行业的两个巨头，即 Citadel 的 CEO 格里芬（Ken Griffin）和 AQR 的联合创始人阿斯利斯（Cliff Asness）都认为，在主动管理规模日益被被动投资蚕食的背景下，主动和被动投资之间应该存在某个均衡点（Equilibrium Point）。因为太多的被动投资（超过均衡点）绝非最佳答案，它会破坏金融市场的结构，影响价格发现。

《漫步华尔街》一书变化的是什么？

《漫步华尔街》每次新版修订，都会增加新的素材，调整内容安排。变化最大的地方，通常都在该书的第三部分，也就是“投资新技术”部分。谁进谁出、谁重谁轻，自然反映出马尔基尔教授心目中对学院金融投资理论发展的评价和把握。

（一）组合投资理论和资本资产定价模型

在 1990 年的第 5 版中，“投资新技术”部分只有两章，一章是现代组合投资理论（1952），一章是资本资产定价模型（1964）。马尔基尔教授基本上对前者持赞同态度,对后者的评价也算公允：“Beta 从一个时期到另一个时期里是不稳定的，而且对它进行衡量所根据的特定的市场代表很敏感。”[①]这也反映出，在 1990 年，现代金融理论在内容上还很单薄。

（二）有效市场假说

特别值得指出的是，在现代金融理论体系中占据根本地位的有效市场假设（1970），没有被马尔基尔教授放在“投资新技术”这部分，这一点让人意外。在 2013 年获得诺贝尔经济学奖的有效市场假说，被模糊地放在了该书的第二部分，只是作为挑战传统技术分析的随机漫步理论的一种形式出现。原因马尔基尔教授也明确说了，他自己是中间道路派，即并不完全同意有效市场假说。

马尔基尔教授的原话至今读来都多少让人感到悲壮：“尽管由于我对半强式，特别是强式效率市场理论是半信半疑地赞同，会被逐出某些学派，但我无意在金融教堂中隐瞒自己的异端学说。”[②]多少有点讽刺意味的是，在 1992 年出版的《新帕尔格雷夫货币金融大辞典》中[③]，“随机游走”词条的解释是“见有效市场假说”词条，而“有效市场假说”词条的作者正是马尔基尔教授，但他自己并不完全同意有效市场假说。

当然，事情总是在变化中。在 1999 年的第 7 版中，有效市场假设终于成了“投资新技术”。但故事到这里，还是没有盖棺定论。在 2007 年的第 9 版以后，一直到现在，有效市场假说又从第三部分“投资新技术”中消失了，重新回到了第 7 版之前的位置（全书第二部分），即便有效市场假说在 2013 年获得了诺贝尔经济学奖，被认可为主流金融投资理论。

---

① [美] 伯顿·马尔基尔. 漫游华尔街[M]. 成都：四川人民出版社，1994：247.

② [美] 伯顿·马尔基尔. 漫游华尔街[M]. 成都：四川人民出版社，1994：172.

③ 纽曼，尔盖特，伊特韦尔. 新帕尔格雷夫货币金融大辞典[M]. 北京：经济科学出版社，2000.

（三）行为金融理论

在 2007 年第 9 版中，马尔基尔教授在全书第三部分“投资新技术”中，第一次加入了行为金融理论。事实上，在 27 年前的第 5 版中，马尔基尔教授就引用了当时还不是很出名的席勒（Robert Shiller）教授的论述。马尔基尔教授也是好眼力，席勒教授凭借对行为金融理论的贡献在 2013 年获得了诺贝尔经济学奖。

很有意思的是，马尔基尔教授在增加行为金融理论时，挪掉的是有效市场假说，使得进入“投资新技术”部分的有效市场假说，又从这部分消失了，重新回到了先前的位置。从《漫步华尔街》对“无效市场假说”和“有效市场假说”内容的安排上看，行为金融理论确实挑战了有效市场假说。但在 2013 年，针锋相对的两种理论的构建者居然同时获得了诺贝尔经济学奖的殊荣，这多少有点让人瞠目。

（四）聪明的 Beta

在 2012 年的第 11 版中，马尔基尔教授在全书第三部分“投资新技术”中，加入了“聪明的 Beta 果真聪明吗”一章。这再次充分表明马尔基尔教授非常了解资产管理行业的发展动态。但在笔者看来，这种安排也说明这些年来，金融投资理论实在是没有太大根本性的创新了。

从标题“聪明的 Beta 果真聪明吗”就可以看出，马尔基尔教授对最近几年来在资产管理行业中发展迅猛的“聪明的 Beta”策略的质疑。尽管在理论上颇有争议，但毕竟资产管理行业是门生意。很显然，聪明的 Beta 产品（因子投资）收费要高于纯粹的 Beta 产品（指数基金），“聪明的资产管理人又怎么会放过呢？华尔街‘金钱游戏’的传统本来就是不会帮助客户制造出游艇，通过客户的交易，为自己获得游艇”[①]。

《漫步华尔街》一书未来可能的变化

（一）《从华尔街到长城》

马尔基尔教授多次到过中国交流，对中国经济巨大的增长潜力充满信心。2006 年，马尔基尔教授与长江商学院梅建平教授及原博时基金投资总监杨锐博士一起合著《从华尔街到长城》，中文版次年出版[②]。《从华尔街到长城》一书一度是国外机构投资者了解中国股票市场的重要参考书。我们预计，随着近年来 A 股不少公司进入 MSCI 等全球指数，《漫步华尔街》一书的第四部分——“随机漫步者及其他投资者实务指南”，将会增加分享 A 股公司的实操指南。

（二）漫步“未来”

马尔基尔教授身体力行，站在了智能投资的前沿，担任全球领先的智能投顾公司 Wealthfront 的投资总监。如果仔细看《漫步华尔街》第四部分这三十年来的进展，容易发

---

① [美] 伯顿 • G. 马尔基尔. 漫步华尔街[M]. 北京：机械工业出版社，2018：137.

② 马尔基尔，梅建平，杨锐. 从华尔街到长城[M]. 北京：机械工业出版社，2007.

现马尔基尔教授一直在给投资者提供漫步华尔街的“漫步靴”，即通过指数基金和 ETF 来进行资产配置，而不是挑选个股。在引入人工智能（AI）工具后，通过智能投顾来完成指数基金和 ETF 的配置，颇为水到渠成。我们预计，在《漫步华尔街》未来新版中，智能投顾的内容和操作指南会出现在第四部分，即“随机漫步者及其他投资者实务指南”部分。

评论性结论

本节，我们从一个特别的角度观察了金融投资理论几十年的演进。长期以来，有效市场假说在现代金融理论中处于基础地位，但《漫步华尔街》多次修订中对有效市场假说理论有不同的安排，这个有趣的变化促使笔者做了更多的思考。

在笔者看来，现代金融理论是一系列模型的集合，其中每个模型都是对真实金融市场的一种抽象和分析。金融学理论的发展都是从理想模型或最严格的假设条件开始的，慢慢发展成为逐渐放松假设条件的模型。考虑到现实金融市场与理想世界是不一样的，如果将经典模型机械地用于分析经验事实或解决现实金融问题，后果将是误导性和灾难性的。并且，在金融研究领域，完全理性假设使得有效市场的观念根深蒂固，以至于多年来，其他基于非完全理性假设的研究受到阻碍。

当然，《漫步华尔街》一书毕竟是写给商学院的教材，也是大众喜欢的流行读物。如果从金融理论研究的角度出发来看，20 世纪 80 年代之前的金融经济学是金融经济学中最基础和经典的内容，也是与经济学结合得最精密的部分。在我们看来，之后有几个大的突破：

一是无套利均衡，这是金融工程学的基础；

二是非对称信息假说，这是市场微观结构理论的基础；

三是非对称信息加上外部融资，这是公司金融的基础；

四是非理性假说，这是行为金融的基础。

在这四个方面，无论是研究方法还是研究框架都有很大的突破。突破点在于，对现实世界的尊重。正如 1997 年诺贝尔经济学奖得主 Sholes 在 2005 年 9 月说道：“我们抽象现实从而建立模型，但是在模型之外存在超模型，这使得我们相信模型最终要失败。模型之所以会失败，是因为它们没有包含所有存在于现实世界中的相互关系”①。

① 伯恩斯坦. 投资新革命[M]. 北京：机械工业出版社，2008：11.

思考和练习题参考答案

第1章　导　　论

1～3. 略。

第2章　不确定性环境下的决策

1～6. 略。

7. A＝4时，投资者会选择风险资产；A＝8时，投资者会选择国库券。

答案解析：

A＝4时，风险资产的效用 $u_P = 20 - 0.005\times 4\times 20^2 = 12$

国库券的效用 $u_F = 7$

$\because u_P > u_F$

$\therefore$ 会选择风险资产

A＝8时，风险资产的效用 $u_P = 20 - 0.005\times 8\times 20^2 = 4$

$\because u_P < u_F$

$\therefore$ 会选择国库券

8. 确定性等价财富 $CE = 7.15$ 元；风险厌恶量 $\pi = 2.85$。

答案解析：

$$\ln CE = 0.8\ln 5 + 0.2\ln 30 \Rightarrow CE = 5^{0.8}\times 30^{0.2} = 7.15\text{元}$$

$$\mathrm{E}(\tilde{r}) = 0.8\times 5 + 0.2\times 30 = 10$$

$$\therefore \pi = 10 - CE = 10 - 7.15 = 2.85$$

9.（1）$CE = 19\,999.997\,5$，$\pi = -0.002\,5$；（2）$R_a(w) = 0.000\,05$，$R_r(w) = 1$，$\tilde{R}(w) = 20\,000$

答案解析：

（1）$u(CE) = E[u(w)] = p_1 u(w_1) + p_2 u(w_2)$

$\therefore u(CE) = 0.5\times \ln 19\,990 + 0.5\times \ln 20\,010 = 9.903\,5$

$\therefore CE = 19\,990^{0.5}\times 20\,010^{0.5} = 19\,999.997\,5$

$\therefore \pi = E(w) - CE = w_0 - CE = 20\,000 - 19\,999.997\,5 = 0.002\,5$

（2）$\because u(w) = lnw$

$$\therefore R_a(w) = -\frac{u''(w)}{u'(w)} = -\frac{-\frac{1}{w^2}}{\frac{1}{w}} = \frac{1}{w},$$

$R_r(w)=wR_a(w)=1,$

$\tilde{R}(w)=\dfrac{1}{R_a(w)}=w$

$\because$ 当 $w=20\,000, R_a(w)=0.000\,05,$

$R_r(w)=1, \tilde{R}(w)=20\,000$

10. 投资者随着财富增加，将更加规避风险。

答案解析：

$$\because u(w)=aw-bw^2$$

$$\therefore R_a(w)=-\frac{u''(w)}{u'(w)}=-\frac{-2b}{a-2bw}=\frac{2b}{a-2bw}$$

$$\because \frac{\mathrm{d}R_a(w)}{\mathrm{d}w}=\frac{4b^2}{(a-2bw)^2}>0$$

$\therefore$ 投资者随着财富增加，将更加规避风险。

第 3 章　投资组合选择理论

1～2. 略。

3. 最优选择中 $w_A=0.78$， $w_B=0$， $w_f=0.22$， $\mathrm{E}(\tilde{r}_P)=0.148$， $\sigma_P=0.062\,4$

答案解析：

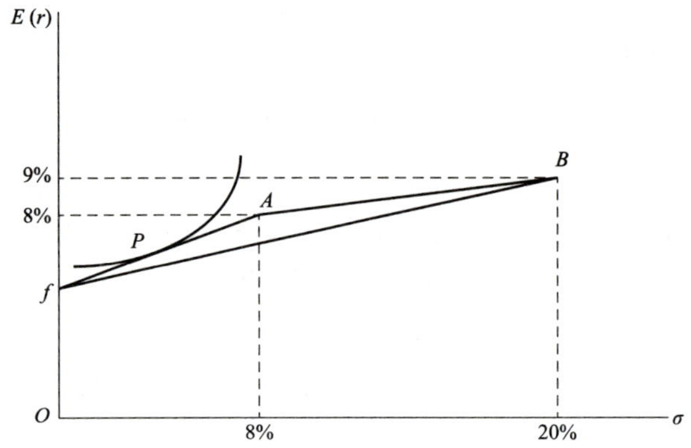

$$斜率\ S_{fA}=\frac{8-7}{8}=\frac{1}{8}=0.125$$

$$斜率\ S_{fB}=\frac{9-7}{20}=\frac{2}{20}=0.01$$

$\because S_{fA}>S_{fB}$

$\therefore$ 无差异型性一定与 f_A 相切

假定资产 A 的权重为 y

$$E(r_{Af})=7(1-y)+8y=7+y$$

$$\sigma=y\sigma_A=8y$$

$$\therefore u=7+y-0.01\times 64y^2$$

$$u'=1-1.28y=0\Rightarrow y=\frac{1}{1.28}=0.78=w_A$$

$$w_B=0\text{，}\quad w_f=1-y=0.22$$

$$E(\tilde{r}_P)=7\%+0.78=0.07+0.78=0.148$$

$$\sigma_P=8\%\times 0.78=0.0624$$

4.（1）$\sigma=0.6$，$\rho=0.5$，$E=0.15$；（2）37 只；（3）0.119

答案解析：

（1）$$\sigma_P{}^2=25\times\frac{1}{25}\times\frac{1}{25}\sigma^2+(25^2-25)\times\frac{1}{25}\times\frac{1}{25}\rho\sigma^2$$

$$=\frac{1}{25}\times 0.6^2+25\times 24\times\frac{1}{25}\times\frac{1}{25}\times 0.5\times 0.6^2$$

$$=\frac{1}{25}\times 0.6^2+\frac{24}{25}\times 0.5\times 0.6^2$$

$$=0.187\,2\Rightarrow\sigma_P=0.43$$

（2）$$\frac{1}{n}\times 0.6^2+\frac{n-1}{n}\times 0.5\times 0.6^2\leqslant(43\%)^2\Rightarrow n\geqslant 36.76$$

（3）使 $\frac{E-r_f}{\sigma}$ 最大，其中 $E-r_f=0.15-0.1=0.05$

$\therefore\sigma$ 最小，即完全分散

$$\therefore\sigma=0.5\times 0.6^2\Rightarrow 0.42$$

$$\therefore\frac{E-r_f}{\sigma}=\frac{0.05}{0.42}\approx 0.119$$

5. 双曲线上半支，变为斜率为正的射线

答案解析：

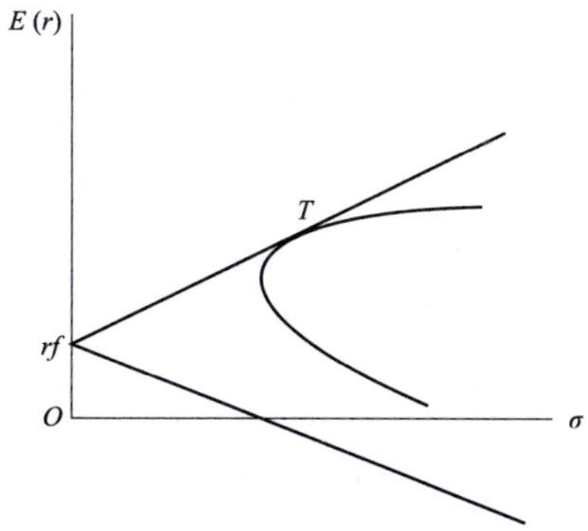

6. √

答案解析：无效组合，没有经过非系统性风险的分散

7. A

答案解析：A 在 B 的下方

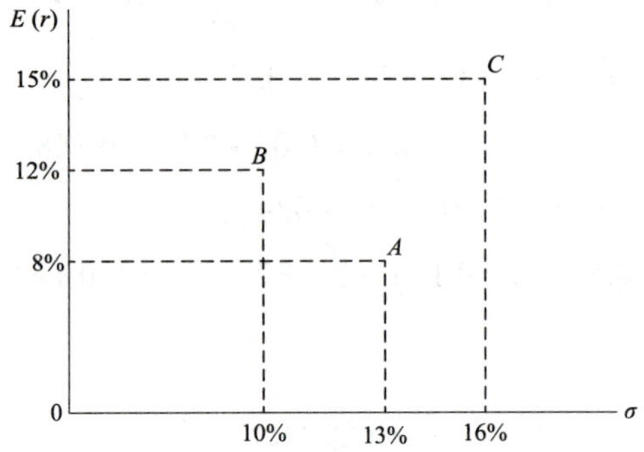

8.（1） $E(\tilde{r}_P)=0.086$， $\sigma_P=0.49$；（2） $E(\tilde{r}_P)=0.0808$， $\sigma_P=0.392$。

答案解析：

（1） $E(\tilde{r}_P)=0.3\times0.1+0.7\times0.08=0.03+0.056=0.086$

$$\sigma_P^{\ 2}=0.3^2\times0.2+0.7^2\times0.4+2\times0.3\times0.7\times0.06=0.2392$$

$$\sigma_P=0.49$$

（2） $E(\tilde{r}_P)=0.2\times0.06+0.8\times0.086=0.0808$

$$\sigma_P=0.8\times0.49=0.392$$

9. 略。

10. B

11. ×

答案解析：可以加入相关系数为 -1 的资产。

12. ×

答案解析：两资产相关系数不同，则形状也不同。

13. ×

答案解析：可行集为两条射线右边的区域。

14. 需要以 $r_{fB}=9\%$ 进行无风险借入，无风险借入资金杠杆为 1.78。

答案解析：

$$r_{fL}=6\%，\ r_{fB}=9\%，\ E(\tilde{r}_P)=0.18，\ \sigma_P^{\ 2}=0.04$$

$\because E(\tilde{r}_C)=0.25>0.18$

$\therefore$ 需要以 $r_{fB}=9\%$ 进行无风险借入

$$0.25=w_P E(\tilde{r}_P)+(1-w_P)r_{fB}=w_P\times0.18+(1-w_P)\times0.09$$

$$\Rightarrow w_P=1.78>1$$

无风险借入资金杠杆为 1.78

15. 投资者应当卖空初始财富 25%份额的风险资产 P，卖空得到的资金加上初始财富，投入于无风险资产。

答案解析：

$\because E(\tilde{r}_P) = 0.18 < 0.03$

$\therefore$ 需要卖空风险资产 P，设 P 的权重为 y

$0.03 = 0.06 + y\times(0.18 - 0.06) \Rightarrow y = -0.25$

投资者卖空初始财富 25%份额的风险资产 P，

卖空得到的资金加上初始财富，投入于无风险资产。

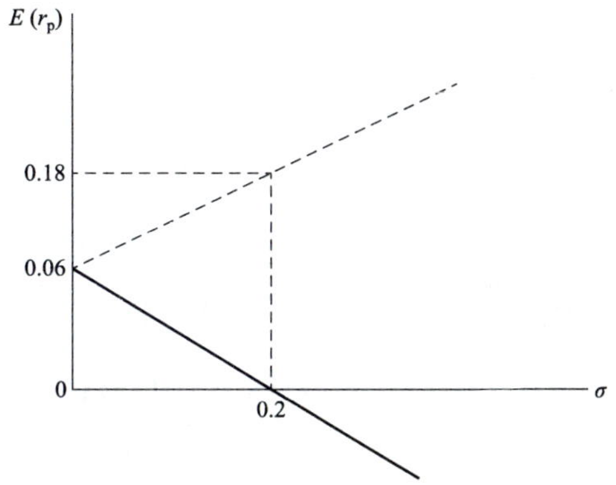

第 4 章　资本资产定价模型

1. 该证券公平定价

答案解析：

$$E(\tilde{r}_x)^e = 0.05 + 1.5\times(0.09 - 0.05) = 0.11$$

因此该证券公平定价

2. 该证券 A 被低估

答案解析：

$$E(\tilde{r}_A)^e = 0.045 + 1.1\times(0.075 - 0.045) = 0.078 < E(\tilde{r}_x)^e = 0.11$$

因此 A 被低估

3. 投资者的资产组合的贝塔值为 0.64

答案解析：

$$\beta_P = \frac{600}{600+400}\times 1.2 + \frac{400}{600+400}\times(-0.2) = 0.64$$

4. 应当卖出该证券

答案解析：

$$E(\tilde{r}_x)^e = 0.07 + 1.3\times(0.15 - 0.07) = 0.174 > 0.12$$

因此证券 X 被高估，应该卖出该证券

5. A　6. D　7. D　8. A　9. C

10.（1）$\sigma_m=0.34$；（2）$\beta_A=0.83$，$\beta_B=1.34$；（3）$\sigma_{\varepsilon A}=0.105$，$\sigma_{\varepsilon B}=0.212$；（4）0.133

答案解析：

（1）$\sigma_m{}^2=cov(\tilde{r}_m,\tilde{r}_m)=cov\left(\frac{2}{3}\tilde{r}_A+\frac{1}{3}\tilde{r}_B,\frac{2}{3}\tilde{r}_A+\frac{1}{3}\tilde{r}_B\right)$

$$=\frac{4}{9}\sigma_A{}^2+2\times\frac{2}{3}\times\frac{1}{3}\sigma_{AB}+\frac{1}{9}\sigma_B{}^2$$

$$=0.1144$$

$$\therefore\sigma_m=0.34$$

（2）$\beta_A=\frac{\sigma_{Am}}{\sigma_m{}^2}=\frac{cov\left(\tilde{r}_A,\frac{2}{3}\tilde{r}_A+\frac{1}{3}\tilde{r}_B\right)}{\sigma_m{}^2}=\frac{\frac{2}{3}\times0.3^2+\frac{1}{3}\times0.7\times0.3\times0.5}{0.1144}=0.83$

$$\beta_B=\frac{\sigma_{Bm}}{\sigma_m{}^2}=\frac{cov\left(\tilde{r}_B,\frac{2}{3}\tilde{r}_A+\frac{1}{3}\tilde{r}_B\right)}{\sigma_m{}^2}=\frac{\frac{2}{3}\times0.7\times0.3\times0.5+\frac{1}{3}\times0.5^2}{0.1144}=1.34$$

（3）$\sigma_{\varepsilon A}{}^2=\sigma_A{}^2-\beta_A{}^2\sigma_m{}^2=0.3^2-0.83^2\times0.1144=0.011\Rightarrow\sigma_{\varepsilon A}=0.105$

$$\sigma_{\varepsilon B}{}^2=\sigma_B{}^2-\beta_B{}^2\sigma_m{}^2=0.5^2-1.34^2\times0.114\,4=0.045\Rightarrow\sigma_{\varepsilon B}=0.212$$

（4）　$\mathrm{E}(\tilde{r}_A)=r_f+\beta_A(\mathrm{E}(\tilde{r}_m)-r_f)$

$$\Rightarrow\mathrm{E}(\tilde{r}_m)-r_f=\frac{\mathrm{E}(\tilde{r}_A)-r_f}{\beta_A}=\frac{0.11}{0.83}=0.133$$

11～14. 略。

第 5 章　因素模型

1. A　　2. B　　3. D

4. B

答案解析：

$$\sigma_A{}^2=\beta_A{}^2\sigma_m{}^2+\sigma_{\varepsilon A}^2=0.5^2\times0.2^2+0.2^2=0.05\Rightarrow\sigma_A=0.224$$

$$\sigma_{AB}=\beta_A\beta_B\sigma_m{}^2=0.5\times1.2\times0.2^2=0.024$$

$$\mathrm{E}(\tilde{r}_P)=0.2\times\mathrm{E}(\tilde{r}_A)+0.4\times\mathrm{E}(\tilde{r}_B)+0.4r_f=0.2\times0.12+0.4\times0.118+0.4\times0.06=0.12$$

$$\sigma_B^2=\beta_B^2\sigma_m{}^2+\sigma_{\varepsilon_B}{}^2=1.2^2\times0.2^2+0.3^2=0.1476$$

$$\begin{aligned}\sigma_P^2&=w_A^2\sigma_A^2+w_B^2\sigma_B^2+2w_Aw_B\sigma_{AB}\\&=w_A^2\sigma_A^2+w_B^2\sigma_B^2+2w_Aw_B\beta_A\beta_B\sigma_m^2\\&=0.2^2\times0.05+0.4^2\times0.147\,6+2\times0.2\times0.4\times0.5\times1.2\times0.2^2\\&=0.029\,456\end{aligned}$$

$$\sigma_P=0.172$$

5. B

6. A

答案解析：

$$\sigma_I = 0.2，\ b_A = 0.9，\ \sigma_{\varepsilon A} = 0.3，\ \ b_B = 1.1，\ \sigma_{\varepsilon B} = 0.1$$

$$\sigma_A{}^2 = b_A{}^2\sigma_I{}^2 + \sigma_{\varepsilon A}{}^2 = 0.9^2 \times 0.2^2 + 0.3^2 = 0.122\,4 \Rightarrow \sigma_A = 0.35$$

$$\sigma_B{}^2 = b_B{}^2\sigma_I{}^2 + \sigma_{\varepsilon B}{}^2 = 1.1^2 \times 0.2^2 + 0.1^2 = 0.058\,4 \Rightarrow \sigma_A = 0.24$$

$$\sigma_{AB} = b_A b_B \sigma_I{}^2 = 0.9 \times 1.1 \times 0.2^2 = 0.039\,6$$

7. B　　8. A　　9. A

10～11. 略。

第 6 章　套利定价理论

1. B

2. C

答案解析：

关于 F1 的因素组合：

$$w_a + w_b + w_c = 1$$

$$0.8w_a + 1.0w_b + 1.2w_c = 1$$

$$2w_a + 1.0w_b + 1.5w_c = 0$$

解出：

$$w_a = -\frac{2}{3},\quad w_b = \frac{7}{3},\quad w_c = -\frac{2}{3}$$

如果 3 种资产的期望收益分别为：0.12，0.09 和 0.06，则 F1 的因素组合的期望收益为 0.09。

关于 F2 的因素组合：

$$w_a + w_b + w_c = 1$$

$$0.8w_a + 1.0w_b + 1.2w_c = 0$$

$$2w_a + 1.0w_b + 1.5w_c = 1$$

解出：

$$w_a = \frac{5}{3},\quad w_b = \frac{8}{3},\quad w_c = -\frac{10}{3}$$

如果 3 种资产的期望收益分别为：0.12，0.09 和 0.06，则 F2 的因素组合的期望收益为 0.24。

3. D

答案解析：

$$\sigma_C^{\ 2} = 1.5^2 \times 0.04 + 0.022\,5 = 0.112\,5$$

$$E(\tilde{r}_A)^e = 0.037\,5 + 0.7 \times (0.102\,5 - 0.037\,5) = 0.083 > E(\tilde{r}_A)^a = 0.079\,5$$

$$E(\tilde{r}_B)^e = 0.037\,5 + 1.2 \times (0.102\,5 - 0.037\,5) = 0.115\,5 > E(\tilde{r}_B)^a = 0.106\,5$$

$$E(\tilde{r}_C)^e = 0.037\,5 + 1.5 \times (0.102\,5 - 0.037\,5) = 0.135 > E(\tilde{r}_C)^a = 0.122\,5$$

因此 ABC 均定价过高。

4. A　5. D　6. D

7～8. 略。

第 7 章　有效市场假说

1. C　2. C　3. B　4. D　5. C　6. C　7. C　8. D　9. A

10. B

11～16. 略。

参考文献

［1］伯恩斯坦. 投资新革命［M］. 北京：机械工业出版社，2008.

［2］弗兰克 J. 法博齐，埃德温 H.尼 夫，周国富. 金融经济学［M］. 北京：机械工业出版社，2015.

［3］弗朗西斯，伊博森. 投资学：全球视角［M］. 北京：中国人民大学出版社，2006.

［4］戈登・J・亚历山大，威廉・F・夏谱，杰弗里・V・贝利. 投资学基础：3 版［M］. 北京：中国人民大学出版社，2015.

［5］凯恩斯. 就业利息和货币通论［M］. 北京：商务印书馆，1963.

［6］罗进辉，向元高，金思静.中国资本市场低价股的溢价之谜［J］.金融研究，2017，000（001）：191-206.

［7］马尔基尔，梅建平，杨锐. 从华尔街到长城［M］. 北京：机械工业出版社，2008.

［8］马尔基尔，梅建平. 全球猎商机［M］. 上海：上海财经大学出版社，2000.

［9］马尔基尔. 漫游华尔街［M］. 成都：四川人民出版社，1994.

［10］马尔基尔. 漫步华尔街［M］. 北京：机械工业出版社，2017.

［11］马科维茨. 投资组合理论的基础. 1990 年诺贝尔奖演讲，诺贝尔基金会，1991.

［12］美国证券监督委员会网站：https://www.sec.gov.

［13］纽曼，尔盖特，伊特韦尔. 新帕尔格雷夫货币金融大辞典［M］. 北京：经济科学出版社，2000.

［14］邵宇，刁羽. 微观金融学及其数学基础［M］. 上海：复旦大学出版社，2019.

［15］史树中. 金融经济学十讲［M］. 上海：格致出版社，2011.

［16］汪昌云. 金融经济学［M］. 北京：中国人民大学出版社，2006.

［17］王江. 金融经济学［M］. 北京：中国人民大学出版社，2006.

［18］徐高. 金融经济学二十五讲［M］. 北京：中国人民大学出版社，2018.

［19］中国证券监督委员会网站：http://www.csrc.gov.cn/.

［20］滋维・博迪. 投资学：10 版［M］. 北京：机械工业出版社，2017.

［21］Andrea Frazzini, Lasse Pedersen. Betting against beta[J]. Journal of Financial Economics, 2014, 111(1).

［22］Andrew W. Lo. Adaptive Markets: Financial Evolution at the Speed of Thought［M］. Princeton University Press, 2017.

［23］Beketov, Mikhail, Kevin Lehmann, Manuel Wittke. Robo Advisors: Quantitative Methods Inside the Robots［J］. Journal of Asset Management, 2018, 19.

［24］Burton G. Malkiel. Returns from Investing in Equity Mutual Funds, 1971－1991［J］. Journal of Finance, 1995, 50.

［25］Carhart, Mark M. On persistence in mutual fund performance［J］. Journal of Finance, 1997, 52(1).

［26］Christopher Blake, Edwin J. Elton, Martin J. Gruber. The Performance of Bond Mutual Funds［J］. Journal of Business, 2013, 66(3).

［27］Cowles, A. A Revision of Previous Conclusions Regarding Stock Price Behavior［J］. Eonometrica, 1960, 28.

［28］Craig MacKinlay. Event Studies in Economics and Finance［J］. Journal of Economic Literature, 1997, 35(1).

［29］Daniel Bernoulli. Exposition of a New Theory on the Measurement of Risk［R］. Papers of the Imperial Academy of Sciences in Petersburg, 1738.

［30］Edward J. Sullivan, Lebanon Valley. A Brief History of the Capital Asset Pricing Model College, http://www.nabet.us/Archives/2006/f%2006/223.pdf.

［31］Edwin J. Elton, Martin J. Gruber, Christopher Blake. Fundamental Economic Variables, Expected Returns, and Bond Fund Performance［J］. Journal of Finance, 1995, 50(4).

［32］Edwin J. Elton, Martin J. Gruber, Sanjiv Das, Mathew Hlavka. Efficiency with Costly Information: A Reinterpretation of Evidence from Managed portfolios［J］. Review of Financial Studies, 1993, 6(1).

［33］Fama, E. The Behavior of Stock Market Prices［J］. Journal of Business, 1965, 38.

［34］Fama, E.F. Efficient Capital Markets: A Review of Theory and Empirical Work［J］. The Journal of Finance, 1970, 25.

［35］Fama, Eugene F. Random Walks in Stock Market Prices［J］. Financial Analysts Journal, 1965b, September/October.

［36］Fama，E.F., K.R.French. Common Risk Factors in the Returns on Stocks and Bonds［J］. Journal of Financial Economics, 1993, 33(1).

［37］Fritzemeier L H.Relative Price Fluctuations of Industrial Stocks in Different Price Groups［J］.The Journal of Business，1936，9.

［38］Gibbons, Michael R., Patrick Hess. Day of the Week Effects and Asset Returns［J］. The Journal of Business, 1981, 54(4).

［39］Hal R. Varian. A portfolio of Nobel laureates: Markowitz, Miller and Sharpe［J］. Journal of Economic Perspectives, 1993, 7(1).

［40］Hendrik Bessembinder. Do stocks outperform treasury bills?［J］. Journal of Financial Economics, 2018, 129(3): 440－457.

［41］Hou, K., Mo, H., Xue, C., Zhang, L. Which factors?［J］. Review of Finance, 2019, 23 (1): 1–35.

[42] Hou, Kewei, Chen Xue, Lu Zhang. Digesting Anomalies: An Investment Approach [J]. The Review of Financial Studies, 2015,28(3).
[43] J. M. Patell, M. A. Wlfon, The Intraday Speed of Adjustment of Stock Prices to Earnings and Dividend Announcements [J]. Journal of Financial Economics, 1984(13).
[44] Jeffrey F. Jaffe. Special Information and Insider Trading [J]. Journal of Business, 1974, 47(3).
[45] Jeffrey Jaffe , Randolph. Patterns in Japanese Common Stock Returns: Day of the Week and Turn of the Year Effects[J]. The Journal of Financial and Quantitative Analysis, 1985, 20(2).
[46] Jegadeesh, H, S, Titman. Return to Buying Winners and Selling Losers: Implications for Stock Market Efficiency [J]. Journal of Finance,1993,48 (3).
[47] Keim, Donald B. Size Related Anomalies and Stock Return Seasonality [J]. Journal of Financial Economics, 1983, 6
[48] Kendall, M. G.The Analysis of Economic Time-Series-Part I: Prices [J]. Journal of the Royal Statistical Society.A(General) 1953, 116 (1).
[49] Kendall, M. The Analysis of Economic Time Series - Part 1: Prices [J]. Journal of the Royal Statistical Society, 1953, 96.
[50] Keown. Prinkerton Merger Announcements and Insider Trading Activity: An Empirical Investigation [J]. Journal of Finance 1981, 36.
[51] KR French.Stock returns and the weekend effect [J]. Journal of Financial Economics, 1980,8(1): 55–69.
[52] Lisa K. Meulbroek.An Empirical Analysis of Illegal Insider Trading [J]. Journal of Finance, 1992, 47(5).
[53] Mark M. Carhart. On Persistence in Mutual Fund Performance [J]. Journal of Finance, 1997,52(1):57–82.
[54] Michael S. Rozeff, William R. Kinney, Capital market seasonality: The case of stock returns [J]. Journal of Financial Economics, 1976, 3(4).
[55] Michael T. Maloneya, J. Harold Mulherin.The Complexity of Price Discovery in an Efficient Market: The Stock Market Reaction to The Challenger Crash [J]. Journal of Corporate Finance, 2003, 9.
[56] Nejat Seyhun. Insiders' Profits, Costs of Trading, and Market Efficiency [J]. Journal of Financial Economics, 1986, 16(1).
[57] Osborne, M. Brownian Motion in the Stock Market [J]. Operations Research, 1959, 7.
[58] Osborne, M. Periodic Structures in the Brownian Motion of Stock Prices [J]. Operations Research, 1962, 10.

[59] Perold, André F. The Capital Asset Pricing Model [J]. The Journal of Economic Perspectives, 2004, 18(3).

[60] Roberts, H. Statistical versus Clinical Prediction in the Stock Market, unpublished manuscript, Center for Research in Security Prices, University of Chicago, 1967, 5.

[61] Samuelson, P. Proof that Properly Anticipated Prices Fluctuate Randomly [J]. Industrial Management Review, 1965, 6.

[62] Söhnke M. Bartram, Jürgen Branke, Mehrshad Motahari. Artificial Intelligence in Asset Management [J]. Research Foundation Literature Reviews, 2020, 28.

[63] Stambaugh, R., Yuan, Y. Mispricing Factors [J]. The Review of Financial Studies, 2017, 30(4).